W0210058

DAS GROSSE BUCH DER
GEWÜRZE

Jill Norman

DAS GROSSE BUCH DER GEWÜRZE

AT Verlag Aarau · Stuttgart

EIN DORLING-KINDERSLEY-BUCH

ORIGINALTITEL «SPICES»

© 1990 Dorling Kindersley Ltd., London
Text © 1990 Jill Norman

Aus dem Englischen übersetzt von Marta Jacober, Wollerau

5. Auflage, 1998

© 1991
für die deutschsprachige Ausgabe
AT Verlag Aarau/Schweiz

Satz: Grafische Betriebe Aargauer Tagblatt AG, Aarau

Printed by Jarrold Book Printing,
Norfolk.

ISBN 3-85502-395-6

Inhaltsverzeichnis

Einführung

«Ah, que j'aime t'ouvrir cher tiroir aux épices,
Souffle d'Orient gratis, voyage inespéré.
Colombo et Ceylon aux magiques caprices,
A défaut de vous voir, je puis vous respirer.»

Roger Lecuyer

Was ist ein Gewürz?

Das Lexikon definiert «Gewürz» wie folgt: «Scharfe oder aromatische Substanz pflanzlichen Ursprungs, aus Tropenpflanzen gewonnen und gewöhnlich zum Würzen von Speisen verwendet.» Gewürze sind aromatische, getrocknete Wurzeln, Knospen, Samen, Beeren und andere Früchte.

Die meisten wichtigen Gewürzpflanzen – Zimt, Pfeffer, Ingwer, Gewürznelken, Muskatnuss – stammen aus den asiatischen Tropen; Nelkenpfeffer, Vanille und Chili kommen aus Westindien und Zentralamerika; das Mittelmeerbecken hat viele aromatische Samen – Koriander, Griechisch-Heu, Fenchel, Mohn, Senf – hervorgebracht; die kühleren Gegenden trugen Kümmel, Dill und Wacholder bei.

Was macht ein Gewürz würzig?

Gewürze erhalten den für sie typischen Duft von flüchtigen Bestandteilen der Pflanze. Diese Duftkomponenten werden mit Dampf ausgezogen und finden sich in der Essenz wieder, die aus der Pflanze destilliert wird («Essenz» ist verwandt mit «Quintessenz» – die Verkörperung des spezifischen Aromas und Geschmacks). Die flüchtigen Öle sind weitgehend verantwortlich für den Geschmack des Gewürzes, aber auch die Schärfe – das Empfinden von Hitze, das Gewürze wie Pfeffer, Chili oder Ingwer im Mund hervorrufen – trägt zum Geschmack bei. Es gibt im Mund bestimmte Regionen, mit denen man die vier Arten von Geschmack unterscheiden kann – süss, sauer, salzig und bitter; auch Schärfe wird mit dem Geschmackssinn wahrgenommen. Die übrigen komplexen Geschmacksnuancen von Speisen und Getränken werden hingegen mit dem Geruchssinn erfasst.

Unser Wortschatz reicht nicht aus, um Geruchs- und Geschmackseindrücke zu beschreiben; gewöhnlich zieht man zum Vergleich andere Gerüche und Geschmacksrichtungen heran. «Aromatisch» und «scharf» sind die meistgebrauchten Eigenschaftswörter, aber wenn man von mehreren Gewürzen spricht, muss man Aroma und Schärfe näher definieren, um Vergleiche zu ermöglichen. Zum Beispiel gibt es eine Gruppe von Gewürzen, die einen ganz deutlichen Anisgeschmack haben: Dill, Fenchel, Anis, Kümmel, Kreuzkümmel und Sternanis. Sie gehören, mit Ausnahme von Sternanis, alle derselben Familie an. Die Anisnote ist mild und zart in Dill; in Fenchel ist sie klarer; Anis selber schmeckt süsslich und ein wenig nach Lakritze; Kümmel ist der stärkste der Gruppe, sein Anisaroma verbindet sich mit anderen Komponenten zu einem herben, intensiven Geschmack. Sternanis hat oft einen stärkeren Anisgeschmack als alle andern, er hat süsse und bittere Untertöne und erinnert sehr stark an Lakritze. Nur wenn man sie nacheinander probiert, kann man die subtilen Unterschiede in Geschmack und Intensität erkennen.

Die wechselnde Rolle der Gewürze

Gewürze gehörten einst zu den teuersten Gebrauchsgütern, wie aus Haushaltrechnungen hervorgeht, und wurden gewöhnlich in Schubladen oder Abteilen spezieller Gewürzschränke oder -kästen unter Verschluss gehalten. In alten Zeiten spielten sie eine grosse Rolle als Heilmittel, Konservierungsmittel und Parfüms. Die Griechen importierten Kassie, Ingwer und Pfeffer; Anis, Koriander, Safran und Mohn bauten sie selber an, ebenso Thymian, Minze und Majoran. In *«De Materia Medica»*, dem ältesten Kräuterbuch des Westens, beschrieb Dioscorides im ersten Jahrhundert n. Chr. diese Pflanzen und die damit hergestellten Heilmittel. Die Römer verwendeten als erste grosse Mengen von Gewürzen in der Küche; ebenso reichlich streuten sie diese auf die Böden oder verbrannten sie, um unangenehme Gerüche zu vertreiben.

Gewürze waren auch im neuen islamischen Reich Mohammeds beliebt, das eine hohe Kultur entwikkelte zu einer Zeit, als in Westeuropa das Mittelalter herrschte. Der Hof der Kalifen in Bagdad war nicht nur berühmt für Wissenschaft und Medizin, Kunst und Dichtung, sondern auch für seine luxuriösen Bankette. Die Köche strebten eine Harmonie der Aromen – süss und sauer, aromatisch und scharf – an und verwendeten viele Gewürze aus dem Orient und dem Nahen Osten wie Galanga, Gewürznelken, Kardamom, Muskatnuss, Zimt, Pfeffer, Asafötida, Ingwer, Safran und Rosenwasser.

In Europa fing man erst im Spätmittelalter an, Speisen zu würzen. Ende des 14. Jahrhunderts konnte die Pariser Hausfrau von Berufs-Saucenköchen gewürzte Saucen kaufen: «1 Quart Cameline fürs Mittagessen und fürs Nachtessen 2 Quart Senf» wurden für ein Hochzeitsmahl benötigt, wie aus dem *«Ménagier de Paris»* (1393) hervorgeht. Cameline, aus Zimt, Ingwer, Gewürznelken, Paradieskörnern, Muskatblüte, Spanischem Pfeffer und essiggetränktem Brot, war damals die beliebteste Sauce. Stark gewürzte Speisen waren bis zum 17. Jahrhundert bei den Festmählern der Reichen üblich. Fleisch und Fisch wurden in ganz Europa mit Saucen aus Zimt, Pfeffer, Gewürznelken, Ingwer, Galanga und Safran serviert. Die meisten Gerichte wurden auch grosszügig gezuckert, und manchmal gab man auch Essig dazu, so dass ein süsssaurer Geschmack entstand. Die Deutschen verwendeten auch Kümmel, Kreuzkümmel und Liebstöckelsamen, die Italiener Fenchel.

Im 17. Jahrhundert waren Gewürze billiger und leichter erhältlich, und die Reichen prunkten nun weniger damit. In Gebäck und Süssspeisen waren sie immer noch wichtig: Puddings wurden mit Muskatnuss und Zimt gewürzt; es gab zahlreiche Rezepte für Safran- und Kümmelkuchen. Einige der Gewürze des Mittelalters – Paradieskörner, Kubeben, Zitwerwurzel – verschwanden; dafür kamen neue aus Amerika: Nelkenpfeffer, Capsicum und Vanille. Ende des 18. Jahrhunderts wurden in England flüssige Pickles in Flaschen als Saucen verkauft. Gewürze, Knoblauch und Früchte wurden mit Essig und Sojasauce in Fässer eingelegt und bis zu zwei Jahren mazeriert. Private und Geschäftsleute hatten ihre eigenen Rezepte. Früh erfolgreich waren Lazenbys Sardellenessenz und Harveys Sauce. Tabascosauce aus Louisiana folgte später, Mitte des 19. Jahrhunderts, als Edward McIlhenny, der im Bürgerkrieg Bankier gewesen war, sich aufs Saucenmachen verlegte.

Heute sind Gewürze ein selbstverständlicher Teil unseres kulinarischen Lebens. Wir haben eine grössere Auswahl als unsere Vorfahren; wir können Dutzende von Saucen und Essenzen aus der ganzen Welt probieren; Gewürze sind ganz, gemahlen oder als fertige Mischungen erhältlich. Die riesige Auswahl widerspiegelt das längst fällige Wiedererwachen des Interesses an Gewürzen. Entdecken Sie die verschiedenen Geschmacksrichtungen und Qualitäten. Lassen Sie sich beim Kochen von Ihrem Gaumen leiten.

Jill Norman

1

Der Gewürzhandel einst und jetzt

Gewürze werden seit vielen tausend Jahren in ganz Asien, Arabien und im Mittelmeergebiet verwendet. Früher wurden sie mit Gold aufgewogen; sie waren im Westen begehrt, und die Suche nach Gewürzen hat den Lauf der Geschichte beeinflusst. Ganze Länder wetteiferten miteinander, die Erzeugung von Gewürzen zu beherrschen. Seefahrer setzten ihre Segel, um neue Routen gegen Osten zu entdecken, was es kleinen Nationen schliesslich ermöglichte, grosse Reiche zu errichten. Obwohl heute die Zeit der Gewürzkriege vorbei ist, spielen sie doch noch immer in der Wirtschaft vieler Länder eine bedeutende Rolle.

Die Ursprünge des Gewürzhandels

Die Völker des Mittelmeers handelten seit jeher mit Gewürzen und schon die Bibel erwähnt diese als wertvolles Gut. Die Ägypter verwendeten Kräuter und Gewürze zum Einbalsamieren, für Körpersalben und Ölungen und für die Desinfektion ihrer Häuser. Der «Ebers-Papyrus», eine medizinische Schrift aus der Zeit um 1550 v. Chr., berichtet, dass die Ägypter Anis, Kümmel, Kassie, Kardamom, Senf, Sesam, Griechisch Heu und andere Aromatika kannten. Weihrauch – das Harz von Bäumen, die auf der arabischen Halbinsel wachsen –, Myrrhe aus Ostafrika, Gewürze und Edelsteine aus dem Fernen Osten wurden mit Eseln und später mit Kamelen über Land transportiert; der Weg führte von Hadramaut in Südarabien längs der arabischen Küste, dann nordwärts über Mekka nach Ägypten und Syrien.

Jahrhundertelang waren die Araber, in strategisch günstiger Position, Mittelsmänner im Handel zwischen dem Orient und dem südlich der Sahara gelegenen Afrika. Um ihr Monopol zu bewahren, hielten sie den Ursprung ihrer Waren vor den Kunden am Mittelmeer geheim. Sie verbreiteten furchterregende Geschichten über die Ursprungsorte der Gewürze, damit kein Händler es wagen sollte, diese zu suchen und die Gewürze direkt zu kaufen.

Die Phönizier vertrieben rund ums Mittelmeer Gewürze, bis Tyrus im Jahr 332 v. Chr. von Alexander dem Grossen erobert wurde. Im selben Jahr gründete dieser Alexandria, das zum Treffpunkt für Händler aus Ost und West werden sollte. Die Griechen kannten mehrere Wege, auf denen sie Gewürze aus dem Osten brachten. Der älteste Seeweg führte wohl von Malabar an der Südwestküste Indiens über den Persischen Golf, dann entweder über die Täler des Tigris und Euphrat nach Babylon und Antiochia oder entlang der arabischen Küste und durch das Rote Meer.

Pfeffer *Das Gewürz, um dessentwillen neue Seewege nach dem Osten gesucht wurden und das den Lauf der Geschichte änderte.*

Kamelkarawane *Jahrhundertelang wurden Gewürze von China quer durch Asien nach Europa befördert entlang alten Karawanenrouten wie zum Beispiel der Seidenstrasse.*

Der Gewürzhandel in römischer Zeit

Die Römer begannen im ersten Jahrhundert n. Chr. nach Indien zu segeln. Es war eine gefährliche Reise und sie dauerte zwei Jahre, bis Hippalus, ein griechischer Händler, um die Mitte des Jahrhunderts die Monsunwinde entdeckte. Die Schiffe segelten jetzt von April bis Oktober mit dem Südwestmonsun nach Indien und kehrten von Oktober bis April mit dem Nordostmonsun zurück. Nun dauerte die Reise weniger als ein Jahr; die Römer brachten eine fantastische Fülle von Waren zurück und verwendeten Gewürze verschwenderisch für Parfüms, Schönheitsmittel, Medikamente und zum Kochen.

Konstantinopel *Einst die östliche Hauptstadt des Römischen Reiches, wurde Konstantinopel zum Zentrum des Gewürzhandels zwischen Ost und West.*

Etwa zur selben Zeit erlangte der Überlandweg aus China, die Seidenstrasse, Bedeutung. Sie begann in der chinesischen Stadt Chang'an (Xian) und führte nach Westen, dem Saum des Himalajas entlang quer durch Persien und die Türkei zum Mittelmeer oder durch das Industal zur Küste oder manchmal weiter nördlich über den Ural und das Kaspische Meer zum Schwarzen Meer und nach Byzanz. Die Routen wechselten je nach politischer Stabilität und nach den darauf erhobenen Wegzöllen, aber im zweiten Jahrhundert dehnten die Han-Kaiser ihre Macht in Zentralasien so weit aus, dass sie die Strassen überwachen konnten, und von da an reisten die Händler ziemlich sicher mit ihren Ladungen von Seide, Edelsteinen, Kassie, Kreuzkümmel und Ingwer, die für Rom bestimmt waren. Diese Land- und Seewege blieben jahrhundertelang in Gebrauch, und der Monsun beherrschte die Seefahrt nach Indien, bis es Dampfschiffe gab.

Pfeffer war in Rom das beliebteste orientalische Gewürz; ihm folgten Ingwer und Gelbwurz. Die meisten Rezepte in *De Re Coquinaria»* – «Von der Kochkunst», von Apicius im ersten Jahrhundert n. Chr. verfasst – nannten viele verschiedene Gewürze, die die Speisen konservieren und ihren Geschmack verbessern sollten. Als das Römische Reich über die Alpen hinausdrang, fanden auch die Nordeuropäer Geschmack an Gewürzen. Als die Goten im Jahr 408 n. Chr. Rom belagerten, kannten sie den Wert von Pfeffer, Silber, Gold und Seide genau, und die Römer bezahlten einen hohen Tribut, um die Plünderung ihrer Stadt zu verhindern. Roms Fall zwei Jahre später bedeutete praktisch das Ende des Römischen Reichs.

Konstantinopel wurde zur Metropole des Ostreichs, und Handelswege entstanden rund um die aufblühende Stadt. Ungefähr zu dieser Zeit fanden Muskatnüsse und Gewürznelken ihren Weg nach dem Westen, nachdem sie wahrscheinlich zuerst von indonesischen Händlern nach Indien gebracht worden waren.

Das Mittelalter

Der Warenstrom von Ost nach West nahm ab, und als die Araber 641 n. Chr. Alexandria eroberten, war er praktisch zum Stillstand gekommen. Im 7. Jahrhundert entstand der Islam, und bis Mitte des 8. Jahrhunderts hatte sich die Herrschaft der Araber von Spanien bis zu den chinesischen Grenzen ausgedehnt. Vierhundert Jahre lang erreichten nur sehr wenige Gewürze Europa; es gab kaum Handel zwischen den moslemischen Arabern und den christlichen Europäern. Im politischen und wirtschaftlichen Chaos, das im

Kardamom *gelangte über die alten Karawanenstrassen nach Europa. Im Osten war es seit Jahrhunderten als Heil- und Würzmittel verwendet worden.*

Mittelalter infolge der Invasionen durch Barbaren entstanden war, hatte Europa auch keine Tauschwaren anzubieten, die die Asiaten interessiert hätten. Die wenigen Gewürze, die nach Europa gelangten, waren nur in Palästen, reichen Häusern und in Klöstern zu finden.
Gegen Ende seiner Herrschaft verfügte Karl der Grosse, dass an die siebzig Kräuter und Gewürzpflanzen auf allen kaiserlichen Gütern anzubauen seien. Auch in Klöstern wurden Kräuter und Gewürzpflanzen gezüchtet. Der St. Galler Klosterplan aus jener Zeit zeigt einen Heilkräutergarten mit Beeten für Kreuzkümmel, Griechisch Heu, Fenchel, Liebstöckel, Minze, Rosmarin, Gartenraute und Salbei, und einen Küchengarten mit Sellerie, Koriander, Dill, Schwarzkümmel, Knoblauch und Mohn.

Alte europäische Gewürzhandelszentren

Der Handel mit dem Osten lebte durch die Kreuzzüge im 11. Jahrhundert wieder auf. Zweihundert Jahre lang ergoss sich ein Strom von Kreuzfahrern und Pilgern ins Heilige Land. Dort entwickelten sie eine Vorliebe für die Speisen dieses warmen Klimas. Venedig und Genua wurden die wichtigsten Lieferanten von Gewürzen; sie erwarben Handelslizenzen im Nahen Osten. Wolle, Kleider, Eisen und Holz wurden gegen Datteln, Feigen, Zitronen, Orangen und orientalische Gewürze – Pfeffer, Muskatnuss und Muskatblüte, Zimt, Gewürznelken und Kardamom – getauscht.

Gewürze waren noch immer kostspielig, aber nicht mehr so teuer, dass sie den Reichsten vorbehalten waren; auch der Mittelstand verwendete sie. Dennoch war der Handel nicht so leicht und selbstverständlich, wie heute oft angenommen wird. Eine Ladung Gewürze ging, ab Aleppo oder Alexandrien, durch viele Hände, ehe sie Lyon oder Nürnberg oder Brügge erreichte. Die Preise erhöhten sich mit jedem Zwischenhändler, und manchmal wurden die Waren auf dem Weg auch verfälscht, obschon darauf hohe Strafen standen. Die italienischen Stadtstaaten wurden äusserst wohlhabend und fochten bittere Rivalitäten aus, bis Venedig Genua 1380 besiegte und hierauf mehr als hundert Jahre lang den Handel mit dem Orient beherrschte. Die Republik wurde unerhört reich; sie hätte die europäische Nachfrage nach Gewürzen, Seide und Edelsteinen kaum bewältigen können, hätten nicht die Inder und Chinesen soviel Gold, Silber, Korallen, Safran und Wolle gebraucht.

Vasco da Gama *Der portugiesische Seefahrer, der den Seeweg nach Indien über das Kap der Guten Hoffnung entdeckte.*

Neue Wege nach Osten und der Aufstieg Portugals

Die ersten Schritte zur Entdeckung neuer Wege nach Osten geschahen 1418, als Prinz Heinrich (der Seefahrer) von Portugal eine Seefahrerschule in Sagres, im südwestlichen Portugal, gründete. Er schickte Expeditionen zur afrikanischen Westküste in der Hoffnung, eine Route nach Osten zu finden. Zu seiner Lebzeit gelang es den Portugiesen nicht, dorthin zu gelangen, aber sie brachten wertvolle Güter aus dem tropischen Afrika, auch Paradieskörner.

Im Mai 1498 erreichte der portugiesische Seefahrer Vasco da Gama Kalikut, die wichtigste Hafenstadt der indischen Westküste. Nach einem Aufenthalt von mehreren Monaten kehrte er mit einer Fracht von Gewürzen und Edelsteinen nach Portugal zurück und überbrachte die Nachricht, dass der dortige Herrscher willens sei, mit Manuel I. Handel zu treiben. Im Jahr 1500 folgte Cabral mit einer grösseren Flotte – auf dem Weg nach Indien entdeckte er Brasilien und nahm es in portugiesischen Besitz –, und ein Jahr später kehrte er heim mit einer Ladung Pfeffer und anderen Spezereien. Das venezianische Monopol war durchbrochen; die Preise spielten verrückt. 1504 erliess Manuel einen festen Preis für Pfeffer, und 1506 verwandelte er den Lissaboner Gewürzmarkt in ein königliches Monopol.

Genua und Venedig *Im Mittelalter wurden diese rivalisierenden Stadtstaaten ungemein reich und mächtig. Schliesslich errang Venedig die Herrschaft über den Handel mit dem Orient.*

Die Herrschaft über die Gewürzinseln

Um 1510 waren die Portugiesen – nach Kämpfen mit den Arabern, die jahrhundertelang den Gewürzhandel im Indischen Ozean im Griff gehabt hatten – auf Goa und Ceylon fest etabliert. Hier gingen sie rasch daran, die Zimtwälder auszubeuten, die Arbeiter zu versklaven und ein gewinnträchtiges Handelsmonopol zu errichten, das bis weit ins 17. Jahrhundert hinein bestehen blieb. Sie zogen weiter nach Osten und liessen sich in der Handelsstadt Malacca, am Südende der malaiischen Halbinsel, nieder. Hier waren sie den Gewürzinseln (den Molukken) nahe, wo ihre Schiffe mit Gewürzen, Seide und Porzellan beladen wurden. Als 1522 die Reste von Magellans Flotte, die unter spanischem Schutz westwärts um die Welt segelte, in den Molukken ankam, bekämpften sich die beiden Mächte auf den Inseln, bis sie 1580 unter einer gemeinsamen Krone (der spanischen) vereint wurden.

Den Portugiesen ging es nicht nur um Handel, sondern auch um Territorialgewinne und in gewissem Masse um die Verbreitung des katholischen Glaubens. Der Handel vollzog sich im übrigen nach alten Mustern. Die Beamten hatten der Krone ein jährliches Einkommen zu sichern, aber sie durften auch auf eigene Rechnung handeln. Die Krone versuchte den lokalen Handel in Schranken zu halten, indem sie Preise festsetzte und Käufer dazu zwang, einen Teil der erworbenen Waren abzugeben. Wie zu erwarten stand, blieb dem Staat minderwertige Ware; auch war die Einhaltung der Vorschriften schwer zu überwachen. Der private Handel der Portugiesen blühte, und die überkommenen asiatischen Handelsmuster lebten weiter. Es ging dabei weitgehend um Tauschhandel. Auf Banda zum Beispiel, den Molukken-Inseln, auf denen Muskatnussbäume wuchsen, waren die Bewohner gewohnt, Gewürze gegen Nahrung und Kleider zu tauschen.

Die Portugiesen brachten die Gewürze auf dem Seeweg nach Lissabon, aber während der ersten sechzig Jahre des 16. Jahrhunderts waren es die Holländer, die Schiffahrt und Handel in Nordeuropa beherrschten und aus dem Verkauf von Gewürzen schöne Gewinne zogen. Dann griff 1568 Philipp II. von Spanien die Niederlande an, und Krieg brach aus. Nach fünfzehn Jahren gelang es den Holländern, die Spanier aus den nördlichen calvinistischen Provinzen zu vertreiben, nicht jedoch aus dem katholischen Süden.

Muskatnuss und Muskatblüte *Diese hochgeschätzten Gewürze waren von den Kreuzfahrern nach Europa gebracht worden, doch waren sie erst wirklich verfügbar, als der Seeweg zu den Gewürzinseln entdeckt worden war.*

Trotz der Niederlage der Armada 1588 gelang es Philipp II. noch immer, den holländischen Händlern den Zugang zu Lissabon zu verwehren. Diese segelten der afrikanischen Küste entlang, und dank Auskünften von Gewährsleuten über die Gewürze, Handelsmethoden und portugiesischen Festungen in jener Gegend konnten sie ihre ersten Seereisen nach Asien planen.

Der Aufstieg der Ostindischen Gesellschaft

1595 taten sich einige Amsterdamer Kaufleute zusammen, um eine Expedition nach Indien zu finanzieren. In mancher Hinsicht war die Reise ein Misserfolg; nach zweieinhalb Jahren kamen von ursprünglich 248 nur 89 rauflustige,

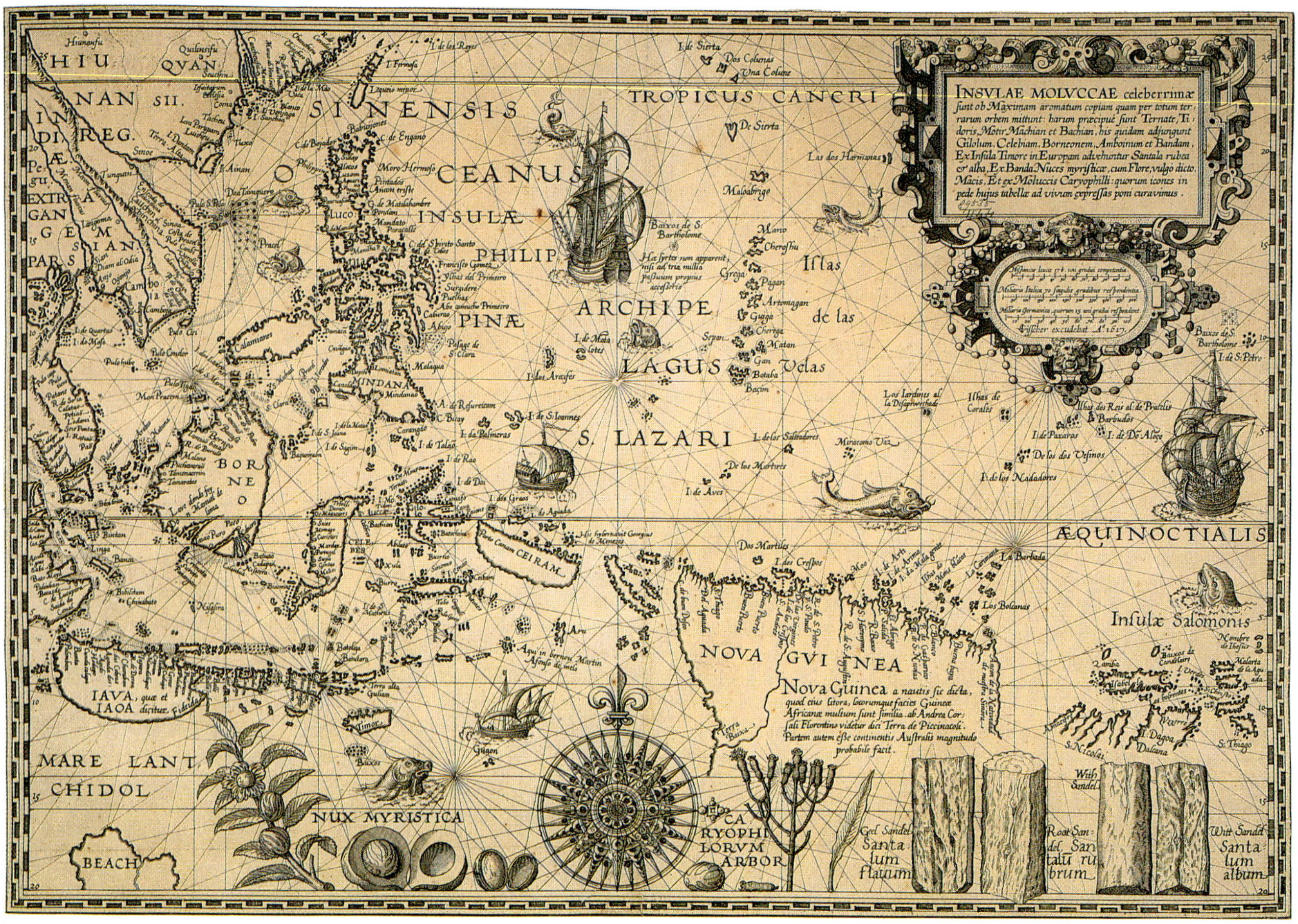

Die Molukken *Auch als Gewürzinseln bekannt, waren sie die Hauptlieferanten von Gewürznelken, Muskatnüssen und Muskatblüte. Im 16. und 17. Jahrhundert waren sie Gegenstand vieler Kämpfe zwischen Portugiesen, Holländern und Engländern.*

zerstrittene Männer zurück, aber immerhin, die Händler unter ihnen brachten insgesamt 245 Säcke Pfeffer, 45 Tonnen Muskatnüsse und 30 Ballen Muskatblüte nach Hause. Daraufhin begann ein Rennen ostwärts, wetteifernde Kaufleute entsandten Expeditionen. 1602 wurde, um der lokalen Konkurrenz ein Ende zu bereiten, die *Vereenigde Oost-Indische Compagnie* gegründet, mit sehr weitreichenden Befugnissen, darunter auch dem Recht, in Indien auf eigene Kosten gegen Spanien Krieg zu führen. So wurde die Ostindische Gesellschaft die Keimzelle des holländischen Kolonialreichs, und die Holländer erlangten durch sie das Monopol des Gewürzhandels.

Die portugiesische Überlegenheit über die Asiaten beruhte auf ihrer militärischen und seefahrerischen Stärke, aber die Holländer erwiesen sich bald als noch besser auf diesen Gebieten. Was sie anstrebten, war Krieg und ein Handelsmonopol. Einheimische Herrscher erbaten holländische Hilfe gegen die Portugiesen, ohne die Folgen zu ahnen. In der ersten Hälfte des 17. Jahrhunderts vertrieben die Holländer die Portugiesen aus Ceylon, den Molukken und Banda, nahmen Malacca unter Blockade und errichteten ihre wichtigste Basis in Batavia (Djakarta) auf der Insel Java. Sie schlossen mit den einheimischen Fürsten Verträge ab, aber zu den von der Gesellschaft festgelegten fixen Preisen und gegen spanische Silberreals, nicht im Tauschhandel.

Die Holländer versuchten jeglichen anderen Handel zu unterbinden, selbst mit Piraterie hinderten sie chinesische und andere Händler daran, den Portugiesen oder Engländern Gewürze zu verkaufen. Um die Produktion überwachen zu können, liessen die Holländer Muskatnuss- und Gewürznelkenbäume ausreissen und erlaubten nur auf bestimmten Inseln Plantagen; die sich widersetzenden Eingeborenen wurden vertrieben und durch holländische Siedler ersetzt; dennoch stieg der Ertrag. 1622 überstieg die Gewürznelkenernte in Amboina und Ceram den Weltbedarf um das Doppelte, und die Kolonisten in Banda mussten Lebensmittel statt Muskatnüsse anbauen. Um die Preise in Europa hochzuhalten, wurden Gewürze in den Strassen von Amsterdam verbrannt.

Die Kosten dieses Kampfes um das Monopol waren enorm. Im 18. Jahrhundert figurierte der Gewürzhandel in den Büchern der Gesellschaft als defizitär. Der Mann, der hinter der wachsenden Gesellschaft stand, war Jan Coen, ein junger Buchhalter, der 1607 nach Indien gereist war, zum Generaldirektor der Gesellschaft und dann zum Generalgouverneur Ostindiens aufstieg. Er schuf praktisch im Alleingang das holländische Weltreich, dessen Reichtum auf Gewürznelken, Muskatblüte, Muskatnüssen beruhte.

Der englische Eingriff in den Gewürzhandel

Während die Holländer im Osten die Portugiesen vertrieben, befassten sich auch die Engländer ernsthaft mit Handelsfahrten. Im Jahr 1600 verlieh Elisabeth I. einer englischen Gesellschaft die Genehmigung, aber jede Expedition musste einzeln finanziert werden, so dass England bis 1609 nur 14 Schiffe auf fünf Fahrten geschickt hatte – was die Holländer ungefähr alle zwei Jahre schafften. 1609 übertrug Jakob I. das englische Handelsmonopol der Ostindischen Gesellschaft. Es folgte eine Zeit gegenseitiger Belästigungen zwischen Holländern und Engländern. 1619 unterzeichnete die holländische Republik einen Vertrag mit England, des Inhalts, dass sie ihre Kräfte zusammenlegen und den Ertrag aus Ostindien, vor allem aus den Molukken, teilen wollten. Wenn die Engländer hülfen, die Spanier und Portugiesen zu bekämpfen, sollten sie ein Drittel des molukkischen Handels erhalten. Die Engländer waren nicht stark genug, um ihre vertraglichen Verpflichtungen zu erfüllen; Coen sabotierte die Vereinbarung, und die Engländer zogen von den Gewürzinseln nach Makassar. 1682 waren sie aus dem indonesischen Archipel schon weit nach Westen vertrieben worden.

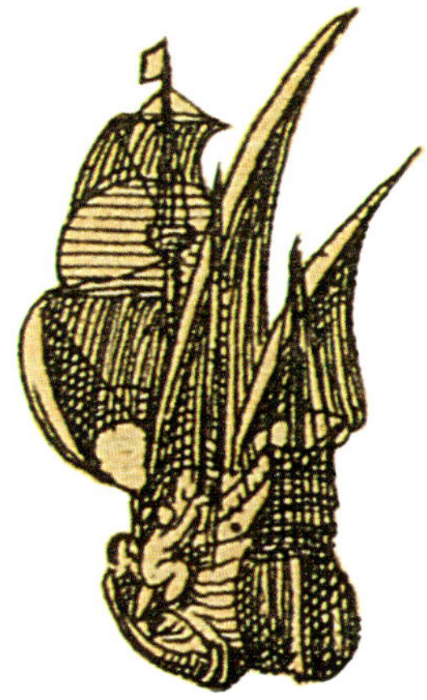

Eine Karavelle *Karavellen waren im 15. und 16. Jahrhundert die schnellsten und seetüchtigsten Segelschiffe; sie spielten deshalb eine bedeutende Rolle bei der Entdeckung neuer Seewege ost- und westwärts.*

Etwa 1170 schmuggelte Pierre Poivre, ein Botaniker und Verwalter der Ile de France (Mauritius) Gewürznelken- und Muskatnussbäume aus den Gewürzinseln hinaus und baute sie erfolgreich an. Neue Plantagen entstanden in weiteren französischen tropischen Kolonien – den Seychellen, Réunion und Cayenne, und später in Zanzibar und Westindien. 1795 pflanzten die Engländer Gewürznelkenbäume auf Penang. Im 19. Jahrhundert besass kein europäisches Land mehr ein Gewürzmonopol, und die Preise gingen zurück.

Gewürze aus dem Westen

Handel in den Molukken *Er beruhte weitgehend auf Tauschhandel.*

Sechs Jahre, ehe Vasco da Gama den Osten erreichte, landete Kolumbus auf der karibischen Insel Hispaniola und hierauf auf dem amerikanischen Festland. Viermal fuhr er westwärts, immer noch auf der Suche nach den legendären Schätzen Chinas; statt dessen brachte er Tabak, Yamswurzeln, Weisse Bohnen, viele neue Früchte und Nüsse und Chilipfeffer mit sich zurück. Nach wenigen Jahren war der Nelkenpfeffer, Frucht der zweiten Fahrt, in Europa beliebt. 1519 führte Hernan Cortes sein Heer gegen Mexiko und eroberte es; nach Spanien brachte er nicht nur reiche Gold- und Silberschätze zurück, sondern auch Vanille, Schokolade, Truthühner, Mais, Tomaten und Kartoffeln.

Amerikas Einstieg in den Gewürzhandel

Seit Ende des 18. Jahrhunderts segelten amerikanische Schiffe ostwärts, um ihre Waren gegen Tee, Kaffee, Textilien und Gewürze – vor allem Pfeffer, Ingwer, Gewürznelken, Kassie und Zimt – auszutauschen. Pfeffer aus Sumatra und Malabar war das bei weitem wichtigste Importgut sowohl mengen- als auch wertmässig.

Der Niedergang der New-England-Häfen im 19. Jahrhundert verlieh New York den ersten Rang bei der Gewürzeinfuhr; heute noch landen 60% aller Gewürze in New York.

Chilis beim Trocknen *Gestelle mit Chilis, die im ländlichen China an der Sonne getrocknet werden.*

Der Gewürzhandel heute

Die Vereinigten Staaten sind heute die bedeutendsten Gewürz-Importeure der Welt; nach ihnen kommen Westdeutschland, Japan und Frankreich. Das grösste Zwischenlager für Gewürze – vor allem Pfeffer, Vanille, Zimt, Gewürznelken, Anis, Koriander und Kreuzkümmel – ist in Singapur. Auch Hongkong besitzt ein grosses Lager, besonders für Ingwer, Chili und Kassie aus China.

1986 wurde der internationale Gewürzhandel auf 350 000 bis 370 000 Tonnen geschätzt, die einen Wert von mehr als eine Milliarde Dollar im Jahr darstellen. Japan, Westdeutschland und Saudiarabien sind im Aufwind; der amerikanische Markt wird schwächer – die drei wichtigsten Gewürze, schwarzer Pfeffer, Senf und Sesam, sind von 1987 bis 1988 stark zurückgegangen, zum Teil, weil kleinere Ernten zu höheren Preisen führten. Andererseits steigen die amerikanischen Importe von Gewürz-Oleoresinen (aromatischen Extrakten) immer noch.

Pfeffer ist fast überall das wichtigste Gewürz, sowohl umfang- wie wertmässig. Als nächstes kommen die Capsicum-Gewürze – Paprika, Chili und Cayennepfeffer. Kardamom wird vor allem im Nahen Osten und in Nordafrika viel gebraucht (zum Würzen von Kaffee) und ebenso in Schweden und Finnland (für Gebäck). Indonesien erzeugt grosse Mengen Gewürznelken, braucht aber viel davon für seine Kretek-Zigaretten-Industrie. Doch ist es jetzt beinahe autark, was zu einem Preiszerfall in Madagaskar und Tansania führte, wo sich die Lager unverkaufter Gewürznelken häufen. Kassie, Zimt, Muskatnuss und Muskatblüte werden in grossen Mengen von Westeuropa und den Vereinigten Staaten eingeführt; auch Mexiko und Brasilien kaufen bedeutende

Vanille *ist eins der teuersten Gewürze, weshalb ein grosser Teil der auf dem Markt erhältlichen Vanillegeschmacksträger synthetisch sind – in den Vereinigten Staaten bis zu 90%.*

Mengen von Kassie. Nelkenpfeffer wird in grossen Mengen von der Sowjetunion und den osteuropäischen Ländern eingeführt. Ingwer und Gelbwurz werden weltweit in bedeutendem Umfang abgesetzt, ebenso aromatische Samen wie Koriander, Anis, Kümmel und Kreuzkümmel – aber diese erzielen keine hohen Preise. Anis, Sternanis und Wacholder werden meist von Brennereien gebraucht, die Getränke mit Anisgeschmack und Gin herstellen. Safran, Kardamom und Vanille bleiben die teuersten Gewürze; der Wunsch der Konsumenten nach «natürlichem» Geschmack hat den Vanille-Markt etwas belebt, aber synthetische Vanille ist immer noch vorherrschend.

Neunzig Prozent des internationalen Gewürzhandels vollzieht sich mit ganzen Gewürzen. Einzig Paprika wird in nennenswerten Mengen gemahlen verkauft und Currypulver ist die einzige Mischung, die international ins Gewicht fällt. Die erzeugenden Ländern versenden ihre Ware stets als Schüttgut; das Abfüllen für den Detailmarkt wird von den Importeuren besorgt. Essenzen und Oleoresine machen den Rest des Marktes aus. Letztere werden in der Nahrungsmittelindustrie immer beliebter, da sie leicht zu handhaben und zu lagern, frei von Bakterien und von gleichbleibender Qualität sind. Oleoresine sind hochkonzentriert und müssen vor dem Gebrauch in Alkohol aufgelöst oder mit einer trockenen Substanz vermischt werden. Indien, Sri Lanka und Indonesien haben eine blühende Oleoresin-Industrie wie auch die meisten industrialisierten Länder.

Gewürznelken *Indonesien erzeugt grosse Mengen von Gewürznelken und ist jetzt fast autark in Bezug auf seine Kretek-Zigaretten-Industrie.*

Exportierende Länder

Indien steht an erster Stelle der Gewürze exportierenden Länder (vor allem Pfeffer, Kardamom, Chili, Ingwer, Gelbwurz, Kreuzkümmel und andere Samen, Currypulver). An zweiter Stelle folgt Indonesien (Pfeffer, Muskatnuss und Muskatblütze, Kassie, Ingwer, Kardamom, Vanille). Dann folgt Brasilien (Pfeffer, Gewürznelken, Ingwer) und hierauf die Madegassische Republik (Vanille und Gewürznelken). Mehr als 80% der Gewürzexporte stammen aus Entwicklungsländern, wo die Produktion und der Export ein wichtiger Teil der Landwirtschaft ist: Das Einkommen Tausender von Bauern wird durch den Anbau von Gewürzen ergänzt. Und doch macht selbst ein Exportwert von über einer Milliarde Dollar im Jahr nur ein halbes Prozent des Exportwerts aller Landwirtschafts- und Fischerei-Erzeugnisse aus.

Die Erzeugerländer bemühen sich, die Preisschwankungen auszugleichen, indem sie Angebot und Nachfrage besser aufeinander abstimmen; sie wollen auch den Wert ihrer Ernten erhöhen, indem sie den Gesundheits- und Qualitätsvorschriften der Abnehmerländer sorgfältiger nachkommen. Seit vielen Jahren schon gibt es die Internationale Pfeffergemeinschaft, deren Mitglieder erfolgreich Nachrichten über die Bekämpfung von Krankheiten, die Verarbeitung der Gewürze, ihren Absatz und die Möglichkeiten der Preis-Stabilisierung austauschen. Seit kurzem tut dies die «International Spice Group», gegründet 1983 und mit Mitgliedern der ein- und ausführenden Länder, auch für andere Gewürze.

Gewürzstand in Marokko *Eine farbenfrohe Präsentation verschiedener Gewürze, Paprika, Pfefferkörner, Kreuzkümmel und Zimt.*

2

Index der Gewürze

Ein umfassender Index gebräuchlicher und weniger bekannter Gewürze, von Ingwer und Zimt bis zu Schraubenbaumblättern und Paradieskörnern, nach den botanischen Namen alphabetisch geordnet und in Wort und Bild dargestellt. Von jedem Gewürz erfährt man den Ursprung und die Geschichte, seinen Anbau und die Vertriebswege, seine Verwendung in Küche und Brauchtum der ganzen Welt. Der Index zeigt auch die verschiedenen Formen, in denen die Gewürze erhältlich sind – frisch, getrocknet, ganz, gemahlen – und beschreibt das Aroma und den Geschmack jedes Gewürzes.

Die Pflanze hat auffallende rosa oder gelbe, trompetenförmige Blüten.

Paradieskörner

Das heute fast vergessene, aber interessanteste der mit den Kardamomen verwandten Gewürze, die Paradieskörner, haben einen scharfen, pfefferigen Geschmack und ersetzten echten Pfeffer, wenn dessen Preis zu hoch war. Sie stammen von der westafrikanischen Küste entlang dem Golf von Guinea, von Sierra Leone bis zum Kongo, und werden deshalb auch Guineapfeffer oder Guineakörner genannt oder auch Meleguetapfeffer. Im 14. und 15. Jahrhundert war der Anbau dieses Gewürzes so wichtig, dass die Küste als Melegueta-körner-Küste bekannt wurde. Von dort wurde es durch die Sahara transportiert und in Tripolis auf Schiffe nach Europa verladen. Später brachten portugiesische Händler es von der afrikanischen Küste direkt nach Europa.

Heutzutage werden Paradieskörner fast ausschliesslich an der westafrikanischen Küste verwendet. Sie sind bei uns schwer erhältlich; als Ersatz lässt sich eine Mischung von Pfeffer und ein wenig Ingwer verwenden.

Samen *Sie sind braunrot, kastanienfarbig und geformt wie eine winzige, stumpfe Pyramide. Die rotbraune Frucht der Pflanze enthält 60 bis 100 Samen.*

Gemahlen *Die Samen haben ein weisses Inneres und lassen sich zu einem feinen, aromatischen Pulver zermahlen.*

Tunesische «Fünf Gewürze» *Paradieskörner sind ein Bestandteil dieser nordafrikanischen Gewürzmischung (S. 94)*

Glühwein-Gewürzmischung *Früher waren Paradieskörner beliebt in Gewürzmischungen für Glühwein.*

ANBAU

Gebiete Wird angebaut in Ghana, Guinea, Elfenbeinküste und Sierra Leone. Heute stammen die meisten Importe aus Ghana.

Aussehen und Höhe Paradieskörner sind die Samen einer perennierenden, schilfähnlichen Pflanze, die bis zu 1,8 m hoch wird.

Ernte Die Samen werden aus dem bitteren weissen Fruchtfleisch herausgelöst und getrocknet.

Aroma und Geschmack Die Körner schmecken brennend scharf und pfefferig, ohne den Kampfergeschmack gewisser Kardamome; ihr Geruch ist ähnlich, aber schwächer.

VERWENDUNG

Küche Früher wurden Wein und Bier mit Paradieskörnern gewürzt. Im 17. Jahrhundert waren sie ein beliebtes Tonikum, vor allem in heissem Südwein. Heute werden sie in der westlichen Küche wenig verwendet. In Westafrika und im Magreb sind sie beliebt; man würzt damit «Ras el Hanout» (S. 96/97). Paradieskörner schmecken ausgezeichnet in Glühwein, mit Schmorlamm, Kartoffeln und Auberginen.

Heilkräfte Paradieskörner werden in der westafrikanischen Kräutermedizin verwendet. Sie kurieren Blähungen, stimulieren und wirken harntreibend. Sie sind Bestandteil zahlreicher Veterinärmedikamente.

Dill

Der Name Dill kommt von altnorwegisch *dilla,* einlullen. Man glaubte, Dillwasser besänftige den Verdauungstrakt, und gab es Kleinkindern gegen Schluckauf und Krämpfe. Dill wird seit der Antike sowohl wegen seiner Blätter als auch wegen des Samens gezüchtet. Im Mittelalter hielt man Dill für ein Zauberkraut gegen Hexerei; es wurde Liebestränken beigegeben und war als Küchengewürz beliebt. In England baut man ihn seit dem 16. Jahrhundert an, aber auf dem amerikanischen Markt ist er erst seit dem 19. Jahrhundert erhältlich. Er wird heute in vielen Ländern, meist der nördlichen Halbkugel, angebaut.

Anethum sowa, indianischer Dill, gleicht der europäischen Pflanze, aber die Samen sind länger und schmaler, die Wülste blasser und der Geschmack etwas anders.

Die Pflanze hat schmale, gefiederte Blätter und Büschel winziger Blüten.

Ganz *Die Samen sind mittelbraun mit etwas blasserem Rand, gekrümmt, oval und flach, mit fünf Rippen, wovon zwei breiterrandig. Die Samen sind ausnehmend leicht: 10 000 davon wiegen ca. 25 g.*

Dillkraut *Die Blätter sind aromatisch und verleihen Salaten, Essig, Pickles und Fischgerichten einen leichten Anisgeschmack.*

Samenköpfe *Die aromatischen, winzigen gelben Blüten produzieren im Spätsommer Samen.*

Gemahlen *Ganze Samen je nach Bedürfnis zerkleinern.*

Essenz *Wird in kommerziellen Lebensmittelwürzen verwendet.*

ANBAU

Gebiete Stammt aus Südrussland und dem Mittelmeergebiet. Heute wird Dill hauptsächlich in Polen, Russland, Skandinavien, der Türkei und in Grossbritannien gezüchtet.

Aussehen und Höhe Dill ist ein winterfestes einjähriges Gewächs, wird 1 m hoch und trägt im Sommer kleine gelbe Blüten. Er liebt sandigen Boden und viel Sonne.

Ernte Um gutes Dillkraut zu erhalten, schneidet man die Pflanze, ehe sie blüht. Samen lässt man an der Pflanze reifen. Die Ernte der Früchte beginnt, wenn sie gelbbraun werden, und wird gewöhnlich vorgenommen, wenn Tau auf den Pflanzen liegt. Die Samen werden ausgedroschen und getrocknet.

Aroma und Geschmack Das Aroma erinnert entfernt an Kümmel, ist aber nicht so ausgeprägt. Der Geschmack ist warm, pikant und ein wenig scharf. Er bleibt ein Weilchen im Mund, wenn man auf den Samen kaut – ein gutes Mittel, um unangenehmen Geschmack loszuwerden.

VERWENDUNG

Küche Essiggurken und in Essig eingelegte Gemüse mit Dill sind seit vielen Jahren beidseits des Atlantiks beliebt. In Skandinavien werden Blätter und Samen in verschiedenen Brotsorten, mit Kartoffeln und mit Meerestieren verwendet. In Polen und Russland wird Dill zu Suppen und Eintopfgerichten gegeben, und die Franzosen verwenden ihn in Kuchen und Gebäck.

Heilkräfte Hilft bei Verdauungsproblemen und stillenden Müttern, um den Milchfluss anzuregen.

Im Sommer werden Büschel hellgelber Blüten von grauen Samen abgelöst.

Sellerie

Die uns heute bekannte Selleriepflanze wurde aus der wilden Sellerie herausgezüchtet, einer weitverbreiteten europäischen Pflanze, die in sumpfigen Gegenden und besonders am Rand des Meeres wächst. Sie wurde vor Zeiten als Heilmittel eingesetzt. Uns wäre sie sehr bitter vorgekommen, aber die Römer liebten sie als Gewürz. Im übrigen aber galt sie als unheilbringend. Aus Blättern der wilden Sellerie wand man Kränze.

Im 17. Jahrhundert züchteten Gärtner nichtbittere Sellerie, und heute wird Gartensellerie ihrer Stengel, Blätter, Samen Essenzen und im Fall der Knollensellerie ihrer Wurzeln wegen angebaut. Selleriesamen würzen Lebensmittel, sind aber oft schwer erhältlich. Selleriesalz ist leichter zu finden, schmeckt aber bald abgestanden.

Samen *Die winzigen Samen sind 1 bis 1,5 m lang und sehr leicht: ca. 75 000 Samen wiegen 50 g. Sie sind mittel- bis dunkelbraun mit fünf helleren Rippen. Manchmal hängen noch Stengelenden dran.*

Gemahlen *Gut in Drinks wie etwa Bloody Mary, aber für die meisten Zwecke lassen sich die Samen verwenden.*

Blätter *Sie sind getrocknet erhältlich und werden zum Würzen von Suppen und Eintopfgerichten verwendet.*

Selleriesalz *Eine auf Salz basierende Würze mit Sellerie-Essenz.*

Essenz *Ergibt kräftigen Geschmack.*

Selleriestengel *Werden für sich gegessen oder als Salat, oder gedünstet als Gemüse.*

ANBAU

Verbreitung Stammt aus Südeuropa, wird heute von Skandinavien bis Nordafrika angebaut, ebenso in Nordamerika und im nördlichen Indien.

Aussehen und Höhe Sellerie gehört zur Petersilienfamilie und wird 1,2 m hoch. Sie gedeiht in kühlem, feuchtem Klima auf sandigem Lehmboden. Die Stengel sind verzweigt und fleischig und weisen Rippen auf; die Blätter sind dunkelgrün.

Ernte Im ersten Jahr ihres Wachstums wird Sellerie als Gemüse geerntet; vom zweiten Jahr an trocknet man die Samenköpfe und schlägt den Samen heraus.

Aroma und Geschmack Die Samen duften stark nach Sellerie. Sie schmecken voll und ziemlich bitter, mit einem Anflug von Muskatnuss und Petersilie.

VERWENDUNG

Küche Selleriesamen werden in der Lebensmittelindustrie verwendet: In Essiggemüse, Tomatenketchup und Tomatensaft. In der häuslichen Küche sind sie noch wenig verbreitet. Die Skandinavier und Russen geben sie in Saucen und Suppen. Salate aus Wintergemüsen gewinnen durch Beigabe von Selleriesamen. Versuchen Sie sie auch mit Fisch, in Eiergerichten, im Eintopf und auf Brot gestreut.

Heilkräfte Bis ins 19. Jahrhundert wurde die Essenz als Rheuma-Heilmittel empfohlen. Sellerie soll bei Asthma helfen, und Kräuterärzte setzen sie gegen Leberleiden, Bronchitis, Fieber und Blähungen ein. Selleriesamentee soll beruhigend und schlafför-dernd wirken.

Senf

Seit Tausenden von Jahren bekannt, wird Senf vielfältig verwendet. Im ersten Jahrhundert n. Chr. schrieb der römische Autor Plinius, Senf habe einen so scharfen Geschmack, «dass er wie Feuer brenne». Er zählte auch vierzig senfhaltige Heilmittel auf.

In Europa des Mittelalters war Senf das einzige Gewürz, mit dem kleine Leute ihr tägliches, fades Essen verbessern konnten. Ende des 15. Jahrhunderts nahm Vasco da Gama Senf auf seine Seereise in den Osten mit. Als sich die exotischen Gewürze, die er zurückbrachte, in Europa verbreiteten, ging der Senfverbrauch zurück.

Senfpflanzen tragen glatte oder behaarte Samenschoten, je nach Sorte.

Weisser Senf *Die blassen, sandbraunen oder gelben Samen des Weissen Senfs sind grösser als die schwarzen, braunen oder orientalischen Sorten. Sie sind viel weniger scharf, konservieren aber ausgezeichnet.*

Orientalischer Senf *Eine Varietät von Brassica juncea, in Japan gebräuchlich.*

Brauner Senf *Hat in Grosskulturen den schwarzen Senf verdrängt. Schwarze und braune Samen sehen sich sehr ähnlich, aber braune sind milder. Die beiden Sorten werden oft verwechselt.*

Schwarzer Senf *Wird heute nur noch auf dem Lande angebaut.*

Zerstossen *Gelbe Samen, die nur so weit zerquetscht wurden, dass sie sich öffnen.*

Gemahlen *Fein gemahlene Senfsamen werden für viele glatte Senfarten verwendet.*

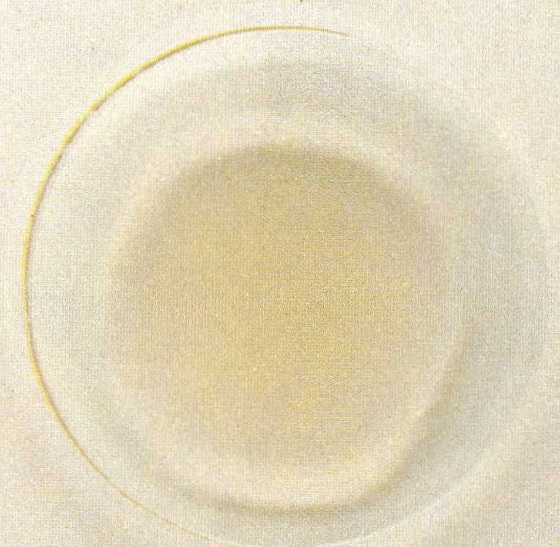

Essenz *Diese ist stark ätzend.*

ANBAU

Verbreitung Schwarzer Senf stammt aus Südeuropa und Westasien. Brauner Senf kommt aus Indien. Weisser Senf ist seit langem in fast ganz Europa und Nordamerika heimisch, in den meisten Ländern mit gemässigtem Klima.

Aussehen und Höhe Alle Senfpflanzen sind einjährig und bringen kleine gelbe Blüten hervor. Weisser Senf ist winterfest, wird ca. 80 cm hoch und gedeiht in schwerem, sandigem Lehmboden. Schwarzer Senf wird höher und wächst am besten in reichem Humus. Brauner Senf ist ihm nah verwandt, ist aber niedriger und hat blassere Blüten.

Ernte Senfschoten müssen geerntet werden, ehe sie platzen, aber doch erst bei voller Reife. Die Garben werden zum Trocknen gestapelt, dann gedroschen.

Aroma und Geschmack Kaut man ein braunes Senfkorn, so ist der Geschmack erst leicht bitter, dann scharf und aromatisch. Weisse Senfkörner sind zuerst unangenehm süsslich und nachher etwas scharf. Schwarze Körner haben einen starken, beissenden Geschmack. Im Gegensatz zu den meisten Gewürzen haben die Samen praktisch keinen Geruch.

VERWENDUNG

Küche Weisse Körner braucht man zur Herstellung von Pickles, Braune Körner sind ein wichtiges Gewürz in Südindien. Ehe man ein Gericht damit würzt, erhitzt man sie in heissem Öl, um den nussigen Geschmack zu verstärken.

Heilkräfte Heutzutage weniger verwendet als früher. Senf kann Erbrechen hervorrufen, wirkt stimulierend und harntreibend. In der Volksmedizin gelten Senfpflaster als bekanntes Heilmittel gegen Arthritis und Rheumatismus. ***Vorsicht:*** Senfpflaster können Hautreizungen verursachen.

Senfmischungen

Es gibt zwei Hauptsorten von Fertigsenf: glatten und solchen, der ganze Körner enthält. Senf kann mit Kräutern, Chilipfeffer, Pfefferkörnern, Zitrusfrüchten, Beeren, Champagner oder Sherry gewürzt sein. Es gibt ihn mild oder feurig, sanft aromatisch oder zu Tränen scharf. Ursprünglich bereitete man Senf zu Hause zu; die Körner wurden im Mörser zerstossen und mit Essig und manchmal Honig oder anderen Gewürzen vermischt. Später begannen die Produzenten von Saucen und Essig mit der Herstellung von Senf. Im 14. Jahrhundert war Dijon bereits als Senfkapitale etabliert; es wurde dabei kräftig unterstützt von den Feinschmecker-Herzögen von Burgund.

__Bordeaux-Senf__ Der zweite wichtige französische Senftyp. Er ist dunkler, leicht süsslich und oft mit Kräutern wie Estragon gewürzt. Er schmeckt milder und weniger charakteristisch als Dijon.

__Englischer Senf__ Senfpulver wird mit Wasser vermischt und zehn Minuten stehengelassen, damit sich der Geschmack entwikkeln kann.

__Dijon-Senf__ Kann legal überall in der Welt hergestellt werden. Der Name bezeichnet einen blassen, glatten und rein schmekkenden Senf, der aus braunen Senfkörnern, Wasser, Weisswein, Salz und Gewürzen besteht. Die Stadt Dijon ist die Kapitale der Senfherstellung in Frankreich geblieben und bringt etwa 80% der nationalen Produktion hervor. Seit 1937 unterliegt Dijon-Senf der Qualitätskontrolle Appellation contrôlée.

__Amerikanischer Senf__ Wichtigster Begleiter für Hot Dogs und Hamburger. Amerikanischer Senf ist leuchtend gelb und schmeckt mild und rein. Er wird gewöhnlich aus weissem Senf hergestellt. Die Amerikaner lieben auch süsse Senfmischungen, die gut zu Schinken passen.

__Deutscher Senf__ Süsslich, oft mit Kräutern und Gewürzen verfeinert. Passt gut zu deutschen Würsten. Düsseldorf ist die wichtigste deutsche Senfstadt.

Im 17. Jahrhundert wurden kleine Senffabriken errichtet, wo man schwarze oder braune Körner zwischen riesigen runden Steinen zerquetschte und dann mit Traubensaft zu Brei verrührte. Ein französischer Senffabrikant, Bornibus, entdeckte damals ein Verfahren, mit dem Senf zu Tabletten gepresst wurde. Ca. 1720 lernte man, Senf zu einem trockenen, feinen Pulver zu mahlen. Das wurde ein Erfolg, weil sich das Pulver unbeschränkt hielt. Im frühen 19. Jahrhundert begannn Jeremiah Colman mit der Herstellung eines qualitativ hochstehenden Senfmehls, das im heutigen England noch immer beliebt ist.

Champsac Senf *Aromatisch, dunkelbraun und glatt, mit Fenchelsamen gewürzt.*

Kräutersenf *Dieser glatte, milde französische Senf ist leicht mit einer Kräutermischung gewürzt.*

Beaujolais-Senf *Eine fruchtige, heidelbeerfarbene Mischung aus grob gemahlenen Senfkörnern und Rotwein.*

Champagnersenf *Ein glatter, blasser, mit Champagner hergestellter Senf. Sein milder Geschmack ergänzt scharfgewürzte Speisen.*

Roter Senf *Aus ganzen Senfkörnern und Chilipfeffer. Scharf, passt gut zu wenig gewürzten Speisen.*

Körniger Senf *Die ganzen Senfkörner geben diesem scharfen englischen Honigsenf eine körnige Struktur.*

Deutscher Honigsenf *Aus grob gemahlenen Senfkörnern, Honig, Rohzucker, Essig und Gewürzen hergestellt. Schmeckt süss.*

C. Frutescens

C. annuum

Chilis

Capsicum-Arten, von Chilis bis Ziegenpfeffer, gibt es in allen Formen, Grössen und Farben. Da sind winzige, explosiv scharfe Pfefferschötchen und andererseits grosse, fleischige, mildschmeckende Paprikaschoten. Sie sind in Zentral- und Südamerika beheimatet und wurden dort schon Tausende von Jahren vor der spanischen Invasion angebaut, die sie schliesslich der übrigen Welt brachte. Kolumbus schrieb auf der karibischen Insel Hispaniola, dass *axi* (ein indianischer Name für Capsicum) stärker sei als Pfeffer und dass die Leute bei keinem Essen darauf verzichten wollten. Auf der zweiten Reise des Kolumbus schrieb de Cuneo 1495: «Auf diesen Inseln gibt es auch Büsche wie Rosensträucher, die Früchte tragen, welche so lang wie Zimt und voll kleiner, pfefferscharfer Körner sind. Die Kariben und Indianer essen sie wie wir Äpfel.»

1569 schrieb der berühmte Arzt Nicolas Monardes in seinem Buch über Pflanzen der Neuen Welt ausführlich über Chilis und deren erfolgreichen Anbau in Spanien. Im gleichen Sinn berichtete der bekannte Botaniker aus dem 17. Jahrhundert, John Parkinson, dass in Spanien und Italien Chilis auf den Fenstersimsen der Häuser ständen. Er zählte 20 Arten von Capsicum auf, olivenförmige, herzförmige, speerförmige, kirschenähnliche und «breite zerknitterte».

Heute gibt es wohl 200 Chiliarten. Man erntet sie reif – dann können sie rot, orange, gelb, violett sein – oder unreif, dann sind sie grün. Frische Chilis müssen knackig und glatthäutig sein. Reife Chilis kann man getrocknet, zerstossen, in Flocken und gemahlen kaufen; sie bilden die Grundlage der meisten Chilisaucen und -pasten (S. 28). Zusammen mit Pfeffer, Ingwer und Gelbwurz gehört Capsicum heute zu den meistangebauten Gewürzen.

Mexikanische Chilis *Kleine, scharfe grüne Chilis werden in der mexikanischen Küche häufig verwendet. Die verbreitetsten Trockenchilis sind* ancho, pasilla, quajillo, chipotle *und* cascabel.

ANBAU

Verbreitung Indien war lange der grösste Produzent von Chilis und gehört mit Mexiko, China, Japan, Indonesien und Thailand zu den wichtigsten Exporteuren. Alle diese Länder konsumieren selbst sehr viele Chilis. Sri Lanka, Malaysia und die Vereinigten Staaten sind die wichtigsten Importeure.

Aussehen und Höhe Chilis werden in den Tropen von Meereshöhe bis zu 2000 m angebaut. Sie gedeihen auch in warmen gemässigten Gebieten, sind aber frostempfindlich und werden deshalb in Treibhäusern angezogen.

Am häufigsten sind *Capsicum* und *C. frutescens*. Sie sollen ursprünglich ein- und derselben Spezies angehört haben und werden oft verwechselt. Die *C. annuum*-Pflanze wird gewöhnlich 30 bis 100 cm hoch und liefert die meisten milden sowie auch einige scharfe Chilis. *C. frutescens* wird 2 m hoch; sie produziert die meisten kleinen, scharfen Chili-Arten.

Ernte Grüne Chilis werden drei Monate nach der Aussaat gepflückt, andere Arten wie z. B. Cayenne lässt man länger reifen. Die Ernte dauert gewöhnlich drei Monate. Nach der Ernte werden die Chilis an der Sonne oder künstlich getrocknet. Die meisten Chilis werden wie einjährige Pflanzen behandelt, denn nach dem ersten Jahr werden sie kleiner und weniger scharf.

Aroma und Geschmack Chilis haben wenig Aroma, aber ihr Geschmack reicht von mild bis feurig scharf. Capsaicin, das den Chilis ihre Schärfe verleiht, findet sich in unterschiedlichen Mengen in Samen, Adern und Haut, je nach Art und Reifegrad. Im allgemeinen sind die grossen, runden, fleischigen Früchte milder als die kleinen, dickhäutigen, spitzigen. Wenn Sie die Schärfe

Spanish Chilis *mild pikante, nach Rauch schmeckende Chilis spielen in der spanischen Küche eine wichtige Rolle. Noras, Romescos und Choriceros werden für Gerichte wie Salzkabeljau à* la vicaina, *Romesco-Sauce und Chorizo-Würste gebraucht.*

Cayenne Chilis *Die lange, schmale Cayenne-Chili-Schote findet man reif oder unreif fast überall. Sie ist sehr scharf.*

Eingelegte Chilis *Diese gelbgrünen Pickles sind in Griechenland und der Türkei als Appetithappen beliebt.*

Habanero-Chilis *Diese laternenförmigen, bunten Chilis sind brennend scharf.*

Lombok *Dieser spitzige, tiefrote Lombok gleicht dem Tabasco-Chili. Er wird in scharfen indonesischen Gerichten verwendet.*

Birdseye Chilis *Würzige, äusserst scharfe spitzige Chilis, gewöhnlich nicht über 2 cm lang.*

mildern wollen, entfernen Sie Samen und Adern.

VERWENDUNG

Küche In den Tropen geben die Chilis Standard-Lebensmitteln wie Reis in Indien und Südostasien, Bohnen und Mais in Mexiko und Cassava in Südamerika Geschmack. Sie machen Currypulver scharf und werden Pickles-Gewürzen, Pfeffersaucen, Chili-Öl und -Essenz beigefügt. Chili-Extrakte werden sogar für Ingwer-Bier und andere Drinks verwendet. ***Vorsicht:*** Wenn Sie mit Chilis gearbeitet haben, waschen Sie ihre Hände gut und vermeiden Sie die Berührung der Augen, empfindlicher Stellen oder kleiner Verletzungen.

Heilkräfte Frischer Capsicum ist reich an Vitamin C, fördert die Verdauung stärkehaltiger Nahrung und kann als Tonikum wirken. ***Vorsicht:*** In grossen Mengen sind Chilis ein Reizgift, das Magen oder Darm verbrennen kann. Selbst in kleinen Mengen können Chilis brennen. Wenn Ihr Mund wund ist, essen Sie ungewürzten Reis, Brot oder Bohnen. Trinken Sie nichts, das verschlimmert die Sache nur.

Chili-Produkte

Cayenne
Dieses sehr scharfe, feingemahlene Gewürz besteht aus einer Mischung kleiner, reifer Chilis verschiedenen Ursprungs.

Chili-Flocken *Hergestellt aus getrockneten, zerstossenen Chilis. Industriell verwendet in Würsten, Pickles und Saucen für Pizza und Pasta.*

Paprika *Rotes Pulver mit süssem oder leicht scharfem Geschmack und mildem bitterem Nachgeschmack. Unentbehrlich für Gulasch, Paprikasch und viele andere ungarische und balkanische Gerichte. Auch in Spanien oft verwendet.*

Chili-Pulver *Dieses rote Pulver wird aus getrockneten, gemahlenen Chilis hergestellt. Das dunklere ist eine amerikanische Spezialität, mit der viele südwestamerikanische und mexikanische Gerichte gewürzt werden. Gemahlene Chilis werden mit anderen Kräutern und Gewürzen vermischt. Nicht alle diese Mischungen sind sehr scharf.*

Roter Pfeffer *ist eine türkische Würze und wird aus mittelscharfem Capsicum aus der Türkei und dem Süden Amerikas hergestellt. Je dunkler die Farbe, desto besser ist die Qualität. Rösten erhöht den Geschmack, wobei die Farbe dunkler wird, wie man rechts oben sieht.*

Chili-Paste *ist oft in orientalischen Läden erhältlich und gibt die Grundlage zu vielen feurigen Saucen ab.*

Chili-Öl *Getrocknete rote Chilis und Pflanzenöl werden zusammen erhitzt und ergeben dieses scharfe chinesische Chili-Öl.*

Tabasco-Sauce *Diese weltberühmte scharfe Sauce besteht aus roten Chilis und Essig.*

Pfeffersauce *Eine goldene, scharfe Pfeffersauce aus Westindien, wo Chili-Sauce zu Fleisch und Fisch gereicht wird.*

Sambal *In Indonesien wird das würzige, scharfe Sambal in kleinen Tellerchen als Würze zum Essen gereicht.*

Glühendscharfe Sauce *Ingwer gibt dieser scharfen Chilisauce aus Malaysia einen leicht süssen Geschmack.*

Kümmel

Kümmel gehört zur selben Gewürzfamilie wie Petersilie. Er war schon in der Anike bekannt und wird in Europa seit dem Mittelalter angebaut. Apicius, ein Geniesser des 1. Jahrhunderts, rät, Gemüse mit Kümmel zu würzen, und beschreibt eine Fischsauce mit Kümmel, Oregano, Minze, Honig, Öl, Essig und Wein. Im Mittelalter gaben die Köche Kümmel in Suppen und in Bohnen- und Kohlgerichte; stets wurde er auch mit Bratäpfeln serviert. Alte Rezepte verbinden Knoblauch, Koriander und Pfeffer mit Kümmel. Im 17. Jahrhundert schreibt der Botaniker John Parkinson in *Paradisi in sole*, Kümmelsamen werde viel gebraucht für gebratene Früchte oder in Brot und Kuchen, dem er Würze verleihe. Er berichtet auch, dass der Samen kandiert und mit Obst gereicht wurde, um die Verdauung zu fördern.

Der Gemeine Kümmel wird oft mit dem Kreuzkümmel verwechselt, besonders in Büchern über die orientalische Küche. Gemeint ist meist der Kreuzkümmel.

Kümmel hat gefiederte Blätter und Büschel winziger weissgrüner Blüten.

Samen *4–7 mm lang, gekrümmt mit spitz zulaufenden Enden. Die harten braunen Samenschalen weisen fünf hellere Rippen auf.*

Gemahlen *Kümmel wird meist ganz gebraucht, ist aber auch gemahlen erhältlich. Man kann ihn leicht zu Hause selber zerstossen oder mahlen.*

Essenz *hat dasselbe Aroma wie die Samen, nur intensiver. Ein paar Tropfen in einem Teelöffel Wasser helfen gegen Blähungen und träge Verdauung.*

Brot und Käse *Roggenbrot und verschiedene Käse aus Deutschland und Holland sind oft mit ganzen Kümmelsamen gewürzt.*

ANBAU

Verbreitung Kümmel stammt aus Asien sowie Nord- und Zentraleuropa. Holland baut am meisten an, ferner Deutschland, Polen, Marokko, ein Teil Skandinaviens und die Sowjetunion. Auch die Vereinigten Staaten und Kanada züchten ihn.

Aussehen und Höhe Die winterfeste, zweijährige Pflanze wird ca. 80 cm hoch. Sie bildet den ganzen Sommer über Samen. Kümmel gedeiht am bsten in reichem, leichtem Lehmboden.

Ernte Die Stengel werden geschnitten, sobald die Frucht reif ist. Die Samen werden ausgedroschen und getrocknet.

Aroma und Geschmack Kümmel hat ein sehr charakteristisches Aroma, das – wie auch sein Geschmack – warm und leicht bitter ist. Früchten oder Gemüse gibt Kümmel einen Hauch von Zitronengeschmack.

VERWENDUNG

Küche In der zentraleuropäischen und der jüdischen Küche ist Kümmel beliebt; er würzt Brot, Würste, Sauerkraut, Kohl, Suppen und Käse. Im Elsass wird Münsterkäse stets mit Kümmel serviert. Anderswo in Frankreich verwendet man ihn für *pain d'épices.* Kümmel-Likör ist mit Kümmel gewürzt.

Heilkräfte Soll gegen Blähungen, Verdauungsstörungen, Krämpfe und Bronchitis helfen.

Andere Verwendungen Die Essenz wird für erfrischende Mundspülungen, Gurgelwasser, Parfüms und Seife verwendet.

Der Baum hat grosse glänzende Blätter und kleine, blassgelbe Blüten

Kassie

Dies ist eines der ältesten Gewürze; es stammt aus Assam und Nordburma. Es wird in einem chinesischen Kräuterbuch von 2700 v. Chr. erwähnt; in der Bibel ist es eines der Kräuter, mit denen Moses den Tabernakel salben sollte (Exodus 30: 23–25). Arabische und phönizische Händler brachten es nach Europa.

Kassie ist die getrocknete Rinde eines Baums der Lorbeerfamlie und wird manchmal als chinesischer Zimt bezeichnet. Kassie und Zimt, letzterer ebenfalls ein Lorbeergewächs, werden in vielen Ländern wechselweise verwendet, und in den USA wird Kassie häufig als Zimt verkauft. Obwohl sie nahe verwandt sind, ist Kassienrinde dicker und gröber und schmeckt weniger delikat. In Westeuropa wird zwischen den zwei Gewürzen unterschieden. Kassie wird in Amerika häufig verwendet, ist aber in Europa weniger beliebt als Zimt.

Rinde *Erhältlich als flache, kurze Stücke, da sie leicht bricht. Manchmal wird die äusserste Schicht der grauen Rinde vor dem Trocknen entfernt. Die innere Rinde ist rotbraun und lässt sich leicht von Zimtstangen unterscheiden (gegenüberliegende Seite), die feiner und heller gefärbt sind.*

Gemahlen *Die Rinde ist so hart, dass sie gewöhnlich industriell gemahlen wird. Je stärker der Geruch, desto besser die Qualität.*

Essenz *Wird gerne in Fertignahrung verwendet. Manchmal gibt man sie in Dampfbäder gegen Erkältung.*

Kassienknospen *Die getrockneten, unreifen Früchte des Kassienbaums werden im Fernen Osten für Pickles gebraucht. Ihr Geschmack ist moschusartig, süss, zimtähnlich.*

Beutel *Werden Kassie oder Kassienknospen zum Würzen gebraucht, so kann man sie in Beutelchen legen, so dass sie sich leicht entfernen lassen.*

ANBAU

Verbreitung Kassie wird in China, Vietnam, Indonesien und Zentralamerika sowie in Burma angebaut.

Aussehen und Höhe Der tropische immergrüne Baum wird ca. 3 m hoch. Die Rinde ist aussen rauh und graubraun, innen glatter und rötlichbraun.

Ernte Sie beginnt in der Regenzeit, wenn sich die Rinde leicht ablösen lässt. Die Rinde wird vom Baum geschält und auf Matten oder Drahtnetzen getrocknet. Beim Trocknen rollt sie sich zu Stengeln, die nach Länge, Aroma und Farbe klassiert werden.

Aroma und Geschmack
Kassie hat ein intensiveres, weniger duftiges Aroma als Zimt. Der Geschmack ist süsslich mit einem Hauch von adstringierender Bitterkeit.

VERWENDUNG

Küche Kassie passt besser zu salzigen als zu süssen Gerichten. Die chinesische Küche braucht sie häufig; gemahlen ist sie einer der Bestandteile des Fünf-Gewürze-Pulvers (S. 72–73), und ungemahlen wird sie zu gedünsteten Gerichten und würzigen Saucen gegeben. In Indien findet man das Gewürz in Currygerichten und Pilafs; in Deutschland und Russland würzt man damit Schokolade. In vielen Ländern ist sie beliebt mit Früchtekompott, vor allem mit Äpfeln. Versuchen Sie es mit Couscous und Perlgerste, mit halben Erbsen und Linsen.

Heilkräfte Kassie wird als Tonikum verwendet sowie zur Behandlung von Durchfall, Brechreiz und Blähungen.

Andere Verwendungen Zerstossen und zu würzigen Duftschalen-Mischungen geben.

Zimt

Zimt, ursprünglich aus Sri Lanka stammend, wo er im 13. Jh. erstmals in Erscheinung tritt, war eines der ersten Gewürze, die von den Entdeckungsreisen des 15. und 16. Jh. zurückgebracht wurden. Wie Kassie besteht er aus der getrockneten Rinde eines Baums der Lorbeerfamilie.

Die Portugiesen eroberten wegen dieses Gewürzes Sri Lanka. 1636 wurden sie von den Holländern vertrieben; diese begannen den vorher nur wild wachsenden und gesammelten Zimt anzubauen und hielten den Preis hoch, indem sie Überschüsse in Holland verbrannten. Ihr Handelsmonopol endete 1796, als die englische Ostindische Gesellschaft eingriff. Aber der Handel hatte schon seit ca. 1770 Konkurrenz gekannt, als Pflanzen nach Java, Indien und den Seychellen gebracht wurden.

Der Baum hat glänzende Blätter, gelblichweisse Blüten und dunkelblaue Beeren.

Stangen *Zimtstangen entstehen aus den längsten und besten Aussenrindenstücken. Man rollt sie von Hand, presst die Aussenkanten zusammen und rollt sie jeden Tag von neuem, bis sie völlig trocken sind. Sie bekommen dann ihre fahle Farbe und sind glatt, dünn und zerbrechlich.*

Zerbrochene Zimtstangen *werden oft in grössere Stangen hineingerollt.*

Gemahlen *Zimtpulver lässt sich von Kassienpulver durch seine fahle Farbe unterscheiden; Kassie ist dunkler und rötlichbraun.*

Essenz *Viel verwendet in der Fertignahrung- und Getränkeindustrie. In der Aromatherapie wird Zimtöl in Dampfbäder gegen Erkältungen und Grippe gegeben.*

ANBAU

Verbreitung In Sri Lanka heimisch, wird aber auch in Indien, Brasilien, Indonesien, Westindien und auf den Inseln des Indischen Ozeans angebaut. Am meisten produziert Sri Lanka, gefolgt von den Seychellen. Zimt aus Sri Lanka gilt als der beste.

Aussehen und Höhe Der immergrüne Zimtbaum wird in der Wildnis bis 10 m hoch, aber im Anbau beschneidet man ihn zu kleineren, dichteren Bäumen, um die Ernte zu erleichtern. Er gedeiht in tropischem Meeresklima in niedriger Höhe, und er braucht sandigen Boden.

Ernte Man erntet in der Regenzeit, in Sri Lanka zwischen Mai/Juni und Oktober/November. Die erste Ernte bringt dicke, minderwertige Rinde. Die Qualität wird mit dem fortdauernden Schneiden besser. Die feinste Rinde erhält man von den dünnen Schösslingen in der Mitte der Pflanze. Stangen werden gerollt und dann im Schatten getrocknet, weil sie sich im Sonnenlicht krümmen.

Aroma und Geschmack Das angenehm süsse, holzige Aroma ist zart und trotzdem intensiv. Der Geschmack ist unverwechselbar, duftend und warm.

VERWENDUNG

Küche Zimt eignet sich sowohl für süsse wie für salzige Gerichte. Besonders gut schmeckt er mit Lamm in den marokkanischen *Tagines* und den iranischen *Khoraks*, in Fruchtkompott (vor allem Birne), in Schokoladedesserts, Kuchen und Getränken, in Gewürzbroten und Zimttoast.
Zimt wurde früher zum Würzen von Wein und Bier verwendet, heute noch für Glühwein.

Andere Verwendungen Für Weihrauch, Duftkugeln und Duftschalen (S. 146–151).

Die oberen Blätter sind schmal und gefiedert, die unteren breiter und flach.

Koriander

Koriander stammt aus der Mittelmeergegend, wird aber heute in der ganzen Welt angebaut. Seine Tugenden in Küche und Medizin sind seit über 3000 Jahren belegt: Er wird 1550 v. Chr. im «Papyrus Ebers» erwähnt, in Sanskritschriften und in der Bibel: «Und (Manna) war wie weisser Koriandersamen» (Exodus 16.31). Hippokrates, der griechische «Vater der Medizin», brauchte ihn als Medikament, und die Römer verbreiteten das Gewürz in Europa. Er war eine der ersten Gewürzpflanzen, die Amerika erreichten, und wurde vor 1670 in Massachusetts angebaut.

Die frischen Blätter der Pflanze sind in Südasien und Südamerika ein allgegenwärtiges Kraut. Die Frucht ist das Gewürz, das völlig anders riecht und schmeckt. In den meisten Anbauländern ist die Nachfrage nach Kraut und Gewürz gross.

Ganz (marokkanisch) *Diese Samen sind leichter erhältlich als die indische Art. Sie sind rund, gerippt und haben einen Durchmesser von 3–4 mm.*

Gemahlen (marokkanisch) *Die ganzen Samen sind brüchig, sie lassen sich leicht daheim zu feinem Pulver mahlen.*

Blatt *Im Mittleren Osten und in Asien beliebt zum Würzen und Garnieren.*

Ganz (indisch) *Dieser Koriander ist süsser als der marokkanische.*

Gemahlen (indisch) *In Indien vor dem Mahlen gewöhnlich geröstet, um den Geschmack zu verstärken.*

Essenz *regt die Verdauung an.*

ANBAU

Verbreitung Wird oft auf kleinen Flächen angebaut. Indien, Iran, der Mittlere Osten, die Sowjetunion sowie Zentral- und Südamerika produzieren grosse Mengen.

Aussehen und Höhe Koriander ist eine einjährige Pflanze und wird 30–80 cm hoch. Sie trägt Büschel winziger weisser oder rosa Blumen und gedeiht am besten an sonniger Lage.

Ernte Die Samen werden abgelesen, wenn sie ausgereift sind; die Pflanzen werden geschnitten, wenn Tau darauf liegt, damit die Schoten nicht aufspringen. Hierauf werden sie getrocknet, gedroschen und gesiebt.

Aroma und Geschmack Die Blätter und unreifen Früchte haben einen starken, üblen Geruch. Die reifen Früchte haben ein süsses, würzigholziges Aroma mit einem Hauch von Pfeffer und Balsam. Sie schmecken mild und süss, ein bisschen beissend, und erinnern deutlich an Orangeat.

VERWENDUNG

Küche Koriander wird sowohl für gesalzene wie für süsse Gerichte verwendet. Er ist ein wichtiger Bestandteil von Currypulver. Im Mittleren Osten ist er beliebt in Hackfleischgerichten, Würsten und Eintöpfen; in Europa und Amerika braucht man ihn für Pickles, zum Backen und für die klassischen französischen Gemüsegerichte *à la grecque*. Die Essenz würzt Schokolade, Liköre und andere Drinks.

Heilkräfte Das Gewürz und die Essenz werden in Medikamenten gegen Migräne und Verdauungsstörungen verwendet.

Andere Anwendungen Die Essenz wird für Weihrauch und in der Parfümerie verwendet.

Safran

Die blauvioletten, lilienähnlichen Blüten wachsen im Herbst.

Safran ist das teuerste Gewürz der Welt; es kostet zehnmal soviel wie Vanille und fünfzigmal soviel wie Kardamom. Schuld daran ist das geringe Gewicht der Narben des Safrankrokus – über 20 000 ergeben nur 125 g – und die Tatsache, dass sie von Hand gepflückt werden müssen.

Safran wurde wahrscheinlich zuerst in Kleinasien angebaut. Alle alten Zivilisationen des Mittelmeerraums, die Ägypter und die Römer, benutzten ihn in Lebensmitteln und Wein, in Parfüms und Medikamenten. Im 7. Jahrhundert war die Pflanze dann auch in China bekannt, wo man sie für Parfüm und Heilmittel verwendete. Drei Jahrhunderte später wurde sie in Spanien angebaut; im 11. Jahrhundert erreichte sie Frankreich und Deutschland und im 14. Jahrhundert England. Während all dieser Zeit galt Safran als höchst kostbare Ware, und strenge Strafe stand auf Verfälschung.

Fäden *Die Narben sind lebhaft orange, manchmal gelb, und drahtig, etwa 2,5 cm lang. Je dunkler die Farbe, desto besser die Qualität. Sie sind sehr leicht.*

Gemahlen *Man muss gemahlenen Safran gut mit den anderen Zutaten vermischen, damit sich sein Geschmack gleichmässig verteilt. Es ist besser, Fäden zu kaufen, da gemahlener Safran verfälscht werden kann.*

Carthamus tinctorius
Saflor

Einst als Bastard-Safran bekannt. Er wird in China, Indien, dem Mittleren Osten und Mexiko angebaut. Skrupellose Händler versuchen oft, ihn als Safran zu verkaufen; der Preis ist ein Bruchteil dessen von Safran. Saflor gibt dem Essen Farbe, aber keinen Geschmack.

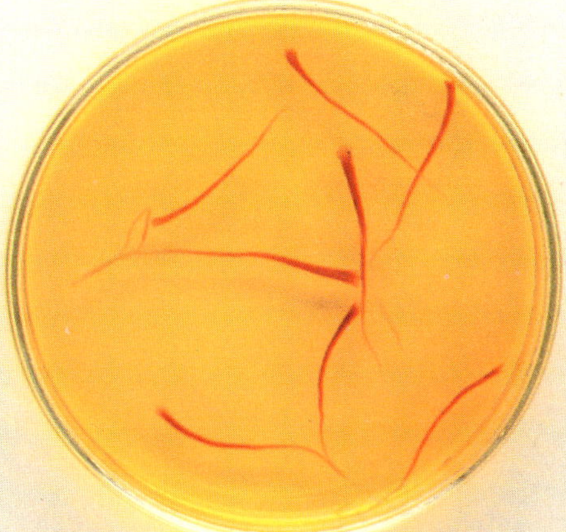

Aufgiessen *Um gleichmässige Färbung zu erzielen, legt man die Narben kurz in heisses Wasser ein und fügt dann Narben und Wasser dem Gericht bei.*

Färben *Während Jahrhunderten wurde Tuch mit Safran gefärbt.*

Safranbrötchen sind ein beliebtes Teegebäck *(S. 139).*

ANBAU

Verbreitung Spanien, Griechenland, Frankreich, die Türkei, der Iran, Marokko und Kaschmir sind die wichtigsten Produzenten. Der beste Safran soll aus La Mancha in Spanien kommen.

Aussehen unsd Höhe Der Safrankrokus ist eine perennierende Zwiebelpflanze, die im Mitt- oder Spätsommer gepflanzt wird. Er wird 15 cm hoch und gedeiht an sonniger Lage in gutdräniertem sandigem Boden.

Ernte Die Blüten werden im Herbst gepflückt, wenn sie weit offen sind. Die Narben werden von Hand herausgenommen und getrocknet.

Aroma und Geschmack Er hat ein charakteristisches, intensives Aroma und einen durchdringenden bitteren, aber hocharomatischen Geschmack. Eine winzige Menge würzt ein grosses Gericht und färbt es goldgelb.

VERWENDUNG

Küche Safran wird heute weniger gebraucht als früher; man pflegt es Saucen, Suppen und Fastenspeisen beizugeben. In Spanien ist es unverzichtbar für Fisch- und Reisgerichte wie *Zarzuela* und *Paella*. In Frankreich braucht man es für Fisch, vor allem für *Bouillabaisse*, und in Italien für *Risotto*. In England wurden Safrankuchen gebacken. Liköre, z. B. Chartreuse, enthalten Safran.

Heilkräfte In Indien kuriert man damit Harn- und Verdauungsprobleme. Die Forschung fand einen hohen Gehalt an Vitamin B2 und Riboflavin.

Kreuzkümmelblüten sind weiss oder blassrosa.

Kreuzkümmel

Kreuzkümmel ist in Indien, Nordafrika, dem Mittleren Osten, Mexiko und Amerika weit verbreitet und wurde früher auch in Zentral- und Osteuropa häufig für Backwaren verwendet.

Kreuzkümmel wird sprachlich oft mit Kümmel verwechselt. In Frankreich nannte man den Kümmel oft *cumin des prés*, und ungenaue Übersetzungen aus indischen Sprachen haben statt *Jeera*, Kreuzkümmel, *Shia jeera*, Kümmel, gesetzt, der in Indien wenig verwendet wird. Schwarzer Kreuzkümmel *(kala jeera)* ist eine seltene Varietät des Kreuzkümmels, die man in Kaschmir, Pakistan und im Iran findet. Er wird auch schwarzer Kümmel genannt und vor allem in der nordindischen und mongolischen Küche gebraucht. Er darf nicht verwechselt werden mit Nigella (S. 48), das oft die gleiche Bezeichnung hat.

Samen *Oval, 5–6 mm lang, mit Längsrippen und ein paar Borsten. Gewöhnlich hellbraun, manchmal auch grünlich oder gräulich.*

Essenz *Wird den blumigen Parfüms aus Veilchen, Maiglöckchen oder Hyazinthen beigefügt.*

Schwarzer Kreuzpfeffer *Die Samen dieser Art sind kleiner und riechen süsser.*

Gemahlen *Die Verbindung von gemahlenem Kreuzkümmel mit Korianderblättern ergibt den charakteristischen Geruch vieler indischer Gerichte.*

Currypulver *Kreuzkümmel ist eine der Hauptzutaten von Currypulver (S. 80–81).*

Gemahlener schwarzer Kreuzkümmel *Geschmacklich zwischen Kümmel und Kreuzkümmel; sein Geruch erinnert an den von Heu.*

ANBAU

Verbreitung Stammt aus dem Niltal, verbreitete sich rasch über Nordafrika und Kleinasien nach dem Iran, Indien, Indonesien und China. Aus Nordafrika gelangte der Kreuzkümmel nach Spanien und hierauf nach Nord- und Südamerika.

Aussehen und Höhe Die einjährige Pflanze braucht ein heisses Klima und wird 30 cm hoch; sie wuchert gerne.

Ernte Die Stengel werden geschnitten, wenn die Samen sich gelb zu färben beginnen. Hierauf drischt man sie und trocknet die Samen an der Sonne.

Aroma und Geschmack Der Geruch von Kreuzkümmel ist recht stark und schwer, mit säuerlichem oder süsslichem Anflug. Die Samen schmecken leicht bitter, scharf und warm, und der scharfe Geschmack hält sich ein Weilchen.

VERWENDUNG

Küche In Indien wird Kreuzkümmel gewöhnlich vor der Verwendung trocken geröstet, um den Geschmack zu erhöhen. Unentbehrlich in Mischungen wie Garam masala (S. 84–85) und Panch phoron (S. 83), braucht man ihn auch für Pickles, Appetithäppchen und Salate. In Nordafrika gehört er zu Ras el hanout (S. 96–97) und würzt *Merguez*-Würstchen sowie viele Couscousgerichte. In weiter östlich gelegenen arabischen Ländern und in der Türkei wird oft gemahlener Kreuzkümmel Hackfleischgerichten und Gemüsen beigefügt. In Spanien wird er mit Safran und Zimt in Eintöpfe gegeben, und in Texas macht man damit Chilli con carne.

Heilkräfte Wird in Indien gegen Durchfall, Blähungen und Verdauungsstörungen eingenommen.

Gelbwurzel / Kurkuma

Gelbwurzel oder Kurkuma, zur Ingwerfamilie gehörig, wird in ganz Südasien wegen ihres moschusartigen Geschmacks und ihrer hübschen goldenen Farbe verwendet. Auf seinen Reisen in China notierte Marco Polo, Gelbwurzel sei «eine Frucht, die Safran gleicht; obwohl sie nichts damit zu tun hat, ist sie praktisch ebenso gut.» Ohne es zu wissen, nahm er damit die Einstellung des Westens voraus, wo Gelbwurzel häufig als billiger Ersatz für Safran verwendet wird. Gelbwurzel wird ganz exportiert und im Importland gemahlen. Es gibt asiatische Läden im Westen, die sie frisch führen.

Im Osten dient sie seit Jahrhunderten auch als Heilmittel und Farbstoff. Man schreibt ihr magische Eigenschaften zu und trägt sie auf vielen pazifischen Inseln mit sich zum Schutz gegen böse Geister.

Die Pflanze hat grosse Blätter und Blütenähren.

Frisch *Der Wurzelstock ist von einer rauhen, unterteilten hellbraunen Haut umgeben. Darunter liegt hell orangefarbenes Fleisch. Die Wurzel hat einen dicken Teil und mehrere stumpfe «Finger». Diese liefern die hochwertigste Kurkuma.*

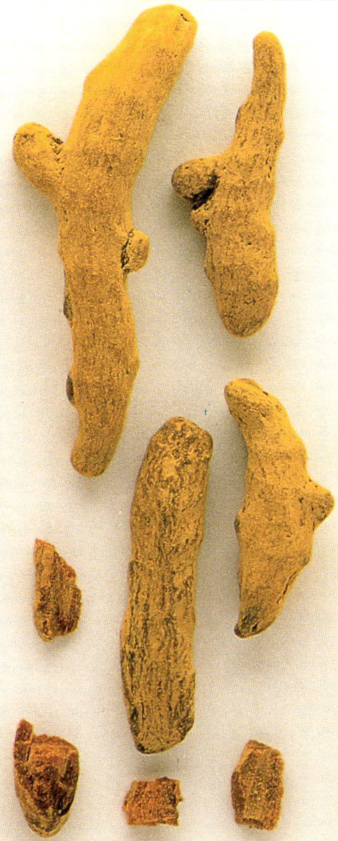

Getrocknet *Kurkuma wird für den Export getrocknet, wobei sie ca. 75 % ihres Gewichts verliert.*

Gemahlen *Meist so verwendet und verkauft. Die Farbe gibt die Qualität an, je intensiver, desto besser ist das Gewürz.*

Kurkuma-Farbstoff *intensiv goldgelb.*

ANBAU

Verbreitung Indien ist der wichtigste Produzent. Gelbwurzel wird auch angebaut in Indonesien, China, Bangladesch, Südamerika und der Karibik.

Aussehen und Höhe Die Pflanze ist robust und perennierend; sie wird 1 m hoch. Gezogen wird sie gewöhnlich aus «Fingern» oder kleinen Wurzelstückchen vom vorhergehenden Jahr. Sie gedeiht am besten in heissem, feuchtem Klima.

Ernte Der ganze Klumpen des Wurzelstocks wird vorsichtig herausgehoben und die Finger abgebrochen. Die Gelbwurzel wird gesotten oder gedämpft, dann getrocknet. Die Aussenhaut wird entfernt, die braunen Finger erscheinen orangegelb und fühlen sich wächsern an.

Aroma und Geschmack Geruch leicht aromatisch, pfefferig und frisch, mit einem Hauch von Orangen und Ingwer. Geschmack scharf, bitter und moschusartig.

VERWENDUNG

Küche Unerlässlich in Currypulver. Auch sonst wichtiges Gewürz für viele südasiatische Gerichte. Die vegetarische indische Küche benutzt Kurkuma ausgiebig, besonders in Bohnen- und Linsengerichten. Im Westen wird sie industriell in Saucen und Fertiggerichten verwendet. Oft wird sie Senfmischungen beigefügt.

Heilkräfte In Asien dient Gelbwurzel als Tonikum und Mittel gegen Leberkrankheiten. Sie wird in Salben gegen Hautkrankheiten gegeben.

Andere Verwendungen Gelbwurzel ist ein herkömmlicher Farbstoff für Textilien. In Indien wird sie in Form von Brei als Schönheitsmaske verwendet.

Die Pflanze trägt grosse Blätter mit parallel verlaufenden Adern und gelbe Blüten.

Zitwerwurzel

Zitwerwurzel ist ein hocharomatisches Gewürz, das mit der Gelbwurzel verwandt ist und aus Indien und Indonesien stammt. Im sechsten Jahrhundert brachten Araber sie nach Europa, wo sie als Heilmittel und Duftstoff einigen Erfolg hatte. Den Höhepunkt der Beliebtheit erreichte sie im Mittelalter. In der T'ang-Dynastie wurde in China gemahlene Zitwerwurzel oder Safran und Kampfer auf die Wege gestreut, die der Kaiser zu begehen sich anschickte.

Das Gewürz wird der grossen, fleischigen gelben Wurzel der Pflanze entnommen; sie wird in Stücke geschnitten und getrocknet in der südostasiatischen Küche verwendet. Die Wurzel liefert auch eine leichte, gelbe Essenz. Medizinisch hat Zitwerwurzel ähnliche Eigenschaften wie Ingwer; im Osten gilt sie als verdauungsfördernd – Zitwerwurzel ist im Westen fast unbekannt.

Schnitten
Die graubraunen, harten, getrockneten Wurzelschnitten sind 2–4 cm breit. Sie fühlen sich rauh, etwas haarig, an.

Gemahlen *Wie gemahlenen Ingwer verwenden, aber Achtung: der Geschmack von Zitwerwurzel ist leicht bitter!*

Schwedenbitter *Ein Kräutertonikum, das Zitwerwurzel-Extrakt enthält.*

Parfüm *Zitwerwurzel wird in Indien bei der Parfümherstellung gebraucht.*

ANBAU

Verbreitung Zitwerwurzel wird in ganz Südostasien in subtropischen feuchten Waldzonen gezogen. Sie wird kaum exportiert.

Aussehen und Höhe Es gibt zwei Sorten Zitwerwurzeln: C. *cerumbet*, von langer Form, und C. *zedoaria*, rund. Die Pflanze wird aus kleinen Stücken ihres Wurzelstocks gezogen; man legt Sie zu Beginn der Monsunzeit in geharkte Erde. Sie wird etwa 1 m hoch und braucht zwei Jahre, bis sie voll entwickelt ist.

Ernte Ähnlich wie bei Gelbwurzel. Die Wurzeln werden dann in Schnitten geschnitten und getrocknet.

Aroma und Geschmack Das Aroma ist moschusartig und angenehm, mit einem Hauch von Kampfer, und entfernt erinnert es an Rosmarin. Der Geschmack ist scharf und gleicht dem von Ingwer, ist aber weniger bitter.

VERWENDUNG

Küche In den Ursprungsländern wird Zitwerwurzel als Gewürz in Tafelmischungen und in Gerichten gebraucht, zu denen Gelbwurzel oder getrockneter Ingwer passen würden. In Südindien und Indonesien wird sie mit gutem Erfolg für Huhn- und Lammgerichte gebraucht. In Indonesien isst man die jungen Schosse der Pflanze und verwendet die Blätter auch zum Würzen von Fisch.

Heilkräfte Zitwerwurzel ist ein Stimulans und wird, da sie stärkereich ist, in Indien auch Kleinkindern und Kranken gegeben. Man kombiniert sie mit Pfeffer, Zimt und Honig gegen Erkältungen.

Lemongras

Diese schöne Pflanze ist ein hohes, tropisches Gras mit knolliger Wurzel; sie duftet und schmeckt deutlich nach Zitrone. Man findet sie in ganz Südostasien. Die Knolle und die untersten Schosse werden in der südostasiatischen Küche verwendet und verleihen vielen thailändischen, malayischen und indonesischen Gerichten einen frischen, flüchtig-aromatischen Geschmack. Im Westen ist frisches Lemongras manchmal im Handel erhältlich, gemahlen und auch frisch oft unter dem indonesischen Namen *Sereh.* In Holland sollte man Lemongras in indonesischen Geschäften suchen, wo es sehr frische, lange Stengel davon gibt. Es lässt sich ziemlich leicht als Zimmerpflanze züchten: man wählt einen frischen Halm, an dem noch ein wenig Wurzel hängt, und stellt ihn in einen Topf mit Wasser, dann bilden sich sehr rasch Wurzeln. Hierauf gehört er in einen grossen Topf, da sich die Pflanze rasch ausbreitet.

Schmale, faserige blassgrüne Blätter wachsen aus einer weissen Knolle.

Frisch *Der fleischige, faserige Halm ist ein bisschen länger als eine Frühlingszwiebel. Zu feinen Scheiben schneiden und direkt ins Essen geben.*

Getrocknete Streifen *Getrocknetes Lemongras, wie Zitronenschale zu schmalen Streifen geschnitten.*

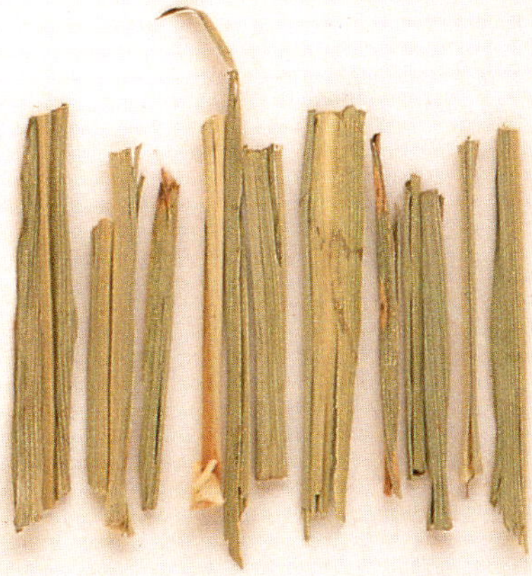

Getrocknete Blätter *Vor dem Gebrauch kurz in warmes Wasser einlegen.*

Pulver *direkt ins Essen geben. Sparsam verwenden.*

ANBAU

Verbreitung Stammt aus dem tropischen Asien, wird auch in Afrika, Südamerika, Australien, Florida und Kalifornien angebaut.

Aussehen und Höhe Lemongras ist perennierend und wächst in dichten Büscheln. Es gedeiht in heissem, sonnigem Klima mit etwas Regen. Es eignet sich besser für sandigen Boden, wo es mehr Essenz produziert.

Ernte Die Pflanzen werden alle drei bis vier Monate geschnitten.

Aroma und Geschmack erinnern deutlich an Zitrone. Lemongras enthält Zitral, das auch in der Zitronenschale enthalten ist und für die Herstellung künstlichen Zitronengeschmacks verwendet wird. Getrocknetes Lemongras hat nicht ganz den sauberen, erfrischenden Geschmack des frischen. Zitronenmelisse oder Zitronenschale kann als Ersatz dienen.

VERWENDUNG

Küche In der Küche Südostasiens wird Lemongras ganz oder zerkleinert häufig gebraucht, zum Beispiel in klarer Suppe oder Eintöpfen. Lemongras bleibt trotz Kochen faserig, so dass man am besten nicht versucht, es zu zerkauen. Es passt gut zu Knoblauch, Schalotten und Chilis, ferner mit frischem Koriander zum Würzen von Fisch, Krebsen, Huhn und Schweinefleisch.

Heilkräfte Früher kurierte man mit Lemongras Blähungen und benutzte es als Beruhigungsmittel.

Andere Verwendungen Die Essenz wird durch Dampf-Destillation gewonnen und in der Parfümerie gebraucht.

An den Stengeln wachsen kurze Blütenstiele, die nach der Blüte kleine, ovale Früchte tragen.

Kardamom

Kardamom ist eines der ältesten und meistgeschätzten Gewürze der Welt: Nach Safran und Vanille ist es das dritteuerste. Die Samen galten in Indien lange vor Christi Geburt als kostbar. Allmählich erreichte das Gewürz über die Karawanen-Routen Europa. Im antiken Griechenland und Rom brauchte man es für Parfüm, es galt aber auch als Verdauungsförderer und hielt Brot frisch. In Indien nennt man Kardamom die Königin der Gewürze, fast so wichtig für die Wirtschaft wie König Pfeffer.

Kardamom wird auch von den Beduinen hoch geschätzt. Überlieferungsgemäss wird er den Gästen präsentiert, bevor ihnen der Kardamomkaffee gereicht wird. Er muss in rundlichen, perfekten Schoten enthalten sein, um Achtung und Respekt der Gäste zu verdienen.

Grüner Kardamom *gilt als der beste. Die ovalen Früchte sind 5–10 mm lang. Jede Schote enthält 12 bis 20 dunkelbraune oder schwarze, hocharomatische Samen.*

Weisser Kardamom *Weil manche sie hübscher finden, werden grüne Kardamome einfach gebleicht.*

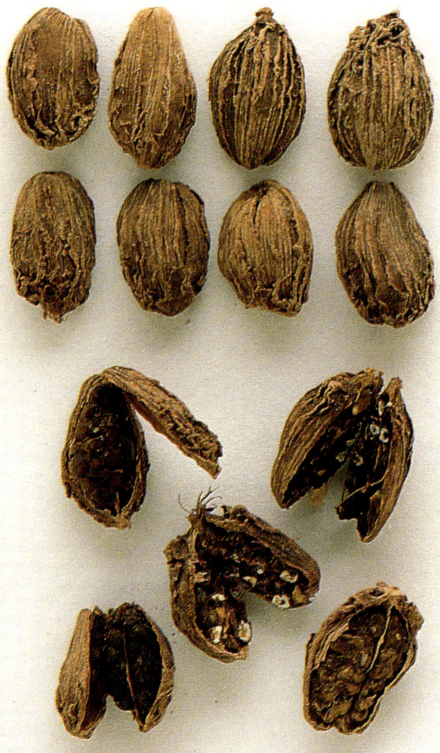

Brauner Kardamom *ist kein echter Kardamom. Die Schoten sind ca. 2,5 cm lang und gröber in Struktur und Geschmack. Sie enthalten 40–50 harte, braune Samen.*

Samen *Dunkel, oft klebrig, mit zitronig frischem Geschmack.*

Samen *Schwarz bis hellbraun, mit scharfem, atemerfrischendem Geschmack.*

Samen *Dunkel, klebrig hart, mit deutlich an Kampfer erinnerndem, fast antiseptischem Geschmack.*

ANBAU

Verbreitung Kardamom wächst wild in den Regenwäldern Südindiens und Sri Lankas auf Höhen zwischen 750 und 1500 m. Er wird heute in ziemlich grossem Masse angebaut in Guatemala, Tansania, Vietnam und seinem Heimatland. Die grünen Schoten aus Kerala, Südindien, sind massgebend für Qualitätsgrad und Preise. Im internationalen Handel findet man nur ganze Schoten: ganze grüne sind Früchte in der ursprünglichen Farbe; ganze gebleichte sind mit Schwefeldioxid gebleicht, wenn ihre natürliche Farbe verblasst ist; ganze strohfarbige sind reife, in der Sonne getrocknete Früchte; geschälte Schoten, nachdem die Kapseln aufgesprungen sind. Indien exportiert grüne und gelegentlich gebleichte, Guatemala und Sri Lanka nur grüne, Tansania exportiert sonnengetrocknete Schoten.

Aussehen und Höhe Grosser perennierender Busch der Ingwerfamilie, wird 2–5 m hoch.

Ernte Die erste, kleine Ernte erfolgt drei Jahre nach dem Pflanzen; hierauf tragen die Büsche 10 bis 15 Jahre lang.

Mit dem echten Kardamom verwandt sind Pflanzen der Gattung *Amomum* und *Afromomum.* Ihre Samen werden als billiger Kardamom-Ersatz gehandelt. *Amomum subulatum* oder Grösserer Indischer oder Nepalesischer Kardamom stammt aus dem östlichen Himalaja und wird 2 m hoch, mit dreieckigen, gerippten Samen, die bei Reife dunkelrot und getrocknet dunkelbraun oder schwarz sind. *Amomum globosum,* runder chinesischer Kardamom, ist auch dunkelbraun und ziemlich behaart; er ist oft in chinesischen Läden erhältlich. Thailand verkauft seine lokalen *Amomum*-Arten in ganz Südostasien, wo auch am meisten japanischer geflügelter Kardamom verwendet wird. *Afromomum horarima* aus Äthiopien ist eine weitere Varietät, die als billiger, an Kampfer erinnernder Ersatz für grünen Kardamom gehandelt wird.

Gemahlener Kardamom *Leicht zu verfälschen; deshalb mahlen Sie Ihr Pulver nach Bedarf besser selber.*

Essenz *Wird in Parfüms, Likören und Bittergetränken verwendet.*

Garam masala *Unentbehrlich in der indischen Küche, ist Kardamom ein Hauptbestandteil dieser Mischung.*

Mit Kardamom gewürzter Kaffee
Beliebtes Getränk im Mittleren Osten.

Die Früchte reifen gestaffelt von September bis Dezember und werden alle paar Wochen kurz vor der Reife geerntet. Lässt man sie zum Reifen an der Pflanze, so springen sie auf. Die abgenommenen Kapseln werden auf Gestellen in der Sonne getrocknet; auf grossen Plantagen gibt es Trockenräume. Die getrockneten Schoten sind hart, die besten grünlich gefärbt.

Aroma und Geschmack Das Aroma des Kardamoms ist rund. Am Anfang schmeckt er penetrant nach Kampfer und ist bitter und stark; der Geschmack bleibt nach dem Kauen einiger Samen lange im Mund, ist aber wärmend und angenehm.

VERWENDUNG

Küche Kardamom kann sowohl süssen wie salzigen Geschmack verfeinern. Die Schoten sind nicht essbar; die ganze Würze liegt in den kleinen, sehr harten Samen. In Indien ist Kardamom eine Hauptzutat von Garam marsala und Currypulver. Er wird auch für Konfekt, Kleingebäck, Pudding und Eiscreme verwendet. Die Araber stecken ein paar Schoten in den Ausguss ihrer Kaffekanne, um dem Getränk einen charakteristischen Geschmack zu verleihen. In Europa braucht Skandinavien am meisten Kardamom für würzige Kuchen, Kleingebäck und Brot.

Heilkräfte Kardamomtinktur soll nützlich sein bei Blähungen und Magenweh. Das Kauen einiger Samen erfrischt den Atem. Mit Betelblättern und Arecanüssen zu Betelmasse verarbeitet, die Inder gerne zur Erfrischung und Verdauungsförderung kauen.

Nelkenknospsen stehen in Dolden an den Zweigenden.

Gewürznelken

Gewürznelken sind eines der wichtigsten Gewürze. Es handelt sich um die ungeöffneten Blütenknospen eines kleinen immergrünen Baums auf den Molukken, die heute zu Indonesien gehören.

Die älteste Erwähnung der Gewürznelken findet sich in der antiken chinesischen Literatur. Höflinge und Staatsbeamte sollten, wenn sie mit dem Kaiser sprachen, ein paar Nelken im Mund haben, damit ihr Atem gut roch. Im 2. Jahrhundert n. Chr. wurden Gewürznelken nach Alexandrien gebracht und verbreiteten sich in ganz Europa. Bis im 16. Jahrhundert beherrschten diesen Handel die Portugiesen, bis die Holländer sie 1605 von den Molukken vertrieben. Sie beschränkten den Anbau der Nelkenbäume auf eine einzige Insel, und erst 1770 gelang es den Franzosen, Sämlinge nach Mauritius und Ile de la Réunion zu schmuggeln. Von dort aus kamen sie nach Zanzibar (heute zu Tansania gehörend) und Madagaskar, heute die weltgrössten Exporteure.

Ganz *Suchen Sie Nelken von heller rotbräunlicher Farbe am Stengel, die oben etwas heller sind. Sie sollten rauh anzufassen sein und sauber zerbrechen. Gute Gewürznelken geben etwas Öl ab, wenn man sie mit dem Fingernagel drückt.*

Nelkenbeutel *Mit ihm kann man den Nelkengeschmack ohne die Nelken selbst in die Nahrung bringen.*

Nelkenduftkugel *Eine mit Nelken besteckte Orange, zwischen die Kleider gelegt, duftet gut.*

Gemahlen *Eine der Zutaten zur indischen Gewürzmischung Garam masala (S. 84–85).*

Essenz *Gurgelwasser mit Nelkenöl wirkt antiseptisch und schmerzstillend. Auf den Gaumen gerieben lindert es Zahnschmerzen.*

ANBAU

Verbreitung Indonesien erzeugt am meisten Gewürznelken, gefolgt von Madagaskar, Tansania, Sri Lanka, Malaysia und Grenada. Indonesien ist auch der grösste Importeur.

Aussehen und Höhe Nelkenbäume werden nicht höher als 12–15 m. Sie brauchen 20 Jahre bis zur vollen Fruchtbarkeit und tragen etwa 50 Jahre lang Früchte. Sie gedeihen in tropischem Meeresklima.

Ernte Zweimal im Jahr, von Mitt- bis Spätsommer und nochmals mitten im Winter, werden die Nelken gepflückt, wenn die Knospen ausgewachsen sind, jedoch ehe sie sich öffnen. Die Knospen werden dann mehrere Tage an der Sonne getrocknet. Sie verlieren dabei zwei Drittel ihres Gewichts und werden dunkelbraun.

Aroma und Geschmack Gewürznelken haben ein besonderes, ausgeprägtes Aroma, das warm und reich ist. Nimmt man eine allein ein, so ist sie beissend scharf und bitter, und die Mundschleimhaut ist ein Weilchen gefühllos. Ihre Wirkung wird durch Kochen und andere Zutaten gemildert.

VERWENDUNG

Küche Nelken passen zu süssen und salzigen Speisen und werden zum Beispiel von den Amerikanern zum Spicken von Schinken und von den Deutschen für Gewürzbrot verwendet.

Andere Verwendungen Indonesische Zigaretten sind aus zwei Teilen Tabak und einem Teil Gewürznelken gemacht. Die Essenz ist ein Konservierungsmittel für Lebensmittel.

Asafötida

Asafötida, ein ausserhalb Indiens wenig bekanntes Gewürz, ist eine getrocknete, harzähnliche Substanz, die aus den Wurzelstöcken verschiedener Arten von *Ferula* oder Riesenfenchel gewonnen wird. Der Name ist aus persisch *aza,* Harz, und lateinisch *foetida,* stinkend, zusammengesetzt und beschreibt so die hervorstechendste Eigenschaft dieses Gewürzes. Es stammt aus Südwestasien und war in der römischen Küche sehr beliebt. Unter den Namen *silphium, laser* oder *laserpitium* wurde es aus Persien und Armenien eingeführt, wobei der Saft von Stengel und Wurzeln verwendet wurde. Es war ein teures Gewürz; der römische Geniesser Apicius beschreibt, wie man eine Unze, 30 g, unbeschränkt haltbar machen könne, indem man sie zusammen mit etwa 20 Pinienkernen in einem Krug aufbewahre und diese zum Würzen verwende.

Die ganze Pflanze verströmt den unverwechselbaren Geruch von Asafötida.

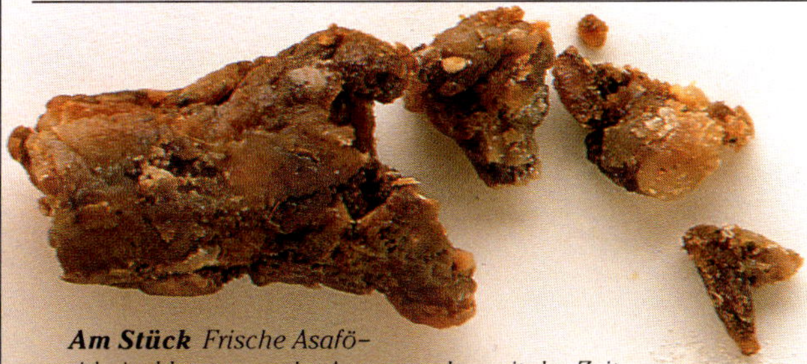

Am Stück *Frische Asafötida ist blass; manche Arten werden mit der Zeit dunkelbraun. Ein ganzes Stück Asafötida behält seine Kraft mehrere Jahre.*

Zum Mahlen *bricht man kleine Stücke ab und mahlt sie mit einem absorbierenden Pulver, z. B. Reismehl.*

Mischung *wird oft in indischen Läden in Form von Körnchen oder Pulver verkauft.*

Körnchen *Bewahren Sie Asafötida in einem luftdichten Gefäss auf, damit ihr Geruch nicht unangenehm auffällt.*

Pulver *In indischen und arabischen Gerichten erhöht eine winzige Menge den Geschmack.*

ANBAU

Verbreitung *Ferula* gedeiht in den trockenen Gegenden von Iran, Afghanistan, Indien und Pakistan.

Aussehen und Höhe *Ferula* sind stark riechende Pflanzen, die je nach Art 2–4 m hoch werden. Ihre Stengel sind im Innern weich, ihre Blätter fein gezähnt und die gelben Blüten wachsen in Büscheln.

Ernte Im Frühjahr, kurz vor der Blüte, werden die Stengel an der Wurzel abgeschnitten und eine milchige Flüssigkeit tritt aus, die zu Asafötida, einer gummiähnlichen Masse, vertrocknet. Der Gummi wird abgeschabt und weitere Schnitte werden angebracht, bis die Wurzel nichts mehr hergibt, was nach etwa drei Monaten der Fall ist.

Aroma und Geschmack Asafötida-Pulver riecht stark und unangenehm, etwa wie eingelegter Knoblauch. Der Geruch wird durch Schwefelverbindungen in der Essenz verursacht. Der Geschmack ist bitter und beissend, durchaus abstossend, wenn man das Gewürz pur versucht. Aber wenn Asafötida kurz in heissem Öl gebraten wird, verschwindet der unangenehme Geruch, und das Öl schmeckt nach Zwiebeln.

VERWENDUNG

Küche In West- und Südindien würzt Asafötida Hülsenfrüchte und Gemüse, Pickles und Saucen. Man kann mit einem Stück Asafötida vor dem Grillieren von Fleisch den Grill einreiben. Man sollte sie stets sehr sparsam verwenden. Im Iran werden das Stengelinnere und die Blätter als Gemüse genossen.

Heilkräfte Asafötida soll krampflösend wirken. Sie wurde früher gebraucht gegen Hysterie und als Beruhigungsmittel. In Indien kuriert man damit Blähungen und Bronchitis.

Eine graziöse perennierende Pflanze mit gefiederten Blättern und kleinen gelben Blüten.

Fenchel

Die Römer schätzten Fenchelsprossen als Gemüse und fügten den Samen Fleischsaucen bei. Der Schriftsteller Plinius glaubte, Fenchel stärke die Sehkraft, was spätere Kräutermediziner bestätigten.

Fenchel wird seit langem in Indien und China benützt; die Samen wurden gegen Skorpion- und Schlangenbisse eingenommen, ein Brauch, der auch auf Europa überging. Unsere Vorfahren hängten Fenchel über die Haustür im Glauben, er schütze vor Hexerei, und sie verstopften nachts das Schlüsselloch mit Fenchelpulver, um ungestört schlafen zu können.

Als die Portugiesen 1418 Madeira entdeckten, nannten sie ihren Landeort Funchal, von *funcho*, portugiesisch Fenchel, weil die Insel so stark danach duftete.

Samen *Grün bis gelbbraun. 6–10 mm lang, länglich, elliptisch, gerade oder leicht gekrümmt, mit auffallenden hellen Rippen. Manchmal ist noch ein kurzes Stengelstück daran.*

Essenz *Die Samen enthalten einen hohen Prozentsatz an Anethol, das für Pastis und andere Anisgetränke verwendet wird.*

Samenköpfe *Die Samen stehen in Dolden, nachdem die Blüten verschwunden sind.*

Gemahlen *Mahlen Sie die Samen nach Bedarf zu feinem Pulver.*

ANBAU

Verbreitung Stammt aus der Mittelmeergegend, ist aber heute in vielen Ländern mit gemässigtem Klima heimisch. Fenchel wird in Deutschland, Italien, Frankreich, Russland, dem Mittleren Osten und Indien angebaut.

Aussehen und Höhe Die hellgrünen Stengel werden 1,5 bis 2 m hoch. Die Pflanze gedeiht fast überall, liebt aber einen sonnigen, geschützten Standort.

Ernte Die Samenköpfe werden kurz vor ihrer Reife geerntet. Um sie zu trocknen, kann man eine Papiertüte darüberstülpen und sie in einem Zimmer an den Stengeln aufhängen.

Aroma und Geschmack Die ganze Pflanze ist aromatisch, und die Samen duften wie Anis. Auch der Geschmack ist ähnlich: warm und duftend, aber nicht so süss, und mit einem Hauch Kampfer.

VERWENDUNG

Küche Die Italiener kochen Fenchel mit Schweinebraten und fügen ihn der ausgezeichneten florentinischen Salami *Finocchiona* bei. In Irak wird er mit Nigella zusammen als Brotgewürz gemahlen. Die Inder verwenden Fenchelsamen in der vegetarischen Küche, im atemerfrischenden *paans*, und kauen ihn kandiert als Verdauungsförderer am Ende eines Mahls. In Europa ist Fenchel ein traditionelles Fischgewürz und wird auch für eingelegte Gurken, Sauerkraut und Hering verwendet.

Heilkräfte Eine wichtige Heilpflanze. Nach dem Kräuterarzt Culpeper wurden die Samen für Heilmittel gegen Atemnot verwendet. Fenchel galt auch als Mittel gegen Magenbeschwerden und Zahnschmerzen.

Sternanis

Sternanis ist eines der wenigen Gewürze, die in der chinesischen Küche verwendet werden. Er stammt aus Südchina und Vietnam. Er ist hübsch anzusehen und ist die Frucht eines kleinen immergrünen Baums der Magnolienfamilie. Reifer Sternanis hat die Form eines unregelmässigen achtzackigen Sterns. Sein chinesischer Name bedeutet acht Zacken.

Die Verwendung von Sternanis ist nie weit über seine Heimat hinausgegangen; allerdings haben die Chinesen ihn mitgenommen, wohin immer sie auswanderten. Alte Rezepte zeigen, dass Sternanis im Westen im 17. Jahrhundert verwendet wurde, in Fruchtsirups und Konfitüren, und seit einigen Jahren haben westliche Köche ihn wieder entdeckt und verwenden ihn zu gedämpftem Fisch.

Der Baum trägt glänzende Blätter und kleine, gelbe, vielblättrige Blüten.

Ganz *Getrockneter Sternanis ist hart und rotbraun. Jede Sternzacke enthält einen glänzenden, zerbrechlichen braunen Samen.*

Samen *Sie sind weniger aromatisch als die übrige Frucht.*

Gemahlen *Am besten ist es, die ganzen Früchte in einem Mörser oder Mixer zu zerstossen.*

Chinesisches Fünf-Gewürze-Pulver *Der Geschmack von Sternanis dominiert diese Mischung, die auch Fagara, Cassia oder Zimt, Gewürznelken und Fenchelsamen enthält* *(S. 72–73).*

Zerbrochene Früchte *Die Frucht wird ganz oder in Stücke gebrochen verwendet.*

ANBAU

Verbreitung Südchina und Vietnam.

Aussehen und Höhe Der Baum wird etwa 8 m hoch und trägt kleine gelbe Blüten. Im 6. Jahr reifen diese zu Früchten, und der Baum kann bis zu 100 Jahren fruchtbar bleiben. Während des Reifens formt sich die Frucht zu einem achtzackigen Stern; jede Zacke ist hohl und enthält einen Samen.

Ernte Die Früchte werden vor der Reife gepflückt und in der Sonne getrocknet.

Aroma und Geschmack Sternanis ist zwar mit Anis und Fenchel nicht verwandt, riecht und schmeckt aber ähnlich. Er hat einen Lakritzengeschmack und ist deutlich süss.

VERWENDUNG

Küche Die Chinesen geben Sternanis oft zu Geflügel und Schweinefleisch; er ist auch eine wichtige Zutat in ihrem Fünf-Gewürze-Pulver. Die Vietnamesen geben das Gewürz in ihre Rindfleisch-Suppe, *Pho.* Er ist ideal für Brathuhn, gedämpften Fisch, Muscheln und klare Suppen. Versuchen Sie ihn mit Lauch und Kürbis. Die Essenz enthält Anethol, das der wichtigste Aromastoff auch im Anis ist. Sie würzt Liköre wie Pastis und Anisette sowie Kaugummi und Kleingebäck.

Heilkräfte Sternanis wird im Osten zur Behebung von Magenkrämpfen und Rheumatismus und als Würze für Hustensirup angewendet. Das Gewürz wird ganz gekaut, um den Atem zu erfrischen.

Andere Verwendungen Die Essenz wird für die Herstellung von Seifen und Parfüms gebraucht.

Die grünen Beeren brauchen zwei bis drei Jahre zum Reifen; sie werden dann schwarzblau.

Wacholder

Wacholder verleiht Gin und anderen Schnäpsen und Likören ihren charakteristischen Geschmack. Die Beeren wachsen auf einem stacheligen grünen Busch, der auf der ganzen nördlichen Halbkugel zu finden ist. Obschon dies eines der wenigen Gewürze ist, das man im gemässigten Klima wild sammeln oder billig kaufen kann, wird Wacholder in der Küche kaum verwendet. Die Skandinavier geben Wacholderbeeren zu Marinaden für Fleisch. In Nordfrankreich werden die Beeren in Wildgerichten und Pâté verwendet und im Elsass und in Deutschland mit Sauerkraut. Zerdrückte Beeren kann man mit Salz und Knoblauch mischen und damit Wildgeflügel vor dem Braten einreiben. Mit Nelkenpfeffer und Pfeffer kombiniert benützt man Wacholder zum Würzen von Rindfleisch.

Beeren *Sie haben etwa die Grösse einer kleinen Erbse. Frisch gepflückt sind sie mit einem blaugrünen Hauch überzogen, der beim Trocknen verschwindet. Beeren aus wärmeren Breitengraden schmecken kräftiger.*

Zerdrückte Beeren *Die violett-schwarzen, glatten Beeren sind weich und lassen sich leicht zerdrücken, so dass das braune Mark und die Samen zum Vorschein kommen.*

Pflanze *Der Strauch hat spitze nadelförmige Blätter, die je zu dreien stehen.*

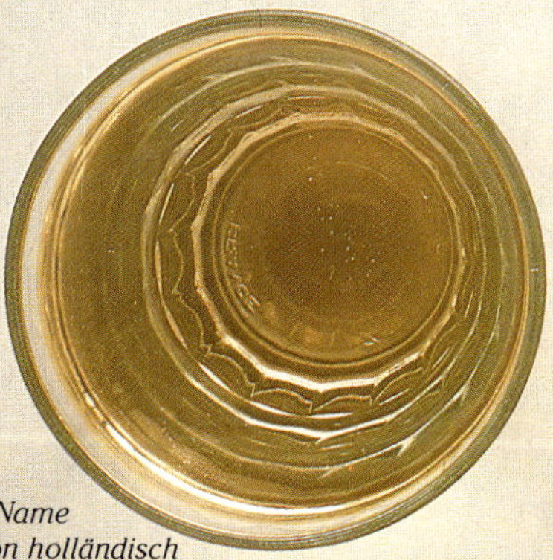

Gin *Der Name kommt von holländisch genever* = Wacholder.

Essenz *Soll verdauungs- und kreislauffördernd wirken.*

ANBAU

Verbreitung Wacholder wächst wild in ganz Europa und in Amerika. Der meiste gezüchtete Wacholder stammt aus Osteuropa.

Aussehen und Höhe Wacholder ist eine Konifere. Nach der Bestäubung bildet sich an weiblichen Büschen eine weiche Schicht um den Samen, so dass Beeren entstehen.

Ernte Die reifen Beeren werden im Herbst eingesammelt und bei weniger als 35° getrocknet, damit keine ätherischen Öle entweichen.

Aroma und Geschmack Das Aroma ist angenehm, bittersüss und erinnert unverwechselbar an Gin. Die Beeren schmecken süss und ein wenig nach Tannennadeln und Terpetin.

VERWENDUNG

Küche Wacholder passt gut zu Knoblauch, zu aromatischen Kräutern wie Majoran und Rosmarin, zu Wein, Bier, Brandy und vor allem Gin. Verwenden Sie ihn in Marinaden und Saucen für Schweinefleisch und Wild, in Pökellaugen und Trockensalz-Mischungen und in Pâtés. Wacholder eignet sich zum Würzen von Kalbfleisch und gebratenem Rindfleisch und verbindet sich ausgezeichnet mit Kohl.

Heilkräfte Kräuterspezialisten schreiben ihm eine diuretische und entzündungshemmende Wirkung zu.

Vorsicht: Nicht während der Schwangerschaft und bei Niereninsuffizienz verwenden.

Andere Verwendungen Aus Beeren und Wurzeln gewinnt man violette und braune Farbstoffe. Früher verbrannte man Wacholderbeeren, um die Luft zu reinigen, und verwendete sie gegen Schlangenbiss. Die hocharomatische Essenz wird manchen Insektiziden und Parfüms beigegeben.

Galangawurzel

Davon gibt es zwei Haupttypen: kleine und grosse. Die kleine Galangawurzel stammt aus Südchina und die grosse aus Indonesien. *Kempferia galangal* (S. 66) ist ein ähnlicher Wurzelstock, der in der chinesischen Medizin verwendet wird. In Indonesien nennt man die kleine Galanga *kencur* und die grosse *laos*. Letztere heisst in Thailand *khaa* und in Malaysia *lengkuas*. Unter all diesen Namen werden die Wurzeln in orientalischen Läden verkauft.

Galanga war im alten Ägypten bekannt als Desinfektionsmittel. Sie erreichte Europa im Mittelalter und wurde als Heilmittel wie als Gewürz hochgeschätzt. Sie wurde jedoch immer weniger verwendet und wird heute selten ausserhalb Südostasiens gebraucht ausser von orientalischen Gruppen.

Grosse Galanga hat schwertähnliche Blätter und grünlichweisse Blüten.

***Die grosse Galangawurzel** hat gewöhnlich eine orangerote Haut, aber es gibt auch blassere Varietäten.*

***Frische Schnitten** sind angenehm aromatisch.*

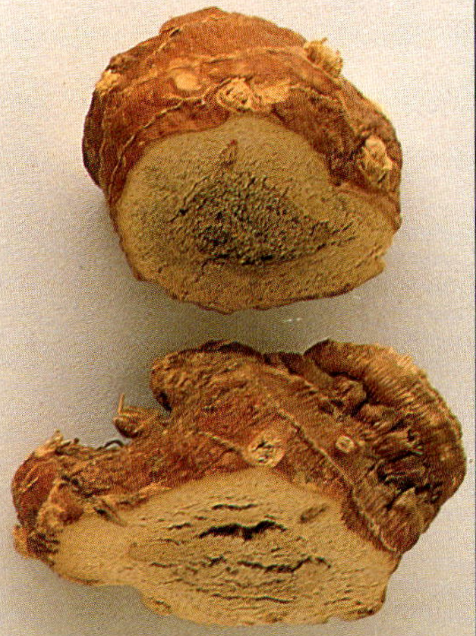

***Getrocknete Wurzelstücke** sind zäher und holziger als getrockneter Ingwer.*

***Getrocknete Schnitten** lassen sich in Suppe und Eintopf verwenden, sollten aber vor dem Anrichten entfernt werden, da sie unangenehm hölzern zu kauen sind.*

***Gemahlen** Ein halber Teelöffel Pulver entspricht etwa einer kleinen Wurzelscheibe.*

ANBAU

Verbreitung Beide Pflanzen werden heute in grossem Massstab in Indien und Südostasien angebaut.

Aussehen und Höhe Kleine Galanga wird 1 m hoch; sie hat lange, schmale Blätter und kleine weisse, rotgestreifte Blüten. Grosse Galanga wird bis 2 m hoch. Die Wurzelstöcke beider Pflanzen sind knorrig wie Ingwerwurzeln.

Ernte Bei beiden Arten wird der Wurzelstock herausgehoben, gereinigt und ähnlich wie Ingwer und Turmeric verarbeitet.

Aroma und Geschmack Kleine Galanga ist stärker als die grosse und schmeckt ähnlich wie Kardamom und Ingwer. Grosse Galanga erinnert an eine Mischung von Ingwer und Pfeffer, mit einem Hauch von Zitronengeschmack.

VERWENDUNG

Küche In ganz Malaysia werden beide Arten von Galanga frisch in Currys und Eintöpfen verwendet. Grosse Galanga ist ein wichtiger Bestandteil der thailändischen Currypasten (S. 78/79), und die Thai-Küche zieht sie dem Ingwer vor. Kleine Galanga braucht man zur Herstellung von Bittergetränken und Likören und in Skandinavien und Russland zum Würzen von Bier.

Heilkräfte Die asiatische Heilkunst setzt Galanga zur Behandlung von Katarrh und Atemwegserkrankungen ein. In Südostasien trinkt man eine Mischung aus geriebener Galanga und Limonensaft als Tonikum. Früher kurierte man damit auch Blähungen und Verdauungsstörungen.

Die blasse Frucht sieht wie eine Aprikose aus. Beim Reifen öffnet sie sich und zeigt ihren Kern.

Muskatnuss und -blüte

Myristica fragrans ist als Gewürzpflanze einzigartig, denn sie produziert zwei deutlich verschiedene Gewürze, Muskatnuss und Muskatblüte. Der Muskatnussbaum ist immergrün und neigt zum Wuchern; er ist auf den Banda-Inseln auf den Molukken heimisch. Die Muskatnuss ist der Samenkern, die «Muskatblüte» ist der Samenmantel, ein Gewebe, das den Samen umhüllt.

Im sechsten Jahrhundert wurden Muskatnüsse und -blüten mit Karawanen nach Alexandrien transportiert. Die Chinesen, Inder und Araber schätzten das Gewürz als Mittel gegen Beschwerden der Verdauung, der Leber und der Haut. Nuss und Blüte sollten potenzfördernd wirken.

Die Gewürze wurden wahrscheinlich von den Kreuzfahrern nach Euroa gebracht. Man brauchte sie zum Ausräuchern von Räumen, und sie wurden erst

Muskatblüte *ist der spitzenähnliche Samenmantel, der den Samen umgibt. Die Muskatnuss liegt unter der Samenschale.*

Muskatnuss *Oval geformt, graubraun und runzelig. Das Innere ist heller gefärbt und hart.*

Muskatnuss-Schaber *Ursprünglich hatten sie ein Abteil, in dem die Muskatnuss aufbewahrt wurde.*

Gemahlen *Am besten nach Bedarf frisch gemahlen, da das Pulver schnell schal wird.*

ANBAU

Verbreitung Muskatblüte und Muskatnuss sind in den Molukken heimisch, werden aber auch in Sri Lanka, Malaysia und Westindien angebaut.

Aussehen und Höhe Der Muskatnussbaum ist immergrün und wächst bis über 12 m hoch. Er hat dunkelgrüne ovale Blätter und kleine blassgelbe Blüten. Die Bäume bringen ab dem 7. oder 8. Jahr Frucht und tragen während bis zu 40 Jahren. Sie gedeihen am besten in tropischem Meeresklima; ihnen behagt der reiche vulkanische Boden der Molukken und die fruchtbare Lehmerde Grenadas. Pflanzungen liegen gewöhnlich unter 750 m, und die Bäume müssen vor hohen Winden geschützt sein.

Ernte Die Frucht reift sechs bis acht Monate nach der Blüte und wird gewöhnlich eingesammelt, wenn sie zu Boden fällt. Die äusserste Hülle wird entfernt und die Blüte abgenommen, flachgepresst und auf Matten in 2–4 Stunden getrocknet, wobei die Muskatblüte ihre dunkelrote Farbe beibehält. Die von der Blüte befreiten Nüsse werden auf Gestellen vier bis sechs Wochen lang getrocknet, bis die Nüsse in ihrer Aussenschale klappern. Man schlägt sie auf, nimmt die Muskatnüsse heraus und sortiert sie nach Grösse und Qualität. «Fehlerhafte», «verschrumpelte» und «verwurmte» werden entfernt; die guten werden der Grösse nach als 80er, 100er usw. klassiert, je nachdem wie viele davon ein Pfund ausmachen.

Aroma und Geschmack Muskatblüte und Muskatnuss ähneln sich in Aroma und Geschmack, aber Muskatblüte ist feiner. Der Geschmack ist warm und

für die Küche entdeckt, als die Portugiesen im 16. Jahrhundert damit zu handeln begannen. Muskatnuss wurde sowohl als Heilmittel wie als Gewürz wichtig. Im 18. Jahrhundert trugen die Leute ihre eigenen Muskatnüsse mit sich, zusammen mit schmucken kleinen Muskatschabern aus Silber, Holz oder Bein, um Essen und Getränke wie heisses Bier, Glühwein oder Possets (Getränke aus geronnener Milch) zu würzen.

Der Handel mit Muskatnüssen und -blüten ging von den Portugiesen auf die Holländer über und gegen Ende des 18. Jahrhunderts auf die Engländer. Diese pflanzten Muskatnussbäume in Panang, Sri Lanka und Sumatra, und im darauffolgenden Jahrhundert zog man sie dann auch in Grenada in Westindien, wo heute etwa ein Drittel der Weltproduktion an Muskatnüssen hervorgebracht wird.

Muskatblüte *Bis der tiefrote Samenmantel den Markt erreicht, ist er orangerot oder orangegelb geworden, je nach Herkunft.*

Muskatblüten-Blätter *Indonesische Blätter sind eher rotorange, solche aus Grenada gelborange.*

Muskatnuss-Essenz *Wird in Salben gegen Rheumatismus gegeben.*

Gemahlene Muskatblüten *können ihren Geschmack länger behalten als viele andere gemahlene Gewürze.*

Grob gemahlen *Die Blätter sind schwer mit Möser und Keule zu feinem Pulver zu zerstossen.*

hocharomatisch – süsslich bei den Muskatnüssen und bitterer bei der Muskatblüte.

VERWENDUNG

Küche In Südostasien, China und Indien werden beide Gewürze selten gebraucht. In Indien finden sie sich meist in mongolischen Gerichten. Die Araber würzen seit langem Schaf- und Lammfleisch mit Muskatnuss, aber die Europäer haben Nuss und Blüte seit jeher in vielfältiger Weise für süsse und salzige Speisen verwendet. Muskatnuss ist ein Standardgewürz in vielen holländischen Rezepten, und Schaber, die ähnlich aussehen wie Pfeffermühlen, sieht man überall. Die Holländer fügen Muskatnuss Kartoffelbrei, Weisskohl, Blumenkohl und Gemüsepürees bei, dann auch Makkaroni, Siedfleisch und Fruchtpuddings. Die Italiener lieben Muskatnuss mit gemischten Gemüseplatten und Kalbfleisch, in Füllungen und Pastasaucen.

Muskatnuss wird oft für Honigkuchen, Fruchtkuchen, Fruchtdesserts und Fruchtpunch gebraucht. Sie passt gut zu Eintopfgerichten und Fleischkuchen sowie zu den meisten Käse- und Eierspeisen; dasselbe gilt für Muskatblüte. Muskatblüte gibt einer Bechamel- oder Zwiebelsauce Pfiff, ebenso klarer Suppe, Krebssuppe, eingemachtem Fleisch, Käsesoufflés und Schmelzkäsedesserts. In Indonesien benutzt man das Fruchtfleisch zur Herstellung einer Süssigkeit.

Heilkräfte Muskatnuss wird in der orientalischen Medizin häufiger verwendet als in der westlichen. Sie wird gegen Bronchialkrankheiten, Rheuma und Blähungen eingesetzt. In grosser Menge eingenommen, kann sie schläfrig machen und Halluzinationen und Euphorie hervorrufen. Übermässiger Genuss kann tödlich sein.

Die Pflanze hat zackige graugrüne Blätter und kleine, fünfblättrige weisse Blüten.

Schwarzkümmel

Schwarzkümmel ist der botanische Name für die Pflanze, die wir als «Gretchen im Busch» kennen. Sie ziert den Garten mit ihren zarten blauen Blüten und ihrem feinen Laub. Die Nigella-Art, die wegen ihres Samens angebaut wird, ist nahe verwandt, aber nicht ganz so hübsch anzusehen. Bis zum 17. Jahrhundert war Nigella in Europa beliebt. Der Kräuterspezialist Gerard beschreibt die Samen als «schwärzlich, sehr ähnlich dem Zwiebelsamen, von scharfem, aber ausgezeichnet süssem Geschmack.» Man brauchte sie für Duftwasser und Puder; gemahlene Samen wurden in ein Stück Stoff gewickelt und sorgfältig erhitzt, was helfen sollte, den Geruchssinn wieder herzustellen.

In Indien, wo Schwarzkümmel allgemein als Gewürz Verwendung findet, ist die Vielzahl seiner Namen verwirrend. Im Norden des Landes, wo er wild wächst, heisst er *kala jeera* (S. 34). Auch Kreuzkümmel kann *kala jeera* oder *shahi jeera*, Königskümmel, heissen. Im grössten Teil Indiens kennt man Nigellasamen als *kalonji* (schwarzen Zwiebelsamen).

Samen *Samten und tiefschwarz, 2–3 mm lang und eckig. Sie haben fünf starke Stacheln.*

Gemahlen *Am besten lassen sich die Samen in einer Kaffeemühle mahlen.*

Nan-Brot, *das in den Tanduröfen aus Lehm in Nordindien gebacken und mit Schwarzkümmel gewürzt wird.*

Panch Phoron *Schwarzkümmel ist in vielen indischen Gewürzmischungen vorhanden, darunter Panch Phoron (S. 82–83), Currypulver und Masala.*

ANBAU

Verbreitung Schwarzkümmel ist in Westasien, Südeuropa und dem Mittleren Osten heimisch. Angebaut wird er hauptsächlich in Indien.

Aussehen und Höhe Die Pflanze wird aus Samen gezogen, ist einjährig und winterfest und wird 60 cm hoch.

Ernte Die Samenkapseln werden eingesammelt, wenn sie reif sind, jedoch ehe sie platzen. Sie werden dann getrocknet und zerdrückt, damit der Samen leicht herausgenommen werden kann.

Aroma und Geschmack Schwarzkümmel hat ein schwaches Aroma. Der Geschmack ist nussig und herb, wie eine Kreuzung zwischen Mohn und Pfeffer, und erinnert an Oregano.

VERWENDUNG

Küche In Indien wird Schwarzkümmel ungemahlen zu Hülsenfrüchten und Gemüsen gegeben; gewöhnlich wird er vorher trocken geröstet, um Aroma und Geschmack zu verstärken. Man gibt ihn auch mehreren Gewürzmischungen bei und streut ihn auf Brot. Auch im Mittleren Osten und in der Türkei würzt Schwarzkümmel Brot. Es ist ein Gewürz, mit dem man experimentieren kann; es ergänzt ideal Koriander und Nelkenpfeffer sowie Bohnenkraut und Thymian.

Andere Verwendungen Er soll Insekten fernhalten.

Mohnsamen

Opiummohn ist eine sehr alte Pflanze. Ihr botanischer Name bedeutet schlafbringender Mohn und bezieht sich auf die narkotisierenden Eigenschaften der Pflanze: aus Opium, das aus den unreif geschnittenen Samenkapseln austritt, wird Morphium und Kodein hergestellt. In den reifen Samen sind sie nicht enthalten. Die Pflanze wurde seit Urzeiten wegen des Opiums und der Samen angebaut. Die kretische Statue einer Mohngöttin, von etwa 1400 v. Chr., zeigt, wie Samenkapseln geschnitten werden, um Opium zu gewinnen, genau wie es heute noch gemacht wird. Eine Mischung aus gerösteten weissen Mohnsamen und Honig war bei reichen Römern beliebt. Zu Mohammeds Zeiten (572–632) kannte man die heilenden und betäubenden Eigenschaften des Opiums in Arabien und Asien. Man milderte damit Cholera, Malaria und Dysenterie (Ruhr); dazu wurde es immer mehr zu einer Suchtdroge in Indien und China.

Wenn die Blüte abstirbt, kommt eine zwiebelähnliche Samenkapsel zum Vorschein.

Cremegelbe Samen *in Nierenform sind in Indien häufig. Sie sind etwa 1 mm lang. Tausend Samen wiegen nur etwa ein halbes Gramm.*

Braune Samen *Sie werden in der Türkei mit Traubensirup und Nüssen zu einem Dessert gemischt.*

Blaugraue Samen *Schieferblaue Samen sind in Europa am häufigsten. Wie die andern Samen sind sie hart und glatt.*

Gemahlene Samen *Benützen Sie Mörser und Stössel oder eine Kaffeemühle. In Indien dient weisser gemahlener Mohnsamen dazu, Saucen zu binden.*

Paste *Geröstete Samen werden zu Paste gemahlen, die die Grundlage vieler türkischer Speisen bildet.*

Samenkopf
Die braungrünen Samenkapseln haben sehr verschiedene Grössen und Formen, aber alle sind aussen gerippt und mit einer Narbe gekrönt. Im Innern sind mehrere Kammern mit Hunderten von winzigen Samen.

ANBAU

Verbreitung Aus dem östlichen Mittelmeerraum bis Zentralasien stammend. Indien, China, Iran, Türkei, Frankreich, Holland und Kanada sind die Haupt-Produzenten.

Aussehen und Höhe Die einjährige Pflanze wird aus Samen gezogen; sie trägt weisse bis violette Blüten.

Ernte Wenn die Samenkapseln gelbbraun werden, erntet man sie gewöhnlich maschinell und schichtet sie wie Weizengarben auf. Oder man schneidet die Kapseln ab und trocknet sie.

Aroma und Geschmack Mohnsamen haben ein schwaches, aber angenehm nussiges Aroma und einen ähnlichen, aber stärkeren Geschmack, mit einem Anflug von Süsse. Sie haben keine betäubenden Eigenschaften.

VERWENDUNG

Küche In der westlichen und mittelöstlichen Küche wird Mohnsamen hauptsächlich auf Brot und Kuchen gestreut oder mit Honig oder Zucker gemischt für Gebäckfüllungen. In der Türkei macht man damit Halva oder Desserts; in Indien werden die Samen gewöhnlich mit anderen Gewürzen zusammen gemahlen zum Würzen und Binden von Saucen. Versuchen Sie Mohnsamen in Saucen für Nudeln und Reis oder zum Garnieren von Gemüse. Rösten hebt den Geschmack.

Andere Verwendungen Das geruchlose Öl aus der ersten Kaltpressung hat einen leichten Mandelgeschmack und ist ein gutes Salatöl. Öl aus den späteren Warmpressungen wird in Seife und Salben benutzt oder gebleicht und für die Herstellung von Künstlerfarben verwendet.

Die unreifen Beeren sind grün, die reifen violettbraun.

Nelkenpfeffer / Piment

Die Nelkenpfefferbeere, die hauptsächlich in Jamaika angebaut wird, wurde von Kolumbus und seinen Gefährten nach Europa gebracht, im Glauben, es handle sich um Pfeffer; daher ihr spanischer Name *pimienta,* Pfeffer. Auch Piment genannt, wurde sie als Nelken- oder Jamaikapfeffer bekannt.

Als die Engländer 1655 Jamaika eroberten, fanden sie dort schon grosse Plantagen und einen organisierten Handel vor; wilde Früchte wurden nicht mehr gehandelt. Die Exporte aus Jamaika wuchsen zwischen 1755 und dem Ende des 19. Jahrhunderts um mehr als das Zwanzigfache. Obschon Kolonisten versuchten, den Baum auch anderswo in den Tropen anzusiedeln, gedieh er dort nicht, und Nelkenpfeffer ist das einzige Gewürz von Bedeutung, das fast zur Gänze aus der Neuen Welt eingeführt wird.

Ganz *Die rotbraunen Beeren sind etwa so gross wie eine kleine Erbse; ihre Oberfläche ist etwas rauh. Der Geschmack sitzt grösstenteils in der äusseren Schale, nicht im Beereninneren.*

Gemahlen *Es ist ratsam, Nelkenpfeffer ganz zu kaufen und nach Bedarf zu mahlen.*

Essenz *Häufig in würzigem Männerparfüm.*

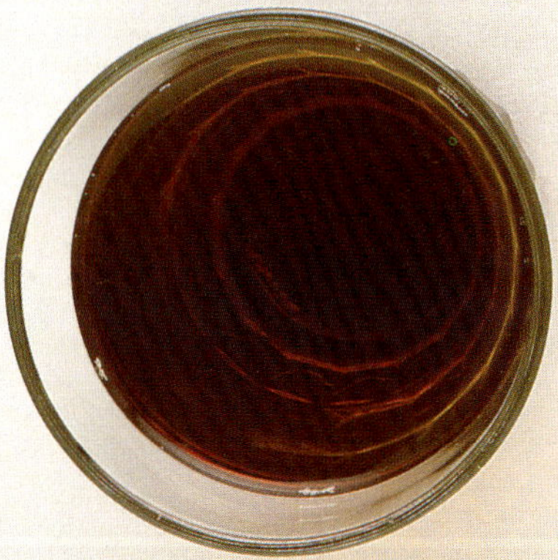

Piment-Trunk *Ein mit Nelkenpfeffer gewürztes Rumgetränk ähnlich dem Nelkenschnaps (S. 145).*

Einlegegewürz *Eine wichtige Zutat in dieser traditionellen Mischung, in der Früchte und Gemüse eingelegt werden (S. 102/103).*

Gewürzter Tee *Mit Schwarztee und anderen Gewürzen gemischt, ergibt sich ein wärmendes Getränk.*

ANBAU

Verbreitung Stammt aus Westindien und Zentral- und Südamerika. Der beste Nelkenpfeffer kommt aus Jamaika.

Aussehen und Höhe Der Pimentbaum ist immergrün und wird bis zu 9 m hoch. Er hat dunkelgrüne, glänzende Blätter und im Sommer Büschel kleiner weisser Blüten. Der Baum beginnt im Alter von sechs bis sieben Jahren zu tragen und bringt bis zu 100 Jahre lang Frucht. Zehn weibliche Bäume auf einen männlichen ist das ideale Verhältnis für eine gute Ernte.

Ernte Die Beeren werden reif, aber noch grün gepflückt, weil sie mit der Vollreife ihr Aroma verlieren. In Jamaika werden die Beeren handgepflückt, fünf bis zehn Tage auf Betonterrassen oder künstlich getrocknet, dann ausgesiebt und nach Grösse klassiert. Beim Trocknen färben sich die Beeren rotbraun.

Aroma und Geschmack Nelkenpfeffer hat ein angenehm duftendes Aroma; sein Name deutet den scharfen Geschmack an, der an eine Mischung von Pfeffer, Nelken, Zimt und Muskatnuss oder Muskatblüte erinnert.

VERWENDUNG

Küche Nelkenpfeffer wird vor allem in der Lebensmittelindustrie gebraucht: in Ketchup, Pickles, Würsten, Dosenfleisch. Er gibt Kuchen, Konfitüren und Obstkuchen eine sanfte Würze. In Jamaika wird das Gewürz viel verwendet in Suppe, Eintopf und Curry.

Heilkräfte Die Essenz gibt Heilmitteln Geschmack. Nelkenpfeffer hilft etwas bei Verdauungsstörungen.

Andere Verwendungen Seit Jahrhunderten gibt man Nelkenpfeffer in Duftschalen (Potpourris, S. 146).

Anis

Die Pflanze hat hellgrüne gefiederte Blätter und Büschel weisser Blüten.

Als Anis bekannt, ist dieses Gewürz botanisch mit Kümmel, Kreuzkümmel, Dill und Fenchel verwandt. Die aromatischen, ovalen Samen stellen eines der ältesten Gewürze dar. Es wird in vielen Gegenden der Welt angebaut, stammt aber ursprünglich aus dem Mittleren Osten und von den östlichen Mittelmeerinseln. Die Römer brachten den Samen in die Toscana. Im Mittelalter verbreitete sich der Anbau von Anis über ganz Europa. Er wurde in England im 14. Jahrhundert verwendet und wuchs spätestens bis Mitte des 16. Jahrhunderts in vielen Küchengärten. Der Same erreichte die Neue Welt mit den ersten Siedlern; die Shakers züchteten ihn dort für medizinische Zwecke.

Anis war stets als Verdauungsförderer beliebt. Im alten Rom wurden manchmal nach einer fetten Mahlzeit Aniskuchen gereicht. Im Mittelalter ass man zum selben Zweck kandierten Anissamen. Heute noch kaut man in Indien ganze Anissamen für die Verdauung und zur Erfrischung des Atems.

Samen *Sie sind verschiedenfarbig, von grüngrau bis gelbbraun. Die Form ist oval mit zehn helleren Rippen. An den Samen hängen oft noch Stengelstücke.*

Gemahlener Anis *Wie viele andere Gewürze verliert gemahlener Anis schnell Geschmack und Aroma. Kleine Mengen ganzer Samen kaufen und nach Bedarf mahlen.*

Essenz *Manchmal statt Lakritze verwendet. Das meiste Öl für medizinische Zwecke kommt aus Russland.*

Anisgebäck *Anisgeschmack ist in Süssigkeiten und Gebäck beliebt.*

Pernod *Viele Drinks und Liköre werden mit Anis zubereitet.*

ANBAU

Verbreitung Das Gewürz wird industriell in den südlichen Republiken der UdSSR, in der Türkei, in Spanien, Frankreich, Deutschland und Indien erzeugt.

Aussehen und Höhe Anis ist ein elegantes Sommergewächs und wird 30–40 cm hoch. Er lässt sich in leichtem humusreichem Boden gut aus dem Samen ziehen.

Ernte Die Pflanzen werden, kurz bevor die Frucht reift, ausgezogen und zum Trocknen aufgeschichtet. Dann drischt man sie und trocknet die Samen auf Gestellen draussen im Halbschatten oder bei mässiger Wärme drinnen.

Aroma und Geschmack Geruch und Geschmack sind süsslich und erinnern deutlich an Lakritze.

VERWENDUNG

Küche In Europa braucht man Anis viel als Kuchen- und Biskuitgewürz; in Indien wird es in Suppe, Eintopf und manchmal Brot gegeben. Rund ums Mittelmeer ist Anissamenöl beliebt bei der Herstellung von Aperitifs und Likören mit Anisgeschmack.

Heilkräfte Anis gilt als mildes schleimlösendes Mittel und wird deshalb in Hustensirup und -bonbons verwendet. Man braucht es auch, um den Geschmack bitterer Medizin zu übertönen.

Andere Verwendungen In Indien wird Aniswasser wie Kölnischwasser benutzt.

Aus den Blüten wachsen Büschel grüner Beeren, die beim Reifen rot werden.

Pfeffer und langer Pfeffer

Das im Westen meistverbreitete Gewürz – einst so hoch geschätzt, dass es wörtlich mit Gold aufgewogen wurde – stammt ursprünglich aus den Monsunwäldern der Malabarküste in Südindien. Schwarzer Pfeffer ist die unreife Frucht des Strauches *Piper nigrum.* Weisse, grüne und rosa Pfefferkörner sind Beeren vom selben Strauch, die bei verschiedener Reife gepflückt wurden. *Piper longum* oder langer Pfeffer ist eine verwandte Pflanze, die auf Sanskrit *pippali* heisst, woher unser Name Pfeffer kommt.

Langer Pfeffer war viel früher als schwarzer Pfeffer in ganz Südasien bekannt und war wohl auch die erste Pfefferart, die das Mittelmeer erreichte. Im vierten Jahrhundert v. Chr. beschrieb der griechische Philosoph Theophrast sowohl langen als auch schwarzen Pfeffer, und im ersten Jahrhundert n. Chr. berichtete der römische Geschichtsschreiber Plinius, langer Pfeffer koste fast viermal so viel wie schwarzer. 176 n. Chr. setzten die Römer einen Zoll fest für langen und weissen Pfeffer, aber schwarzer war davon befreit. Der Pfeffer verbreitete sich im ganzen römischen Reich, und als die Goten 408 n. Chr. Rom belagerten, verlangten sie neben Gold und Silber auch dreitausend Pfund Pfeffer als Abgabe. Jahrhundertelang galt Pfeffer als Währung in Ost und West. Die Chinesen nannten Pfeffer «Fagara der Westlichen» und hielten ihn für einen exotischen Ersatz für ihr eigenes pfefferähnliches Gewürz. Im Mittelalter wurden manchmal Pachten, Mitgiften und Steuern mit Pfeffer bezahlt. Die Nachfrage nach Pfeffer war der Hauptgrund dafür, dass der Seefahrer Vasco da Gama einen Seeweg nach dem Osten entdeckte.

Frisch *Solche Büschel frischer grüner Beeren findet man manchmal bei uns im Handel. Man gebe ein paar ganze Beeren zu Ente und zu Sahne- und Buttersaucen.*

Schwarze Pfefferkörner *Grüne Früchte werden gepflückt und zu Haufen geschichtet. Man lässt sie ein paar Tage gären und trocknet sie dann in der Sonne. Sie schrumpfen und werden hart und schwarz. Sie sind runzeliger als andere Pfefferkörner.*

Weisse Pfefferkörner *Reife Beeren werden in Wasser eingelegt, die Haut wird abgerieben und die nackten grauen Körner getrocknet, bis sie mattweiss sind.*

Gemahlener schwarzer Pfeffer *Das Pfefferaroma verflüchtigt sich rasch, so dass man am besten Pfefferkörner nach Bedarf mahlt.*

Gemahlener weisser Pfeffer *sieht in Rahmsaucen besser aus als schwarzer.*

Pfeffermühle *Versuchen Sie, für den täglichen Gebrauch weissen und schwarzen Pfeffer zusammen zu mahlen.*

Gemahlener grüner Pfeffer *Selten im Handel; mahlen Sie ihn selbst.*

Grüne Pfefferkörner *Unreifer Pfeffer, wird gefriergetrocknet oder in Salzlake oder Essig eingelegt verkauft.*

Pfefferkörner in Salzlake *Spülen und entweder ganz oder zerdrückt verwenden.*

Gemahlener Schinus molle

Schinus molle *(Peruanischer Pfefferbaum). Seine Beeren werden oft als rosa Pfeffer verkauft. Die brüchige Schale umhüllt einen kleinen Samen, der Geschmack ist eher aromatisch als scharf.*

Essenz *Pfefferöl wird hauptsächlich im Westen aus importiertem schwarzem Pfeffer hergestellt. Man braucht es in der Parfüm- und Lebensmittelindustrie.*

Gemahlener gemischter Pfeffer

Vermischte Pfefferkörner *Schwarze, weisse, grüne und rosa Pfefferkörner miteinander vermischt.*

Langer Pfeffer *Etwa 2,5 cm lang. Gleicht kleinen, steifen, grauschwarzen Haselkätzchen.*

ANBAU

Verbreitung Indien, Malaysia (Sarawak) und Indonesien (Sumatra) sind die Hauptproduzenten; gleich darauf folgt Brasilien. Langer Pfeffer wächst wild vom Fuss der Himalaja-Kette bis Südindien.

Aussehen und Höhe Pfeffer ist ein perennierendes Klettergewächs mit dunkelgrünen Blättern und Ähren weisser Blüten. Die Pflanze braucht sieben bis acht Jahre bis zur vollen Reife und trägt dann während 15–20 Jahren Früchte. Sie wird an Stangen oder an Schattenbäumen gezogen. Langer Pfeffer, auch er ein tropisches Klettergewächs, hat ähnliche Blätter und Blüten.

Ernte Die Beeren des Piper nigrum werden über zwei bis drei Monate im Frühjahr und Sommer geerntet, Pfefferkörner – getrocknete Beeren – werden nach Grösse sortiert; je grösser das Korn, desto höher die Qualität. Lange Pfefferbeeren werden grün abgenommen und an der Sonne getrocknet.

Aroma und Geschmack Pfeffer hat einen warmen, holzigen Geruch, der frisch, scharf und aromatisch ist. Weisser Pfeffer schmeckt schärfer und weniger subtil als schwarzer. Grüner Pfeffer ist nicht so scharf und hat einen reinen, frischen Geschmack. Langer Pfeffer schmeckt ähnlich wie schwarzer und hat einen Anflug von Süsse.

VERWENDUNG

Küche Pfeffer ist weder süss noch salzig, sondern einfach scharf und kann daher in beiden Arten von Speisen verwendet werden. Viele Gerichte tragen seinen Namen. Nehmen Sie ganze Pfefferkörner zum Würzen von Bouillon und dergleichen; zerdrücken Sie sie grob für die Beigabe zu trockenen Gewürzmischungen oder Marinaden. Langer Pfeffer wird stets ganz verwendet. Man findet ihn praktisch nur im Fernen Osten, wo er zum Würzen von Speisen und für Pickles und Konserven gebraucht wird.

Heilkräfte Pfeffer soll gegen Blähungen helfen und diuretisch wirken.

Die Früchte, die als Gewürz dienen, wachsen in Büscheln.

Kubeben

Kubeben sind die unreifen Früchte einer Pflanze, die zur Familie der Pfeffergewächse gehört und in Java und anderen indonesischen Inseln heimisch ist. Der Botaniker John Parkinson beschreibt sie als «kleine, etwas süssliche Beeren, nicht grösser als Pfefferkörner, aber rauher und furchiger und nicht so schwarz und fest ... und jede hat einen kurzen kleinen Stengel, der wie ein Schwänzchen aussieht.»

In China wurden Kubeben zu Heilzwecken verwendet. Sie erreichten den Westen durch arabische Händler und wurden als Heilmittel wie als Gewürz geschätzt. Bis zum 17. Jahrhundert waren sie allgemein gebräuchlich. In seinem «Theatrum Botanicum» von 1640 berichtet Parkinson, dass der König von Portugal den Verkauf von Kubeben verboten habe, um denjenigen des schwarzen Pfeffers zu fördern. Im 19. Jahrhundert waren Kubeben praktisch vom Markt verschwunden.

Beeren *Dunkelbraun, mit einem kleinen Schwanz versehen, mit runzliger, ledriger Haut. Sie können bis zu 6 mm Durchmesser haben.*

Halbe Beeren *Bricht man die Beeren auf, so haben manche einen kleinen dunklen oder weissen Samen; andere sind hohl.*

Gemahlene Kubeben *Man kann das gemahlene Gewürz an Stelle von gemahlenem Pfeffer verwenden.*

Essenz *Bestandteil einiger Hustenbonbons.*

Ras el hanout *Eine der Gewürzmischungen, in denen Kubeben verwendet werden.*

ANBAU

Verbreitung Kubeben werden zwar in gewissen Gebieten Indonesiens und in Sri Lanka angebaut, aber weitaus die meisten werden in der Wildnis gesammelt.

Aussehen und Höhe Die Kubebe ist eine perennierende Kletterpflanze mit glatten, zugespitzten Blättern und kleinen, weissen, an Ähren stehenden Blüten.

Ernte Die Früchte werden noch grün geerntet. Sie werden dann in der Sonne getrocknet, bis sie tief braunschwarz sind.

Aroma und Geschmack Kubeben haben ein warmes, terpentinähnliches Aroma. Der Geschmack ist aromatisch – Parkinson nannte ihn scharf und glühend – aber auch etwas bitter. Er erinnert eher an Nelkenpfeffer als an Pfeffer.

VERWENDUNG

Küche Heute werden Kubeben noch immer in Gewürzmischungen wie Ras el hanout (S. 96–97) und in der indonesischen Küche verwendet. Man kann sie in jedem Gericht an Stelle von Nelkenpfeffer verwenden, und sie passen besonders gut zu Fleisch- und Gemüsegerichten.

Heilkräfte Kubeben sind seit der Antike als Heilmittel verwendet worden und werden im Osten immer noch geschätzt. Sie wirken schleimlösend und werden in Mitteln gegen Atembeschwerden gebraucht. Kubeben haben auch antiseptische Eigenschaften.

Sumach

Der dekorative Sumach wächst im ganzen mittleren Osten wild und trägt Ähren herber roter Beeren. Diese werden getrocknet, bis sie dunkel ziegelrot sind, und werden in der lokalen Küche ganz oder gemahlen verwendet. Sie geben dem Gericht eine fruchtige, säuerliche Note und werden so wie im Westen Zitronensaft oder Essig verwendet. Sumach ist besonders beliebt im Libanon, wo man ihn in den meisten Haushalten stets findet.

Die Römer verwendeten Sumach als Sauermacher, ehe es in Europa Zitronen gab. Die nordamerikanischen Indianer benutzten die Beeren eines verwandten Strauchs, *Rhus glabra,* für saure Getränke. Sumach ist im Westen wenig bekannt; manche mitteleuropäische Läden führen ihn, gewöhnlich in Form eines tiefroten Pulvers.

Die Blätter werden im Herbst rot.

Beeren *Sie sind je nach Herkunft ziegelrot, braun oder violett.*

Samen *Kleine braune Samen aus dem Beereninnern.*

Gemahlen *In luftdichten Gefässen behält der Sumach seinen Geschmack mehrere Monate lang.*

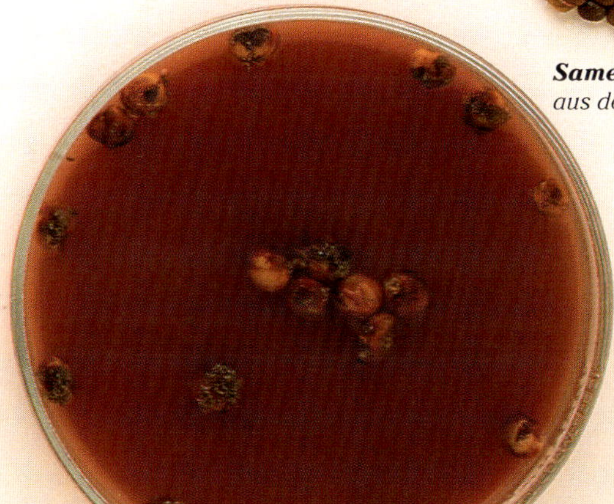

Gewässerte Beeren *Wenn ganze Beeren im Rezept vorkommen, werden sie zerdrückt und zwanzig Minuten in Wasser gelegt, dann gut ausgedrückt, um den ganzen Saft zu erhalten, der dem Kochwasser beigefügt wird.*

Zahtar *Eine Gewürzmischung aus dem Mittleren Osten aus gemahlenem Sumach, gerösteten Sesamsamen und Thymianpulver (S. 96).*

ANBAU

Verbreitung Sumach wächst wild in Sizilien und auf den Hochebenen, die sich von der Türkei bis zum Kaspischen Meer und durch die arabischen Länder in den Süden erstrecken.

Aussehen und Höhe Das Gewürz kommt von einem Busch, der etwa 3 m hoch wird und in schwach bewaldeten, hoch gelegenen Gebieten wächst. Die Pflanze trägt weisse Blüten und später Büschel kleiner roter Beeren. Sie gedeiht in felsigem Bergland; je höher sie wird, desto besser sind ihre Früchte.

Ernte Die Beeren werden kurz vor der Vollreife abgelesen und vor dem Gebrauch getrocknet. Im Frühherbst sieht man in den anatolischen Dörfern in der Türkei riesige Stapel trocknender Sumach-Stengel mit Büscheln eng gedrängter Beeren.

Aroma und Geschmack Sumach hat wenig Aroma, aber sein Geschmack ist angenehm sauer und adstringierend ohne Schärfe.

VERWENDUNG

Küche Weitverbreitet im Mittleren Osten: Die Libaneser und die Syrer streuen Sumach auf Fisch, die Iraker und die Georgier würzen damit Kebabs. Sumach passt gut zu Linsen und zu einer Hühnchenfüllung mit rohen Zwiebeln und Joghurt.

Heilkräfte Im Mittleren Osten wird aus Sumach ein saures Getränk hergestellt, das bei leichten Magenstörungen getrunken wird.

Andere Verwendungen Rinde und Blätter des Baums werden zum Färben und Gerben verwendet.

Die Pflanze hat verschieden geformte, behaarte Blätter und weisse oder rosa Blüten.

Sesam

Man hält Sesam für die älteste Pflanze, die wegen ihres Öls angebaut wurde. Die Samen enthalten ca. 50 Prozent Öl. Dieses eignet sich ausgezeichnet zum Kochen und wird nicht ranzig. Sesam stammt wahrscheinlich aus Afrika, obwohl man als Ursprungsort auch Iran, Indien und Indonesien genannt hat. In China wird es seit etwa 2000 Jahren verwendet; dennoch heisst es, weil es dort nicht heimisch ist, «fremder Hanf». Sesam ist eine der Heilpflanzen, die im «Papyrus Ebers» aufgezählt werden (ca. 1150 v. Chr.), und Ausgrabungen in der Osttürkei haben gezeigt, dass dort um 900 bis 700 v. Chr. Öl aus Sesamsamen gewonnen wurde. Marco Polo berichtete, dass die Perser zum Kochen Sesamöl brauchten, weil sie kein Olivenöl hatten. Sesam erreichte die Neue Welt im 17. und 18. Jahrhundert mit den afrikanischen Sklaven.

Braune Samen *Die oval geformten, beigefarbenen Samen schmecken nussig.*

Cremeweisse Samen *Diese kleinen, flachen Samen sind die häufigsten. Sie glänzen, fühlen sich schlüpfrig an und sind nicht sehr hart.*

Schwarze Samen *Diese sind in der chinesischen und der japanischen Küche beliebt.*

«Westliches» Öl *Ein mehrfach ungesättigtes Öl, das in Margarine und Kochöl verwendet wird.*

Halva *Wohl die bekannteste Süssigkeit, die mit Sesam gemacht wird.*

Tahin *Diese Paste aus gemahlenen Samen wird im Mittleren Osten und in den östlichen Mittelmeerländern zu Salatsauce, zum Würzen von Gemüse und zu Obstspeisen gebraucht. Man isst sie, mit Knoblauch und Zitronensaft, manchmal auch als Salat.*

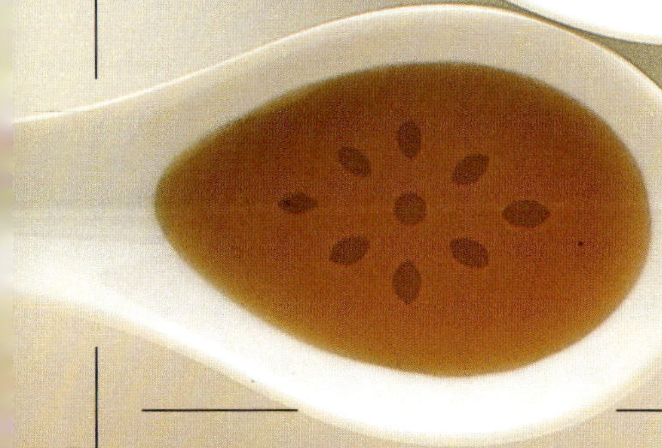

Orientalisches Öl *Wird aus gerösteten Sesamsamen gemacht, ist tiefbraun und schmeckt und riecht reich und nussig. Es wird den Gerichten vor dem Anrichten beigefügt.*

ANBAU

Verbreitung Die Haupthersteller sind China, Indien, Mexiko, Guatemala und der Südwesten der Vereinigten Staaten.

Aussehen und Höhe Einjährig, aus Sesam gezogen, wird die Pflanze 1–1,5 m hoch. Die Farbe der Samen ist je nach Art verschieden.

Ernte Die untersten Schoten an der Pflanze reifen zuerst, so dass die Ernte beginnt, wenn die oberen Schoten noch grün sind. Die Pflanzen werden abgeschnitten, gedroschen, getrocknet und gereinigt.

Aroma und Geschmack Sesamsamen haben keine Essenz und daher keinen Duft. Der Geschmack ist milde, süss und nussig, besonders nach dem Rösten. Schwarze Samen schmecken stärker, erdiger als helle.

VERWENDUNG

Küche In der westlichen und der mittelöstlichen Küche wird Sesamsamen etwa wie Mohnsamen verwendet; man dekoriert und würzt damit Brot, Kuchen und Süssigkeiten wie Halva. Die Chinesen tauchen Lebensmittel vor dem Braten in Sesamöl, damit sie knusprig werden; Sesam-Garnelenkugeln sind dort beliebte Appetithappen. In Japan röstet man die Samen und streut sie über Reis und andere Gerichte, man verwendet sie auch in Salatsaucen und in Gemüse. Orientalische Sesampaste wird in Saucen für Nudeln, Gemüse und Reis gebraucht.

Andere Verwendungen Sesamöl wird zur Herstellung von Seife und Kosmetika verwendet; in Indien braucht man es zum Salben des Körpers.

Tamarinde

Die dunkelbraune, bohnenförmige Schote der Tamarinde wird in Indien seit Jahrhunderten angebaut, daher ihr Name «indische Dattel». Bei den Arabern des Mittelalters war sie beliebt; vermutlich haben die mittelalterlichen Kreuzritter sie nach Europa gebracht. Zur Zeit der Tudors war Tamarinde in England bekannt als Durstlöscher. Im 17. Jahrhundert nahmen die Spanier sie nach Westindien mit, wo sie heute angebaut wird.

Tamarinde wird gewöhnlich in klebrigen, weissbraun gesprenkelten Blöcken aus zerbrochenen Schoten und Mark oder als Konzentrat verkauft. In indischen Läden erhält man zuweilen ganze Schoten. In Indien und Südostindien wird sie zum Säuern gebraucht, so wie Zitronen und Limonensaft im Mittleren Osten und im Westen. Tamarinde ist besonders gut mit Fisch und Geflügel.

Die Früchte sind gekrümmte Schoten, die beim Reifen dunkelbraun werden.

Block *Eine faserige Masse. Um Tamarindenwasser zu machen, legt man ein kleines Stück etwa zehn Minuten lang in 30 cl heisses Wasser ein und presst dann mit den Fingern den sauren braunen Saft heraus. Abseihen.*

Schnitten *Getrocknete Tamarindenstücke in Wasser einlegen, um den Geschmack zu entziehen.*

Schoten *Die braunen Schoten haben eine brüchige Schale und werden bis 10 cm lang. Im Innern befindet sich fleischiges Mark, das bis zu zehn Samen enthalten kann.*

Mit Zucker überzogene Kugeln *Sie haben einen milden Geschmack und praktisch keinen Geruch. Vor dem Gebrauch in etwas Wasser einlegen.*

Konzentrat *Eine dicke, dunkle Paste, die wie Melasse riecht und scharf säuerlich schmeckt.*

ANBAU

Verbreitung Soll aus Ostafrika und vielleicht Südasien stammen. In ganz Indien wächst der Tamarindenbaum wild; in den Tropen gibt es Plantagen.

Aussehen und Höhe Der Tamarindenbaum ist immergrün; er trägt ovale blassgrüne Blätter und kleine Büschel gelber, rotgeäderter Blüten. Man zieht ihn aus Samen oder Stecklingen. Er ist anspruchslos.

Ernte Die Schoten können unreif gepflückt werden, aber gewöhnlich erntet man sie bei Vollreife, wenn sie geplatzt sind und das rotbraune Mark zeigen.

Aroma und Geschmack Tamarinde hat ein süssliches Aroma und einen angenehm säuerlichen Fruchtgeschmack.

VERWENDUNG

Küche In Indien wird Tamarinde in Curry verwendet, in *Sambhars* (würzigen Linsen- und Gemüse-Eintöpfen) und *Rasams* (stark gewürzten Linsensuppen) sowie Chutneys. In Thailand macht man damit scharfe saure Suppen; in Westindien entstehen aus Tamarindensirup kühle Getränke. In Jamaica wird die süssäuerliche Frucht in Reis- und Eintopfgerichten und für Desserts verwendet. Pektin wird aus der Frucht gewonnen für die Herstellung von Konfitüren und Gelees. Im Westen wird Tamarinde importiert für Würzen wie Worcestersauce.

Heilkräfte Tamarinde wirkt milde abführend. In Indien wird es traditionell gegen Dysenterie und Darmstörungen eingesetzt. Es ist vitaminreich und soll gut für Leber und Nieren sein.

Andere Verwendungen Die Blätter des Baumes ergeben roten und gelben Farbstoff.

Die Pflanze gleicht der wilden Petersilie

Ajowan

Ajowan wird hauptsächlich seiner Essenz wegen angebaut. Deren wichtigster Bestandteil ist Thymol, ein Antiseptikum. Heimisch ist Ajowan in Südindien. Er ist einjährig und mit Kümmel und Kreuzkümmel verwandt, obschon sein Geschmack völlig anders, ähnlich Thymian, ist. Die indischen Kochbücher nennen ihn auch «Liebstöckel», *ajwain* oder *carom.* Er ist in ganz Indien als Gewürz beliebt, besonders in salzigen Gerichten und Snacks; trotzdem wird er noch mehr für Heilzwecke als zum Kochen gebraucht. Er wird gegen Blähungen und Verdauungsstörungen eingenommen, was vielleicht erklärt, weshalb Hülsenfrüchte so oft damit gewürzt werden. Ajowan passt gut zu Fisch, und die Samen werden manchmal in Curry gegeben. Im Westen kann man das Gewürz in indischen Läden kaufen.

Samen *Gekrümmt und gerippt, sehen sie ähnlich wie Selleriesamen aus. Ihre Frucht ist hellbraun bis violett-rot.*

Gemahlen *Die zerstossenen Samen sind hocharomatisch. In Rezepten kann man sie durch Thymian oder Liebstöckel ersetzen.*

Paratha *Ajowansamen werden oft in indischem Brot verwendet.*

Bombay Mix *Ein beliebter indischer Snack aus Nüssen und knusprigem Gebäck, gewürzt mit Ajowan und anderen Gewürzen.*

ANBAU

Verbreitung Indien ist der Hauptlieferant von Ajowan, aber er wird auch in Afghanistan, Pakistan, Iran und Ägypten angebaut.

Aussehen und Höhe Die einjährige Pflanze wird 30 bis 70 cm hoch. Sie gedeiht in gutdräniertem Boden an sonniger Lage.

Ernte Die reifen Samen werden getrocknet und gedroschen. Die Samen fallen leicht herunter, wenn Bündel von Ajowan kopfabwärts zum Trocknen aufgehängt werden. So lassen sich die meisten Gewürze der Petersilien-Familie behandeln.

Aroma und Geschmack Unzerdrückt haben die Samen wenig Aroma, aber selbst wenn man sie nur wenig in der Hand presst, entsteigt ihnen ein Thymiangeruch. Isst man sie allein, so ist ihr Geschmack scharf und bitter, aber mit anderen Zutaten gekocht ergibt Ajowan einen milden Thymiangeschmack.

VERWENDUNG

Küche Ajowan passt ganz natürlich zu stärkehaltigen Speisen, und in Südwestasien wird es viel verwendet mit Brot und Salzgebäck, mit Wurzelgemüse und mit Hülsenfrüchten. Viele Pickles enthalten Ajowan. Wenn Sie Ajowan statt Thymian verwenden, brauchen Sie weniger davon, da es viel stärker ist.

Heilkräfte Ausser gegen Blähungen und Verdauungsstörungen wird Ajowan gegen Kolik, Durchfall und andere Darmstörungen eingesetzt; ausserdem auch gegen Asthma. Die Essenz ist ein wichtiges Antiseptikum das u. a. in Mundwasser und Zahnpasta verwendet wird.

Griechisch Heu

Griechisch Heu ist seit der Antike ein beliebtes Heil- und Würzkraut. Es stammt aus dem östlichen Mittelmeerraum. Der botanische Name *Trigonella* weist auf die dreieckige Form seiner blassgelben Blüten hin. Die Ägypter machten aus den Samen eine Paste, die sie auf den Körper rieben, um Fieber zu senken, und Griechisch Heu war eines der Gewürze, die man zum Desinfizieren und Einbalsamieren brauchte. Für die Römer war Griechisch Heu wichtig als Viehfutter. Tausend Jahre später züchtete man es in ganz Europa in den kaiserlichen Gärten Karls des Grossen.

Griechisch Heu gibt dem Boden Stickstoff zurück und wird heute im Osten noch immer als Viehfutter verwendet. Es enthält viel Protein, Vitamine und Mineralien und ist vor allem für die vegetarische Küche wichtig.

Die ganze Pflanze verströmt bei Berührung einen würzigen Geruch.

Samen *Die Samen sind gelbbraun; auf einer Seite verläuft diagonal eine tiefe Furche. Sie sind glatt und hart und wie kleine Kieselsteine, 3–5 mm lang.*

Zerdrückt *Rösten Sie die Samen leicht, ehe Sie sie zerdrücken; das mildert den Geschmack.*

Gemahlen *Man mahlt Griechisch Heu am besten daheim, da das in den Läden käufliche Pulver oft bitter und scharf ist.*

Gekeimt *Man kann die Samen wie Senf und Kresse keimen lassen; die Keime ergeben einen ausgezeichneten Salat.*

Zerdrückte Blätter *In Indien und einem Teil des Mittleren Ostens werden die Blätter* (methi) *oft mit stärkehaltigem Wurzelgemüse gekocht. Der Geschmack ist bitter, der Geruch stark.*

Chemen *In der Türkei und in Armenien werden gemahlenes Griechisch Heu, roter Pfeffer und Knoblauch gemischt und auf* Patuma *aufgetragen, das köstliche Trockenfleisch jener Gegend.*

ANBAU

Verbreitung Wird viel angebaut am Mittelmeer, in Indien, Pakistan, Marokko, Frankreich und Argentinien.

Aussehen und Höhe Griechisch Heu ist einjährig, kräftig und wird 60 cm hoch. Es gedeiht in mildem Klima mit wenig Regen. Seine schmalen, spitzen Schoten sind 10–12 cm lang, und jede enthält 10–20 Samen.

Ernte Wenn die Samen reif sind, werden die Pflanzen ausgezogen und getrocknet. Dann drischt man die Samen aus und trocknet sie nochmals.

Aroma und Geschmack Der starke, aromatische Geruch erinnert an Sellerie oder Liebstöckel. Er dominiert die handelsüblichen Currypulver. Roher Samen schmeckt bitter, adstringierend und sehr unangenehm. Er wird oft trocken geröstet, um den Geschmack zu mildern.

VERWENDUNG

Küche Griechisch Heu wird mit anderen Gewürzen vermischt in vielen indischen Gerichten und Pickles verwendet. Es ist eine Zutat zu Sambharpulver (S. 82–83) und Currypulver (S. 80–81). In Ägypten und Äthiopien wird es zu Brot gegeben. Es ist reich an Protein, Mineralien und Vitaminen und ergänzt deshalb die vegetarische Küche.

Heilkräfte Griechisch Heu ist ein wichtiger Lieferant von Diosgenin, das bei der synthetischen Herstellung von Sexualhormonen und für die orale Empfängnisverhütung gebraucht wird.

Andere Verwendungen Früher als gelber Farbstoff gebraucht.

Die Kletterpflanze trägt grosse, wächserne gelbgrüne Blüten und lange, schmale Schoten mit kleinen Samen.

Vanille

Die Azteken in Mexiko brauchten Vanille jahrhundertelang als Gewürz und als Huldigungsgabe an ihren Kaiser. 1520 berichtete einer der spanischen *Conquistadores*, Bernal Diaz, dass dem Herrscher Montezuma ein mit gemahlener Vanille gewürztes Schokoladegetränk serviert worden sei. In der zweiten Hälfte des 16. Jahrhunderts gab man auch in Europa Vanille zu Schokolade, aber Mexiko behielt sich das Monopol für die Produktion vor, bis 1841 eine Methode gefunden wurde, die Pflanze von Hand künstlich zu befruchten, so dass sie auch anderswo angebaut werden konnte.

Echte Vanille ist kostspielig. Künstliche Vanille wurde erstmals 1874 erzeugt, und dieses minderwertige synthetische Produkt, das in vielen Handelswaren gebraucht wird, deckt heute etwa 90 Prozent des Weltbedarfs.

Vanilleschoten *Sie sind dunkelbraun, schmal, lang, etwas runzlig, wächsern und elastisch. Die besten Schoten sind von Kristallen einer natürlichen Substanz, «Vanillin», umgeben, die ihnen den charakteristischen Geschmack und Geruch verleihen.*

Zweitklassige Schoten *Sie sind heller oder rotbraun gefärbt, hart, trocken und haben kein Aroma. Sie werden manchmal durch einen Vanilleüberzug künstlich aufgewertet.*

Aufgeschnitte Schoten *enthalten zahlreiche winzige schwarze Samen, die in dunkles, aromatisches Öl gebettet sind.*

Schote in Alkohol *Vanille-Extrakt und -Essenz wird hergestellt, indem man Vanillebohnen in Alkohol einlegt; der Essenz wird gewöhnlich Sirup beigefügt.*

Vanille-Essenz *ist hochkonzentriert und muss sparsam verwendet werden. Vanille-Extrakt schmeckt milder und kann in Mengen von jeweils einem halben Teelöffel verwendet werden.*

Vanillezucker *Legen Sie eine Vanilleschote in ein Glas mit Zucker. Sie verleiht ihm einen herrlichen Geschmack und hält sich jahrelang.*

ANBAU

Verbreitung Die Pflanze stammt aus Zentralamerika. Mexiko, Puerto Rico, Madagaskar und Réunion sind die Hauptproduzenten und -Exporteure. Trotz der hohen Verbreitung synthetischer Vanille ist der Markt für natürliche Vanille lebhaft und gewinnbringend. USA, Frankreich und Deutschland importieren am meisten davon.

Aussehen und Höhe Die fleischige Kletterpflanze wächst in tiefgelegenen tropischen Wäldern 10 bis 15 m hoch. In den Kulturen zieht man sie auf eine für die Bestäubung und die Ernte leicht zugängliche Höhe.

Ernte Die Schoten werden unreif gepflückt und dann einem langen und komplizierten Beizverfahren unterzogen, das den hohen Preis der Vanille erklärt.

Aroma und Geschmack Einem reichen, parfümierten, tabakähnlichen Geruch steht ein weicher, duftender, süsser Geschmack gegenüber. Synthetische Vanille riecht aufdringlicher und hat einen ziemlich unangenehmen Nachgeschmack. Vergleichen Sie die beiden, und Sie werden nie mehr synthetische Vanille verwenden.

VERWENDUNG

Küche Eiscreme, Puddings, Kuchen und Schokolade brauchen Vanille, um gut zu schmecken. Es wird viel synthetische Vanille verwendet, obschon Vanilleschoten heute leichter erhältlich sind als auch schon. Ganze Schoten kann man viele Male brauchen, und selbst wenn man sie in Milch oder in eine Sauce gelegt hat, braucht man sie nur zu waschen, zu trocknen und aufzubewahren.

Andere Verwendungen Eine konzentrierte Form wird in der Parfümerie benutzt.

Fagara / Szechuan-Pfeffer

Dieses Gewürz ist unter vielen Namen bekannt – Anispfeffer, Szechuanpfeffer, Chinesischer Pfeffer, Blütenpfeffer –, ist aber in keiner Weise verwandt mit dem uns vertrauten schwarzen und weissen Pfeffer. Viele Arten Fagara sind in der Küche und Heilkunst Chinas, Indiens und Japans seit Jahrhunderten im Gebrauch. Die Szechuan-Art gilt als die beste.

Fagara sind die rotbraunen getrockneten Beeren der chinesischen Art des Gelbholzbaums. Zusammen mit Kassie und Ingwer gehört es zu den ältestbekannten Gewürzen Chinas. In alten Zeiten wurde Fagara zum Würzen von Wein und Speisen benutzt, die den Göttern dargebracht wurden. Es wird überliefert, Kaiser Te Tsung aus dem achten Jahrhundert habe seinen Tee mit Fagara und geronnener Milch getrunken, und der Dichter Hanshan erwähnt eine «Bratente mit Fagara und Salz». Fagara wurde zum üblichen Tischgewürz in China. Eine Zeitlang war es Mode, Freunden kleine Säckchen davon zu schenken.

Der chinesische Gelbholzbaum hat scharfe Stacheln.

Ganz *Die rotbraunen Beeren sind ca. 4–5 mm lang und aussen rauh und stachelig. Sie sind hohl und werden aufgespalten; manchmal hängen noch Stengelstücke dran.*

Samen *Werfen Sie lose schwarze Samen und Samen aus dem Inneren der Beeren weg; sie sind sehr bitter.*

Mahlen *Zerdrücken Sie die Beeren im Mörser oder zermahlen Sie sie in der Kaffeemühle. Um ein feines Pulver zu erhalten, sieben Sie es, um die Hülsen auszuschneiden.*

Würzsalz *Aus einem Rezept in* Asian Ingredients *von Bruce Cost: Zwei Esslöffel voll Fagara, drei Esslöffel Meersalz und einen Teelöffel weisse Pfefferkörner in einer trockenen Pfanne rösten, bis das Fagara raucht, dann alles zu einem groben Pulver mahlen.*

Xanthoxylum piperitum
Sansho

Obwohl verwirrlicherweise Japanischer Pfeffer genannt, ist Sansho eng verwandt mit Fagara. Die Beere der japanischen Art des Gelbholzbaums wird getrocknet und zu einem aromatischen, beissenden groben Pulver gemahlen. Dies ist eines der wenigen Gewürze, die die japanische Küche verwendet. Die Japaner streuen es auf die Speisen wie wir Pfeffer.

ANBAU

Verbreitung Diese Art des Gelbholzbaums wächst in ganz China wild. Am besten gedeiht er an Hügelhängen.

Aussehen und Höhe Ein laubwechselnder Baum oder Strauch mit federgleichen Blättern, festen, starken Stacheln und kleinen roten Beeren.

Ernte Die Beeren werden im Herbst geerntet und in der Sonne getrocknet, bis sie aufplatzen.

Aroma und Geschmack Die Beeren haben ein starkes Aroma nach Gewürz und Holz. Ihr Geschmack ist eher betäubend als scharf oder bitter.

VERWENDUNG

Küche Besonders geeignet für Geflügel und Fleisch. In China braucht man es für Szechuan-Ente und Pang-Pang-Hühnchen, ein pfefferiges Gericht, das kalt mit Gurken und Frühlingszwiebeln serviert wird. Die gemahlenen Beeren sind eine wichtige Zutat im chinesischen Fünf-Gewürze-Pulver (S. 72–73). Um mehr Geschmack zu erzielen, röstet man die Beeren trocken, um vor dem Gebrauch – sei es ganz, zerdrückt oder gemahlen – die ätherischen Öle herauszuholen. Fagara raucht, wenn es heiss wird, so dass mässige Hitze angezeigt ist; angesengte Beeren sind zu entfernen.

Heilkräfte In der chinesischen Medizin des Mittelalters wurden die Beeren und Samen vielfach verwendet. Eine bestimmte Art Fagara galt als Heilmittel gegen Dysenterie.

Lange, schlanke Stiele und Blätter wachsen aus der Kriechwurzel.

Ingwer

Ingwer, eines der ältesten und wichtigsten Gewürze, wird im tropischen Asien seit über 3000 Jahren angebaut. Er war im alten Indien und China weit verbreitet; man weiss aber nicht, aus welchem der beiden Länder er stammt. Er war eines der ersten Gewürze, die den Mittelmeerraum erreichten, wahrscheinlich von Phöniziern dorthin gebracht; im antiken Ägypten, Griechenland und Rom war er bekannt. Apicius, ein Feinschmecker aus dem ersten Jahrhundert, empfiehlt ihn für Fleisch- und Geflügelsaucen, mit getrockneten Erbsen und Linsen und als Würze für Salz. Im neunten Jahrhundert war Ingwer in ganz Europa so verbreitet, dass er so wie Salz und Pfeffer heute als Tischgewürz aufgestellt wurde.

Die Wurzeln sind problemlos zu transportieren, was erklärt, warum Ingwer das erste Gewürz war, das auch in grossen Mengen in andere Gegenden gebracht wurde. Die Araber brachten ihn im 13. Jahrhundert nach Ostafrika, die Portugiesen nach Westafrika und die Spanier im frühen 13. Jahrhundert nach Westindien. Heute wächst er fast überall in den Tropen.

Ingwer ist dafür bekannt, dass er wärmt. In *Theatrum Botanicum* schrieb der Kräuterfachmann John Parkinson 1640: «Ingwer wärmt einen kalten Magen und fördert die Verdauung.» Die Engländer nennen einen rothaarigen Menschen «Ingwerkopf», weil sie als heissblütig gelten.

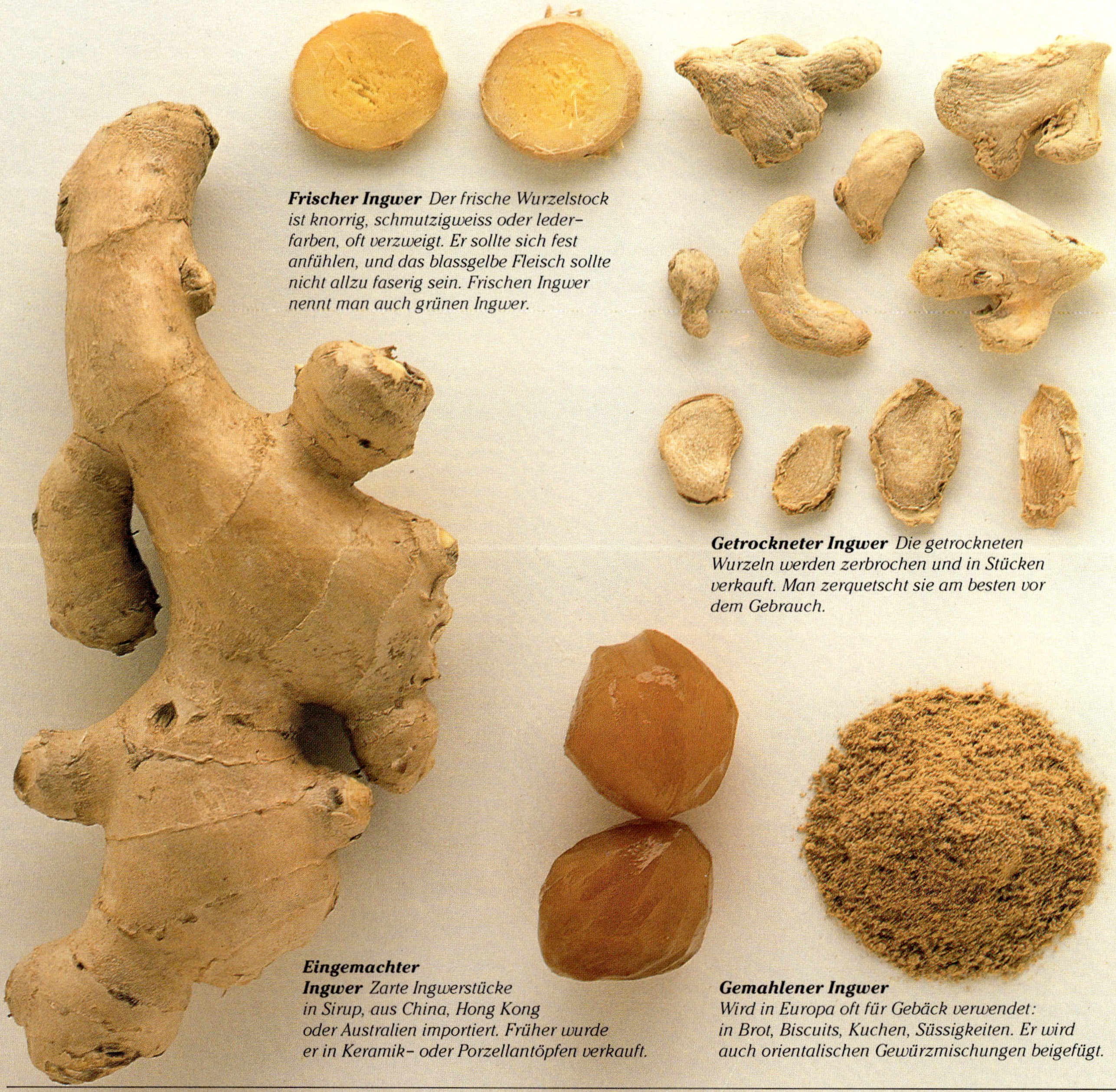

Frischer Ingwer *Der frische Wurzelstock ist knorrig, schmutzigweiss oder lederfarben, oft verzweigt. Er sollte sich fest anfühlen, und das blassgelbe Fleisch sollte nicht allzu faserig sein. Frischen Ingwer nennt man auch grünen Ingwer.*

Getrockneter Ingwer *Die getrockneten Wurzeln werden zerbrochen und in Stücken verkauft. Man zerquetscht sie am besten vor dem Gebrauch.*

Eingemachter Ingwer *Zarte Ingwerstücke in Sirup, aus China, Hong Kong oder Australien importiert. Früher wurde er in Keramik- oder Porzellantöpfen verkauft.*

Gemahlener Ingwer *Wird in Europa oft für Gebäck verwendet: in Brot, Biscuits, Kuchen, Süssigkeiten. Er wird auch orientalischen Gewürzmischungen beigefügt.*

Ingweröl *würzt Wein, Bier, Likör. Man benutzt es auch, um Blähungen und Verdauungsstörungen zu beheben.*

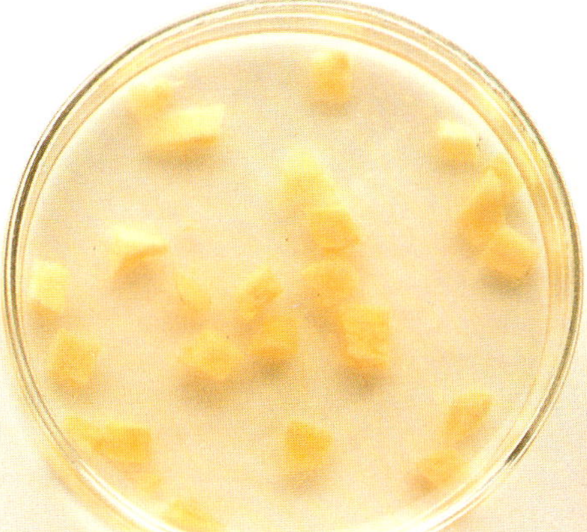

Ingwertee *Man giesst trockene oder frische Wurzeln mit siedendem Wasser auf und lässt sie fünf Minuten ziehen. Ausgezeichnet gegen Erkältungen.*

Ingwerwein *Ein beliebtes, wärmendes Getränk im Winter.*

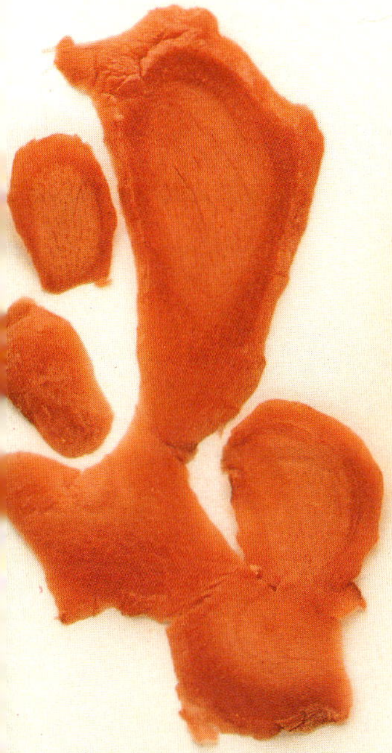

Eingelegter Ingwer *Hauchdünne Schnitten von eingelegtem Ingwer – rosa* Sushoga *oder rotes* Beni-Shoga *– werden mit japanischen Gerichten serviert, besonders mit* Sushi.

Kandierter Ingwer *Ingwerstücke werden kandiert, getrocknet und in Zucker gerollt.*

Ingwer-Lebkuchenmann *Ingwer-Lebkuchen ist seit dem Mittelalter beliebt.*

ANBAU

Verbreitung Ingwer stammt aus den tropischen Wäldern Südostasiens, wird aber auch in Westindien, Hawaii, Afrika und Nordaustralien angebaut. Am meisten erzeugen China und Indien. Ingwer aus Jamaika gilt als der beste.

Aussehen und Höhe Die Ingwerpflanze wird bis 1 m hoch und wächst im Halbschatten an Hängen. Sie hat schmale, spitzige Blätter und kleine purpurlippige Blüten, die an Iris erinnern. Die harte, knorrige Wurzel hat einen Durchmesser von ca. 2 cm.

Ernte Wurzeln können zum sofortigen Gebrauch oder für Konserven sechs Monate nach dem Pflanzen ausgegraben werden; sie sind dann noch zart. Für frischen Ingwer werden die Wurzeln gewaschen und einen bis zwei Tage getrocknet. Sie können dann mehrere Monate gelagert werden. Ingwer für Konserven wird erst ein paar Tage in Salzlake eingelegt, dann in kaltes Wasser. Darauf wird er in Wasser gesotten und in Sirup gegeben. Ingwer, der getrocknet werden soll, wird gewöhnlich aus acht bis zehn Monate alten Wurzeln gemacht. Sie werden vor dem Trocknen geschält und in siedendes Wasser eingelegt.

Aroma und Geschmack Ingwer hat einen warmen Duft nach Holz, mit süssem, reichem Charakter. Sein Geschmack ist scharf und etwas beissend.

VERWENDUNG

Küche China und die meisten asiatischen Länder verwenden frischen Ingwer, oft mit Knoblauch. In Indien sind frischer wie getrockneter Ingwer gebräuchlich. In Arabien und im Westen benutzt man meist getrockneten Ingwer, aber der frische wird immer leichter erhältlich. Ingwer ist eine unerlässliche Zutat in Currypulver und anderen Gewürzmischungen; man findet ihn in Lebkuchen, Biscuits, Kuchen, Puddings, Pickles und vielen asiatischen Gemüsegerichten. Ingwerbier und Ingwerwein sind beliebte Getränke.

Heilkräfte Der griechische Arzt Dioskorides empfahl Ingwer für den Magen und als Mittel gegen Vergiftungen. Er wird in der asiatischen Medizin noch häufig als Verdauungsförderer verwendet. Ingwertee wärmt und soll den Blutkreislauf beleben. Er nützt bei Reisekrankheit, ebenso kandierter Ingwer.

Citrus hysterix

Kaffernlimette

Der kleine Kaffernlimettenbaum wächst in Südostasien. Die Fruchtschale und die Blätter werden in der thailändischen und der indonesischen Küche verwendet. Die Blätter duften rein und blumig ähnlich wie der Zitronenstrauch und verleihen Huhn- und Fischgerichten einen charakteristischen Geschmack. Lemongras, Zitronen- oder Limonettenschale können als Ersatz gebraucht werden, aber der Geschmack ist nicht der gleiche.

Früchte *Birnförmig, gebuckelt und runzlig. Die bittere Schale wird als Würze verwendet.*

Blätter *Die Blätter haben eine ungewöhnliche Doppelform – als ob zwei Blätter hintereinander zusammengewachsen wären.*

Getrocknete Blätter *Etwas faderer Ersatz, wenn keine frischen Blätter vorhanden sind.*

Alpinia officinarum
Languas officinarum (kleiner)

Kleiner Galanga

Der kleine Galanga wird in Südostasien häufig zum Kochen gebraucht (S. 45). Eine andere Form des Galanga, Kempferia, findet man im Westen meist getrocknet und geschnitten. Er hat einen erfrischenden, aber starken Geschmack.

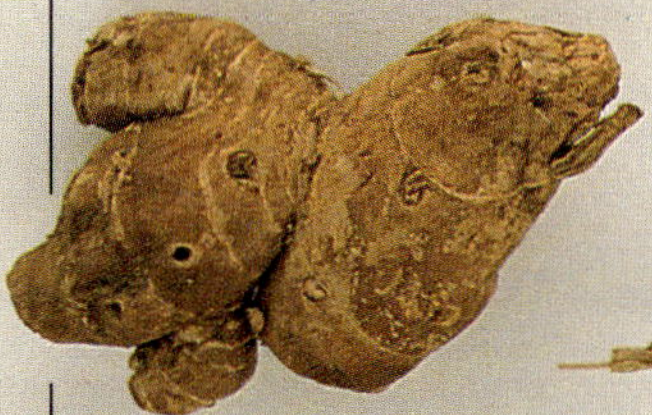

Kleiner Galanga *Eine kleine Wurzel mit rotbrauner Haut und hellerem Innerem.*

Kaempferia galanga

Kempferia galanga

Kempferia Galanga *Die Wurzel erinnert an Büschel von Fingern.*

Mangifera indica

Mangopulver (Amchoor)

Die Mangofrucht stammt aus Indien und ist eine der beliebtesten tropischen Früchte; man verwendet sie besonders gerne in Chutneys und Pickles. Das Gewürz Amchoor wird aus herben, unreifen Mangos hergestellt, die zerschnitten und an der Sonne getrocknet, hierauf zu Pulver gemahlen und zum Säuern von Speisen verwendet werden. Man benutzt sie vor allem in der nordindischen vegetarischen Küche; das Gewürz verleiht gebackenem Gemüse, Brot- und Gebäckfüllungen und Suppen einen scharfen, säuerlichen Geschmack.

Pulver *Das sandfarbene, klumpige Pulver hat kaum Geruch, aber einen scharfen, säuerlichen Geschmack, an Limonen oder Zitronen erinnernd.*

Schnitten *Unreife Mangos, zerschnitten und an der Sonne getrocknet.*

Murraya koenigii

Curryblätter

Curryblätter kommen von einem kleinen, schmucken Baum, der am Fuss der Himalajakette, in Südindien und auf Sri Lanka wild wächst. Er wird in vielen indischen Gärten gezogen. Seine kleinen Blätter werden sehr häufig in der indischen Küche gebraucht, besonders in vegetarischen Gerichten. Werden sie gequetscht, verströmen sie einen deutlichen Currygeruch.

Getrocknete Blätter *Sie haben praktisch keinen Geschmack. Man braucht eine ganze Handvoll, um die Wirkung von ein paar frischen Blättern zu erzielen.*

Frische Blätter *Die kleinen, mittelgrünen Blätter hängen meist noch an den Stielen. Ganze Zweiglein mitkochen und vor dem Servieren entfernen.*

Pandanus odoratissimus

Schraubenbaum

Der Schraubenbaum wächst in den tropischen Sümpfen Südasiens und trägt schmale, glänzende, schwertförmige Blätter. Diese werden in Malysia, Thailand und Indonesien zum Würzen benutzt, besonders von Reisgerichten und Pudding. Im Westen sind die Blätter in orientalischen Läden frisch erhältlich – man kann sie eine bis zwei Wochen im Kühlschrank oder Tiefkühler aufbewahren. Getrocknete Blätter werden in kurze Stücke geschnitten, ihr Geschmack ist schwächer als derjenige frischer Blätter.

Aus Schraubenbaumblüten gewinnt man eine «Kewra-Wasser» genannte Essenz. Man würzt in Indien damit Fleisch- und Geflügelgerichte und Pilafs.

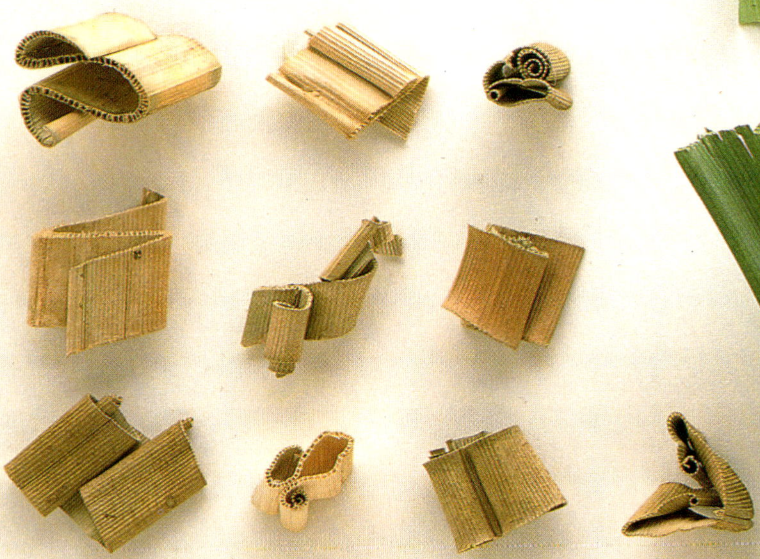

Getrocknete Blätter *direkt in die Speisen geben.*

Frische Blätter *Man gibt die langen, schmalen Blätter direkt ins Kochgut. Manchmal kocht man sie auch zuerst in einem Sirup, der dann gesiebt und ins Essen gegeben wird. Dieses färbt sich dann grün.*

Kewra-Wasser *schmeckt und duftet delikat, ähnlich wie Rosenwasser.*

Prunus mahaleb

Mahlab/Felsenkirsche

Die kleinen, beigefarbenen ovalen Kerne des schwarzen Kirschbaums werden in der Türkei und im Mittleren Osten getrocknet und gemahlen zum Würzen von Brot und Gebäck verwendet. Sie sind ziemlich weich, lassen sich wie Nüsse beissen und haben, wenn man sie allein versucht, einen bitter-sauren Geschmack. Die Kerne sind im Westen nicht leicht erhältlich, aber gewisse mittelöstliche Läden führen sie. Man kauft sie am besten ganz und mahlt sich nach Bedarf.

Ganz

Gemahlen

Punica granatum

Granatapfelbaum

Der kleine, laubwechselnde Granatapfelbaum stammt aus Südwestasien, wächst aber jetzt überall in den Tropen und Subtropen. Er trägt glänzende Blätter, leuchtend orangerote Blüten und grosse Früchte mit beiger bis roter Haut. Diese können süss, süss-sauer oder sauer sein, je nach Art. Ihr Saft ist aber stets adstringierend. Die Samen des sauren Granatapfels werden an der Sonne getrocknet und zum Garnieren gebraucht. Sie riechen leicht sauer und schmecken subtil süss-sauer. In Nordindien werden sie unter dem Namen *Anardana* gemahlen und dazu verwendet, Chutneys und Currys einen säuerlichen Geschmack zu verleihen, ferner in Füllungen für Brot und salziges Gebäck und mit gedünstetem Gemüse und Hülsenfrüchten.

Getrocknete Samen *Sie sehen ähnlich wie längliche, schwarzrote Rosinen aus.*

Frucht *Die Haut ist zäh und nicht essbar, die zahlreichen Samen sind in weisses, rosa oder rotes, saftiges Fruchtfleisch eingebettet.*

Rohe Samen *werden im Mittleren Osten, der Türkei und Iran als Garnitur auf Salat, auf Pasten wie Hummus oder Tahin und auf Desserts gestreut.*

Wasabi japonica

Wasabi

Diese Pflanze, die «Berg-Stockrose», wächst nur in Japan am sumpfigen Ufer kalter Bergströme. Sie wird auch japanischer Meerrettich genannt, wahrscheinlich wegen ihrer essbaren Wurzel, ihres durchdringenden Geruchs und ihres beissenden Geschmacks; sie ist jedoch mit dem westlichen Meerrettich nicht verwandt.

In Japan wird die grünbraune Wurzelhaut entfernt und das blassgrüne Fleisch fein gemahlen. Frischer Wasabi ist ausserhalb von Japan selten erhältlich, aber kleine Dosen mit Pulver oder Paste kann man im Westen kaufen. Wasabi gibt man zu den meisten Gerichten aus rohem Fisch. Zu *Sashimi* gibt man meist Wasabi oder Wasabipaste, gemischt mit Sojasauce. Bei *Sushi* wird zwischen Reis und Fisch etwas Wasabi verstrichen.

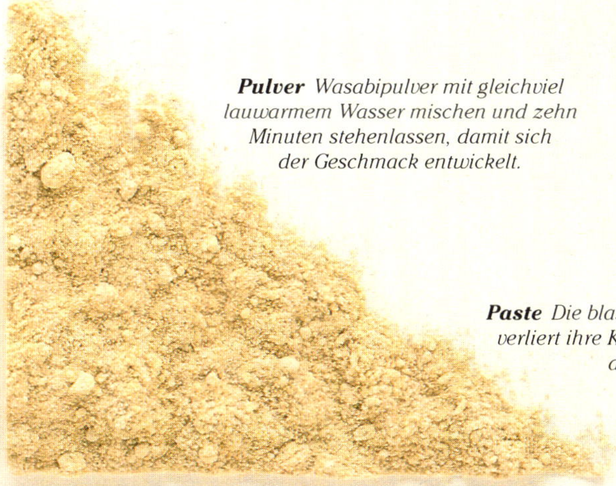

Pulver *Wasabipulver mit gleichviel lauwarmem Wasser mischen und zehn Minuten stehenlassen, damit sich der Geschmack entwickelt.*

Paste *Die blassgrüne Paste verliert ihre Kraft schneller als das Pulver.*

3

Gewürzmischungen

Gewürzmischungen geben in vielen Teilen der Welt einem Gericht erst seinen charakteristischen Geschmack. Sie sind bald einfach, bald äusserst aufwendig. Manche sind Pasten aus frischen Zutaten wie Chilis, andere sind getrocknete Mischungen aus ganzen oder gemahlenen Gewürzen. Im folgenden Kapitel finden sich Anweisungen zur Herstellung einer Vielfalt von Gewürzmischungen, von asiatischen Mischungen wie den feurigen indonesischen Sambals und den indischen Garam Masalas bis zu solchen aus Afrika, dem Nahen Osten und dem Westen.

Gewürzmischungen im Fernen Osten

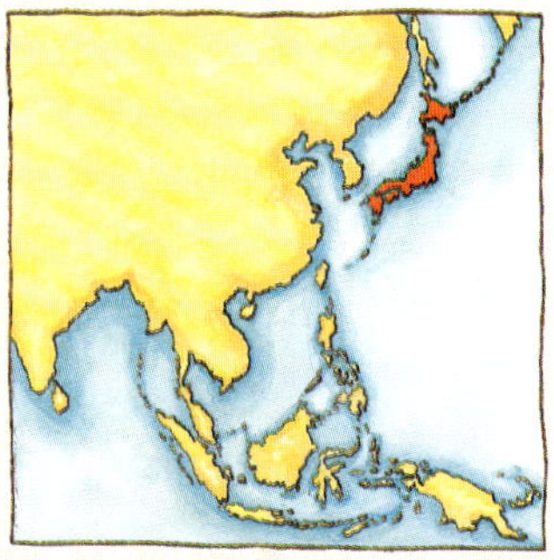

Japan

In Asien werden die Gewürzmischungen von Osten nach Westen immer zahlreicher und komplexer. In Japan streut man die Gewürze hauptsächlich über die Speisen. China hat ein paar Gewürzmischungen mehr, aber die meisten und die unterschiedlichsten gibt es in Indonesien und Thailand.

JAPAN

Die Japaner verwenden in ihrer Küche viele aromatische Zutaten, aber wenige davon sind Gewürze. Am häufigsten handelt es sich um Wasabi und Sansho, die nur in der japanischen Küche bekannt sind, dann um Chilis, Senf, Ingwer und Sesam. Alle werden mit Mass verwendet.

SHICHIMI TOGARASHI

Diese beliebte japanische Gewürzmischung lässt sich mit *Sieben-Gewürze-Mischung* übersetzen. Sie wird in der Küche und als Tischgewürz zum Würzen von Suppe, Nudeln und gebratenem Fleisch gebraucht. Die Anteile sind verschieden. Das Aroma gleicht dem getrockneter Mandarinenschalen mit einem Hauch von Jod, der vom Seetang kommt. Der Geschmack wird ein Stück weit vom Chili beherrscht. Die Struktur ist körnig. Manchmal werden die Mohnsamen durch Rapssamen ersetzt.

- 2 EL weisse Sesamsamen
- 3 EL Sansho
- 1 EL kleine Stücke getrockneten Seetangs (in Japan *nori* genannt)
- 3 EL getrocknete Mandarinenschale in Flocken
- 4 EL Chilipulver (Togarashi)
- 1 EL schwarzer Sesamsamen
- 1 EL Mohnsamen

ZUBEREITUNG

Die weissen Sesamsamen und das Sansho grob mahlen. Tang, Mandarinenschale hinzufügen und kurz mahlen. Die übrigen Gewürze hineingeben und gut vermischen.

GOMASIO

Goma ist der japanische Name für Sesam. Diese Mischung ist eine Tafelmischung und wird auf Reis, rohes Gemüse und Salat gestreut. Es passt auch gut zu gesottenen Kartoffeln.

- 5 TL schwarze Sesamsamen
- 2 TL grobes Salz

ZUBEREITUNG

Die Sesamsamen in einer trockenen Pfanne bei mässiger Hitze ein bis zwei Minuten rösten, ständig rühren. Abkühlen lassen, mit dem Salz zusammen mahlen. In luftdichter Dose 3–4 Monate haltbar.

SHICHIMI TOGARASHI

Chilipulver

Getrocknete Mandarinenschale

Mohnsamen

Shichimi togarashi

GOMASIO

Schwarze Sesamsamen
Grobes Salz
Gomasio
Sansho
Getrockneter Seetang
Weisse Sesamsamen
Schwarzer Sesamsamen

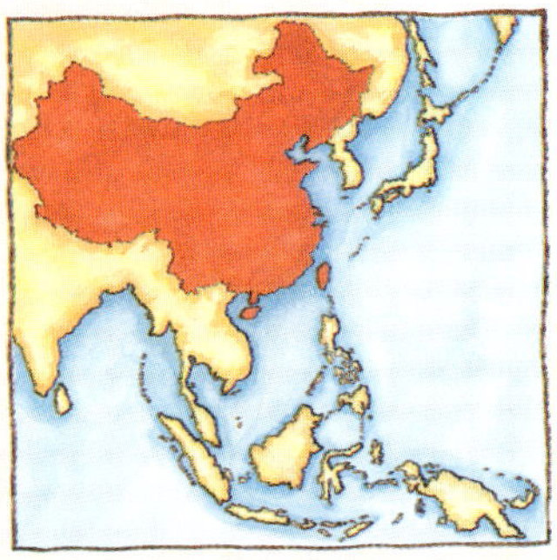

China

CHINA

Die Chinesen verwenden mehrere Gewürzmischungen für Fleisch, Geflügel und Marinaden. Am bekanntesten ist die Fünf-Gewürze-Mischung, aber im Handel sind auch Gewürzmischungen mit Kassie, Sternanis, Kardamom, getrocknetem Ingwer, Fagara, Süssholzwurzel und Kassienknospen erhältlich. Diese Mischung wird in einem Verfahren gebraucht, das man in ganz China «flavour-potting» nennt; Fleisch wird in eine reichgewürzte Sauce getunkt; die Sauce durchdringt das Fleisch und das Fleisch bereichert die Sauce. Die Mischung schmeckt holzig nach Kassie kombiniert mit Anis.

FÜNF-GEWÜRZE-PULVER

Die Mischung wird in ganz Südchina und Vietnam gebraucht mit gebratenem Fleisch und Geflügel und in Marinaden. Ausser den fünf Grundgewürzen kann sie noch ein oder zwei der folgenden Gewürze enthalten: Kardamom, getrockneten Ingwer oder Süssholzwurzel. Das Pulver ist ingwerbraun bis bernsteingelb. Sternanis beherrscht Aroma und Geschmack.

1 EL Sternanis
1 EL Fagara
½ EL Kassie oder Zimt
1 EL Fenchelsamen
½ EL Gewürznelken

ZUBEREITUNG

Alle Zutaten zusammen mahlen, sparsam anwenden. In luftdichter Dose 3–4 Monate haltbar.

GEWÜRZSALZ

Es wird in kleinen Schälchen serviert, und man taucht rohe oder gebackene Gemüse, gebratenes Fleisch und Geflügel hinein.

4 EL grobes Salz
2 EL Fagara

ZUBEREITUNG

Salz und Fagara in schwerer Bratpfanne auf mässiger Hitze rösten, bis das Fagara dunkel zu werden beginnt. Abkühlen, mahlen und in luftdichter Dose bis 4 Monate aufbewahren.

FÜNF-GEWÜRZE-PULVER

Fagara

Kardamom

Fenchelsamen

GEWÜRZSALZ
Fagara
Gewürzsalz
Grobes Salz
Sternanis
Gewürznelken
Getrockneter Ingwer
Fünf-Gewürze-Pulver
Kassie
Süssholzwurzel

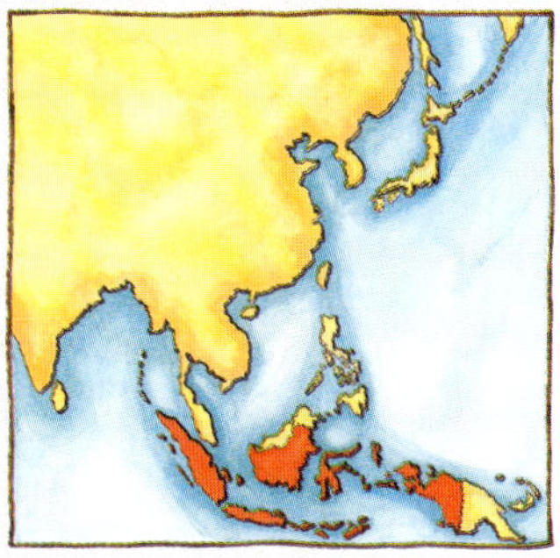

Indonesien

INDONESIEN

Die indonesische Küche ist reich gewürzt mit Ingwer, Galanga, Lemongras, aromatischen Blättern und Kräutern, aber in erster Linie mit Chilis. Ausser den Gewürzen in den Speisen bereiten die Indonesier auch eine Reihe von auf Chili basierenden Appetithappen zu, die sie Sambals nennen. Sie stehen in kleinen Schalen auf dem Tisch. Manche sind äusserst scharf, weil die Chilisamen darin belassen wurden; alle sind hocharomatisch. Die Indonesier verwenden einen tabascoähnlichen Chili namens Lombok für Sambal, aber man kann stattdessen andere kleine rote Chilis einsetzen. Seien Sie vorsichtig, wenn Sie Chili handhaben; sie können brennen (S. 154).

SAMBAL OELEK

Gläser mit Sambal sind in vielen orientalischen Läden und auch in westlichen Delikatessengeschäften erhältlich, aber man kann es ganz leicht selber machen, besonders mit einem Mixer. Dies ist das Grund-Sambal. Um andere herzustellen, braucht man Zutaten wie Trassi oder Blachan, eine feste Paste aus mürben Garnelen (S. 155), und Candlenüsse. S. 108 weitere Sambalrezepte.

250 g frische rote Chilis
1 TL Salz
1 TL weicher brauner Zucker

ZUBEREITUNG

Eine schwere Bratpfanne erhitzen, Chilis auf mässiger Hitze trockenrösten. Abkühlen, fein zerhacken, mit dem Salz und Zucker zu einer feinen Paste zerhacken. Man kann die Chilisamen herausnehmen oder, wenn man ein wirklich feuriges Gewürz will, darin lassen. Das Sambal hält sich in einer Dose im Eisschrank etwa eine Woche.

SAMBAL BADJAK

- 10 frische rote Chilis
- 2 Zwiebeln
- 5 Zehen Knoblauch
- ein kleines Stück Trassi
- 5 Candlenüsse
- 5–10 ml (1–2 TL) Tamarindenkonzentrat oder 30–45 ml (2–3 EL) Tamarindenwasser (S. 57)
- ½ TL gemahlener Galanga
- 45 ml (3 EL) Öl
- 1 TL Salz
- 1 EL weicher brauner Zucker
- 2 Kaffernlimonettenblätter
- 250 ml dicke Kokosmilch, aus 125 g geschlagener Kokosnuss, die man in 250 ml heissem Wasser aufgelöst hat.

ZUBEREITUNG

Chilis, Zwiebeln, Knoblauch, Trassi und Candlenüsse mit Tamarinde und Galanga zu glatter Paste zerstossen oder mixen. Öl erhitzen, Paste ein paar Minuten braten, übrige Zutaten dazutun und 15–20 Minuten leise kochen, bis die Mischung dick wird. Abkühlen, in Dose im Kühlschrank aufbewahren.

Knoblauch · *Trassi* · *Gemahlener Galanga* · *Tamarindenkonzentrat* · *Zwiebeln* · *Kafferlimonettenblätter* · *Sambal Badjak* · *Kokosnussmilch*

THAILAND

Thailand liebt Chilis ebensosehr wie Indonesien und verwendet sie mit Knoblauch, Korianderblättern und -wurzel, Lemongras und Tamarinde. Saucen, die Nam prik genannt werden, bestehen aus Chilis *(prik)*, Schalotten, Knoblauch und Trassi (S. 155) und sind Gegenstücke zu Sambals. Man bereitet sie schnell und ohne feste Vorschriften zu; sie variieren von Gegend zu Gegend und von Koch zu Koch. Nam prik isst man mit Gemüse, Reis und Fisch. S. 108 weitere Nam-prik-Rezepte.

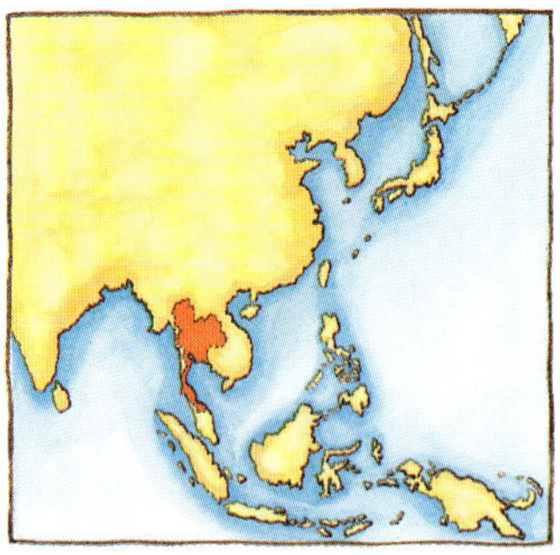

Thailand

GERÖSTETES NAM PRIK

5 Knoblauchzehen, ungeschält
5 Schalotten, ungeschält
5 frische rote Chilis
1 kleines Stück Trassi
1 EL weicher brauner Zucker
5 ml (1 TL) Tamarindenkonzentrat
2 EL geröstete Erdnüsse

ZUBEREITUNG

Den ungeschälten Knoblauch und die Schalotten über einem Grillfeuer oder in einer schweren Gusspfanne braten oder trockenrösten, bis die Haut dunkelbraun und das Innere weich ist. Die Chilis und das in Folie gepackte Trassi trocken rösten, bis das Trassi dunkel wird und die Chilis weich. Knoblauch und Schalotten schälen, Chilis entkernen und hacken, und alles zu einer Paste zerstossen oder mixen.

GERÖSTETES NAM PRIK

Tamarindenkonzentrat

Trassi

NAM PRIK für rohes Gemüse

4 getrocknete rote Chilis
6 getrocknete Garnelen
1 kleines Stück Trassi
2 Knoblauchzehen
30 ml (2 EL) Fischsauce (S. 112)
1 EL weicher brauner Zucker
Saft einer Limone

ZUBEREITUNG

Chilis entkernen und hacken. Mit den Garnelen zerstossen oder mixen. Trassi erhitzen (s. oben). Zerbröckeln und mit Knoblauch zerstossen, dann alle Zutaten ausser dem Limonensaft hinzugeben und mixen. Limonensaft nach und nach zugeben; die Sauce sollte ziemlich dick sein.

Getrocknete Garnelen

Brauner Zucker

Geröstete Erdnüsse

Schalotten

Knoblauch

Geröstetes Nam Prik

Frische rote Chilis

THAILÄNDISCHE CURRYPASTEN

Curry ist ein wichtiges Element im thailändischen Menü. Currygerichte werden mit feurig scharfen Pasten und mit roten, grünen oder gelben Chilis, je nach den übrigen Zutaten, zubereitet. Wie in Indien wird die Gewürzmischung für jede Mahlzeit zubereitet und nicht aufbewahrt, aber die folgenden Pasten halten sich im Kühlschrank etwa einen Monat.

ROTE CURRYPASTE

Wird mit Rindfleisch und anderen deftigen Speisen verwendet.

- 3 Schalotten
- 3 Knoblauchzehen
- 2 Stengel Lemongras
- 1 EL Koriandersamen
- 1 TL Kreuzkümmelsamen
- 1 TL schwarze Pfefferkörner
- 10 getrocknete rote Chilis
- 1 EL gehackte Korianderwurzel
- 1 EL gemahlene Galanga
- 2 TL geschabte Limonenschale
- 1 kleines Stück Trassi
- Salz nach Geschmack

ZUBEREITUNG

Schalotten, Knoblauch und Lemongras hacken. Eine schwere Bratpfanne erhitzen und nach 2–3 Minuten Koriander und Kreuzkümmel hineinlegen. Trocken rösten, bis sie dunkel werden; Pfanne schütteln, um ein Anbrennen zu verhindern. Abkühlen, mit den Pfefferkörnern zu Pulver mahlen. Chilis entkernen und hacken. Alle Zutaten zu glatter Paste zerstossen oder mixen.

GRÜNE CURRYPASTE

ZUBEREITUNG

Grüne Currypaste macht man nach demselben Rezept, verwendet aber grüne Chilis statt getrockneter roter und fügt 2 EL gehackte Korianderblätter hinzu.

Getrocknete rote Chilis

Schwarze Pfefferkörner

Kreuzkümmelsamen

Frische grüne Chilis

Korianderblätter

Koriandersamen

Knoblauch
Trassi
Schalotten
ROTE CURRYPASTE
Geschabte Limonenschale
Salz
Gemahlener Galanga
Lemongras
Gehackte Korianderwurzel

Indische Gewürzmischungen

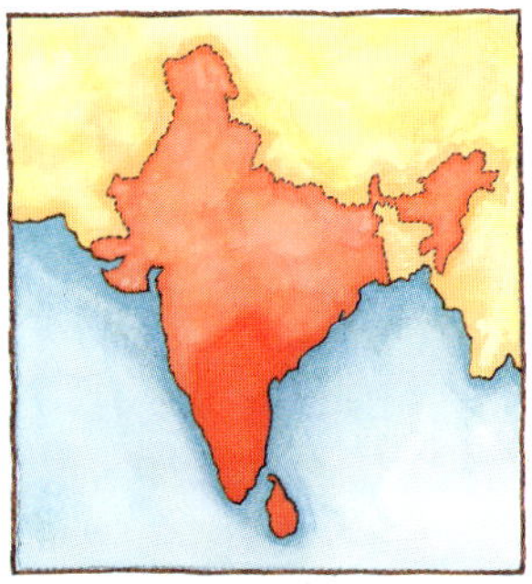

Südindien

Das richtige Mischen der Gewürze macht die indische Küche aus; wer gut indisch kochen will, muss als erstes lernen, ein guter *masalchi* (Gewürzmischer) zu sein. Das Wort *masala* heisst Gewürzmischung, aber auch gute aromatische Zusammenstellung eines Gerichts. Die westliche Methode, mit einem einzigen *masala* oder Currypulver zu kochen, vermittelt kaum ein Bild der indischen Küche, wo es Hunderte von Masalas gibt – aus verschiedenen Gegenden, für verschiedene Gerichte, nach dem Geschmack verschiedener Köche – so dass jede Speise ihren eigenen besonderen Geschmack hat. Die häufigsten gemahlenen Mischungen sind die im Norden gebräuchlichen Garam Masalas und schärfere Varianten aus dem Süden. Sie werden normalerweise für den sofortigen Gebrauch hergestellt, halten sich aber in einem luftdichten Gefäss drei bis vier Monate lang.

Griechisch-Heu-Samen

Schwarze Pfefferkörner

Currypulver

Zu den scharfen südlichen Mischungen gehören in jedem Fall Chilis, Senfsamen, Griechisch-Heu-Samen, gemahlener Gelbwurz und frische Curryblätter.

CURRY-GRUNDPULVER

Ein mittelscharfes Currypulver für jedes Curry-Gericht.

- 6 getrocknete rote Chilis
- 25 g Koriandersamen
- 2 TL Kreuzkümmelsamen
- ½ TL Senfsamen
- 1 TL schwarze Pfefferkörner
- 1 TL Griechisch-Heu-Samen
- 10 frische Curryblätter
- ½ TL gemahlener Ingwer
- 1 EL gemahlener Gelbwurz

ZUBEREITUNG

Chilis entkernen. Gewürze ganz auf mässiger Hitze rösten, bis sie dunkel werden; häufig umrühren oder Pfanne schütteln, um ein Anbrennen zu vermeiden. Abkühlen lassen und mahlen. Curryblätter ein paar Minuten in der Pfanne trocken rösten, abkühlen lassen, mahlen und mit Ingwer und Gelbwurz zur Mischung geben, gut vermischen.

VARIANTE

Aromatisches Currypulver erhält man, indem man mit dem Ingwer und Gelbwurz 1 TL gemahlenen Zimt und ¼ TL gemahlene Gewürznelken beigibt; man verwende dann nur 2 oder 3 Chilis.

Zimt

Gewürznelken

Getrocknete rote Chilis

Gemahlene Gelbwurz
Gemahlener Ingwer
Kümmel-
samen
Senfsamen
Koriander-
samen
Frische Curryblätter
CURRY-GRUNDPULVER

SAMBHAR-PULVER

Dieses eher scharfe Pulver wird in der südindischen brahmanischen Küche, welche vegetarisch ist, häufig zum Würzen von Hülsenfrüchten, gedünstetem und gesottenem Gemüse und für Saucen verwendet. Erbsen und Bohnen gegen einen nussigen Geschmack und machen das Gericht seimig.

- 10 getrocknete rote Chilis
- 25 g Koriandersamen
- 20 g Kreuzkümmelsamen
- 15 g schwarze Pfefferkörner
- 1 TL Senfkörner
- 15 g Griechisch-Heu-Samen
- ¼ TL gemahlene Asafötida
- 1 EL gemahlene Gelbwurz
- 1 EL Öl
- 25 g gelbe Erbsen *(channa dal)*
- 25 g weisse Mungobohnen *(urad dal)*

ZUBEREITUNG

Die Chilis entkernen. Eine schwere Bratpfanne erhitzen und alle Gewürze 5 Minuten lang trocken rösten. Wenn die Samen nicht mehr hochspringen, Asafötida und Gelbwurz beigeben und eine weitere Minute rühren. Alles in eine trockene Schale geben, Öl in die Pfanne giessen und Erbsen und Bohnen braten, bis sie anfangen dunkel zu werden; dabei häufig umrühren. Gut mit der Gewürzmischung vermengen, abkühlen lassen und mahlen. In einer luftdichten Dose hält sich das Pulver 3–4 Monate.

BENGALISCHES PANCH PHORON

Diese Mischung aus ganzen Gewürzen kommt aus Bengalen in Ostindien, wo man es zum Würzen von Hülsenfrüchten und Gemüsen benutzt. Man kann sie, um ihren Geschmack zu verstärken, vor den anderen Zutaten in heisses Öl geben oder sie mit Ghee (zerlassener Butter) vermischen, die man beim Servieren über ein Linsengericht gibt.

- 1 EL Kreuzkümmelsamen
- 1 EL Fenchelsamen
- 1 EL Senfkörner
- 1 EL Schwarzkümmelsamen
- 1 EL Griechisch-Heu-Samen

ZUBEREITUNG

Alle Gewürze vermischen. In luftdichtem Gefäss hält die Mischung 3–4 Monate.

SAMBHAR-PULVER

Weisse Mungobohnen

Gelbe halbe Erbsen

Öl

Sambhar-Pulver

BENGALISCHES PANCH PHORON

Garam Masala

Garam Masala ist die wichtigste Gewürzmischung in der nordindischen Küche, und es gibt fast so viele Varianten wie Köche. Ein Masala kann eine einfache Mischung aus zwei bis drei Gewürzen und Kräutern sein oder aus einem Dutzend und mehr bestehen. Manche Masalas, deren Grundbestandteil Pfeffer und Nelken sind, können richtig scharf sein, und andere, aus Muskatblüte, Zimt und Kardamom, sind fein aromatisch.
Garam Masala wird stets sparsam verwendet. Die Gewürze sind gewöhnlich trocken geröstet und können dem Gericht ganz oder gemahlen irgendwann während des Kochens beigefügt werden. Für Pilafs, Biridanis und einige Fleischgerichte pflegt man die ganzen Gewürze zu verwenden. Bei Prunkessen fügt man der Mischung getrocknete Rosenblätter bei. Weitere Masalas finden Sie auf S. 86–87 und 108.

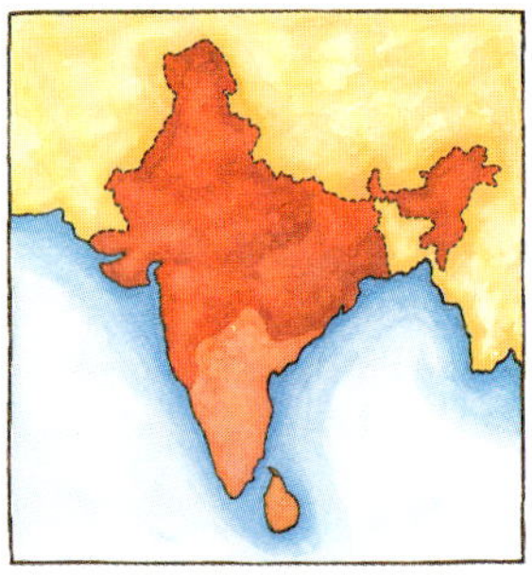

Nordindien

GARAM-MASALA-GRUNDMISCHUNG

Schwarze Pfefferkörner

Lorbeerblätter

Gemahlene Muskatblüte

GARAM-MASALA-GRUNDMISCHUNG

Diese in Uttar Pradesh und im Punjab verbreitete Mischung ist würzig und scharf; man kann die Zutatenmengen nach Geschmack und Gericht verändern.

2 Zimtstangen
3 Lorbeerblätter
40 g Kreuzkümmelsamen
25 g Koriandersamen
20 g grüne oder schwarze Kardamomsamen
20 g schwarze Pfefferkörner
15 g Gewürznelken
15 g gemahlene Muskatblüte

ZUBEREITUNG

Zimtstangen in Stücke brechen. Lorbeerblätter zerkrümeln. Eine Bratpfanne erhitzen und nach 2–3 Minuten alle ganzen Gewürze hineingeben. Bei mittlerer Hitze trocken rösten, bis sie dunkel zu werden beginnen; dabei häufig umrühren oder die Pfanne schütteln, damit nichts anbrennt. Abkühlen lassen, mahlen und mit der Muskatblüte mischen. In luftdichter Dose hält sich die Mischung 3–4 Monate.

VARIANTEN

♦ Ein mildes, zartes MOGHUL MASALA ergibt sich, wenn man nur grünen Kardamom, Zimt, schwarze Pfefferkörner und ein paar Gewürznelken verwendet.
♦ Um ein scharfes GUJERATI MASALA zu erhalten, füge man Sesamsamen, Fenchelsamen, Ajowansamen und Chilis hinzu.
♦ Ein mildes KASHMIRI MASALA ergibt sich aus schwarzen Kreuzkümmelsamen, grünen Kardamomen, schwarzen Pfefferkörnern, Nelken, Zimt, Muskatblüte und ein wenig Muskatnusspulver.
♦ PARSI DHANSAK MASALA ist scharf; man bereitet es zu, indem man Griechisch-Heu-Samen, Senfkörner, Chilis, gemahlene Kurkuma (Gelbwurz) hinzufügt und die doppelte Menge Koriandersamen verwendet.

Koriandersamen
Garam-
Masala-
Grund-
mischung
Grüne Kardamomen
Kreuzkümmelsamen
Gewürznelken
Zimt

CHAT MASALA

Eine erfrischende, säuerliche Mischung, die mit Obst und Gemüsesalaten verwendet wird. Falls kein schwarzes Salz (S. 155) aufzutreiben ist, verwendet man einfach etwas mehr grobes Salz.

- 1 TL Kreuzkümmelsamen
- 1 TL schwarze Pfefferkörner
- ½ TL Ajowan-Samen
- 1 TL Granatapfelsamen
- 1 TL schwarzes Salz
- 1 gute Prise zerkrümelte, getrocknete Minzenblätter
- ¼ TL gemahlene Asafötida
- 2 TL Mangopulver
- ½ TL Cayennepfeffer
- ½ TL gemahlener Ingwer

ZUBEREITUNG

Alle ganzen Gewürze und das Salz zu Pulver zermahlen, dann Minze, Asafötida, Mangopulver, Cayenne und Ingwer hineinmischen. In luftdichter Dose hält sich das Chat Masala 3–4 Monate.

CHAT MASALA

Zerkrümelte getrocknete Minzenblätter

Gemahlener Ingwer

Ajowansamen

Gemahlene Asafötida

Cayenne

Schwarzes Salz

Mangopulver

Getrocknete Granatapfelsamen

Kreuzkümmelsamen

GRÜNES MASALA

Ausgezeichnet zu Fisch oder Hühnchen.

- 1 kleines Stück frischer Ingwer
- 1–2 Knoblauchzehen
- 4–6 frische grüne Chilischoten
- 1 kleine Handvoll frischer Koriander

ZUBEREITUNG

Ingwer und Knoblauch schälen und fein hacken. Pfefferschoten entkernen und in Streifen schneiden. Korianderstengel entfernen. Alle Zutaten mit etwas Wasser zu einer Paste zerstossen oder mixen.

Schwarze Pfefferkörner

Chat Masala

Grobes Salz

GRÜNES MASALA

Frische grüne Chilischoten

Korianderblätter

Frischer Ingwer

Knoblauch

Grünes Masala

Weitere Curry-Mischungen

SRILANKISCHES CURRYPULVER

In Sri Lanka werden Gewürze vor dem Mahlen dunkelbraun geröstet, so dass das Essen einen «dunkleren» Geschmack bekommt als in Indien.

25 g Koriandersamen
15 g Kreuzkümmelsamen
1 EL Fenchelsamen
1 TL Griechisch-Heu-Samen
1 kleines Stück Zimt
6 grüne Kardamomen
6 Gewürznelken
6 frische Curryblätter
1 TL Cayenne

ZUBEREITUNG

Die ganz belassenen Gewürze in schwerer Bratpfanne auf mittlerer Hitze dunkelbraun rösten; häufig umrühren, um ein Anbrennen zu vermeiden. Abkühlen, Curryblätter und Cayenne dazugeben und zu Pulver zermahlen. In luftdichter Dose hält die Mischung 3–4 Monate.

POUDRE DE COLOMBO

Colombo ist eine Curryart, die man auf den karibischen Inseln Martinique und Guadeloupe findet. Obschon «Poudre» genannt, ergibt dieses Rezept aus *The Best of Caribbean Cooking* von Elisabeth Lambert Ortiz eine Paste.

3 Knoblauchzehen
2 frische, scharfe Chilis
¼ TL gemahlene Gelbwurz
1 TL gemahlener Koriander
1 TL gemahlene Senfkörner

ZUBEREITUNG

Knoblauch schälen und zerdrücken, Chilis entkernen und zerquetschen. Alle Zutaten zusammengeben und zu einer Paste vermischen. Haltbakreit im Kühlschrank bis zu 6 Wochen.

SRILANKISCHES CURRYPULVER

Fenchelsamen

Koriandersamen

Srilankisches Currypulver

Gewürznelken

Grüne Kardamomen

POUDRE DE COLOMBO

Knoblauch

Frische rote Chilis

Senfpulver

Gemahlene Gelbwurzel

Gemahlener Koriander

Poudre de Colombo

Griechisch-Heu-Samen

Cayenne

Kreuzkümmelsamen

Zimt

Frische Curryblätter

Afrikanische und nahöstliche Gewürzmischungen

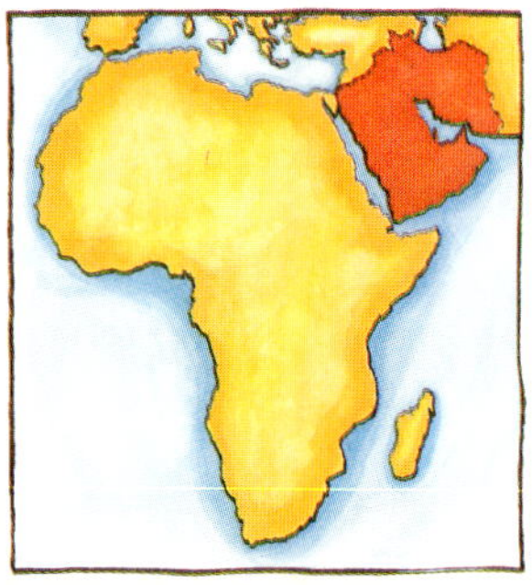

Persischer Golf

An der Küste des Persischen Golfs ist scharfgewürzte Nahrung noch immer üblich. Rezepte aus dieser Gegend verwenden aufwendige Gewürzmischungen, oft mit Chilis. Die Vorliebe für scharfe Würze findet sich auch in Nordafrika, Äthiopien und den Maghrebländern (Marokko, Algerien und Tunesien), wo das Essen mit Pfeffer, Kubeben, Kreuzkümmel, Kümmel, Zimt und Kassie, Ingwer und Safran gewürzt wird. Auch Chilis und milde Pfefferschoten werden häufig verwendet. Aber nicht alles Essen ist feurig gewürzt; viele marokkanische Gerichte schmecken zart und mild. Weiter südlich, in Ost- und Westafrika wird am liebsten mit Chilis gewürzt. Im Nahen Osten, in den arabischen Ländern, Iran und der Türkei, wird meist sanft gewürzt.

BAHARAT

Grüne Kardamomen

Schwarze Pfefferkörner

Gemahlene Chilis

BAHARAT

Eine feurige Mischung aus den Golfstaaten, zu Fleisch und Gemüse. Das Rezept stammt aus *Cooking with Chilis* von Meg Jump.

- ½ Muskatnuss, gerieben
- 1 EL schwarze Pfefferkörner
- 1 EL Koriandersamen
- 1 EL Kreuzkümmelsamen
- 1 EL Gewürznelken
- 1 kleines Stück Zimtstange
- Samen von 6 grünen Kardamomen
- 2 EL Paprika
- 1 TL gemahlene Chilis

ZUBEREITUNG

Alle Zutaten zusammen mahlen. In luftdichter Dose hält sich die Mischung 3–4 Monate.

ZHUG

Knoblauch

Gemahlener Koriander

Grüne Kardamomen

ZHUG

Dies ist eine im Jemen gebräuchliche Gewürzmischung; sie enthält Knoblauch, Pfefferschoten und beliebige andere Gewürze und wird als Tischgewürz verwendet.

- 2 kleine milde rote Pfefferschoten
- 2–3 frische rote Chilis
- eine Handvoll Koriander
- 1½ EL gemahlener Koriander
- 6 Knoblauchzehen
- Samen von 6 grünen Kardamomen
- 1–2 TL Zitronensaft

ZUBEREITUNG

Pfefferschoten und Chilis entkernen und fein hacken. Korianderblätter hacken. Alle Zutaten zu einer Paste zerstossen oder mixen. In einer Dose im Kühlschrank bis zu zwei Wochen haltbar.

Baharat
Geriebene Muskatnuss
Gewürznelken
Zimt
Koriandersamen
Kreuzkümmelsamen
Paprika
Zitrone
Koriander-
blätter
Zhug
Frische rote Chilis
Milde rote Pfefferschoten

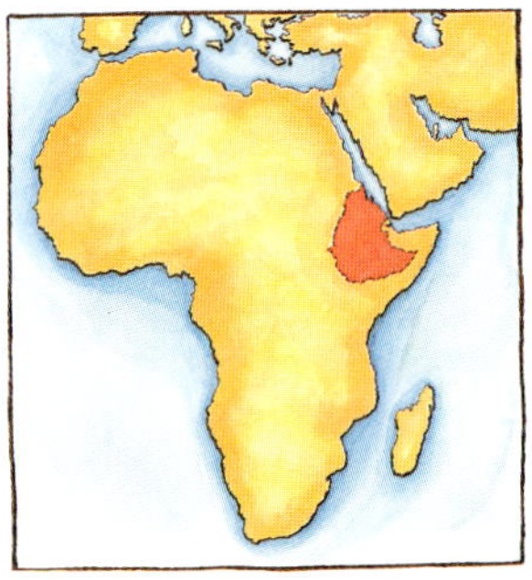

Äthiopien

ÄTHIOPISCHES BERBERE

Berbere gleicht dem indischen Masala (S. 84–87); es ist eine komplizierte Mischung von Gewürzen, die dem jeweiligen Gericht und dem Gechmack des Kochs entspricht. Chilis, Ingwer und Gewürznelken gehören auf alle Fälle dazu; andere Zutaten variieren, und manche sind ausserhalb der Gegend nicht erhältlich. Berbere wird in den üblichen äthiopischen Eintöpfen, die man Wats nennt, verwendet, und auf Lebensmittel gestrichen, die zum Braten bestimmt sind. (Ein weiteres äthiopisches Rezept findet sich auf Seite 109).

- 10 getrocknete rote Chilis
- ½ TL Koriandersamen
- 5 Gewürznelken
- Samen von 6 grünen Kardamomen
- ¼ TL Ajowansamen
- 8 Nelkenpfeffer-Beeren
- ½ TL schwarze Pfefferkörner
- ½ TL Griechisch-Heu-Samen
- 1 kleines Stück Zimtstange
- ½ TL gemahlener Ingwer

ZUBEREITUNG

Eine schwere Bratpfanne erhitzen und die Chilis sowie die anderen ganz belassenen Gewürze nach 2–3 Minuten hineingeben. Bei mittlerer Hitze trockenrösten, bis sie anfangen, dunkel zu werden; häufig umrühren, um ein Anbrennen zu vermeiden. Abkühlen lassen, dann entkernen und zerkrümeln. Alles, samt dem Ingwer, zu einem feinen Pulver zermahlen. In luftdichter Dose 3–4 Monate haltbar.

Gemahlener Ingwer

Nelkenpfeffer

Grüne Kardamomen

Gewürznelken

BERBERE

Getrocknete rote Chilis

Koriandersamen

Schwarze Pfefferkörner

Griechisch-Heu-Samen

Berbere

Zimt

Ajowansamen

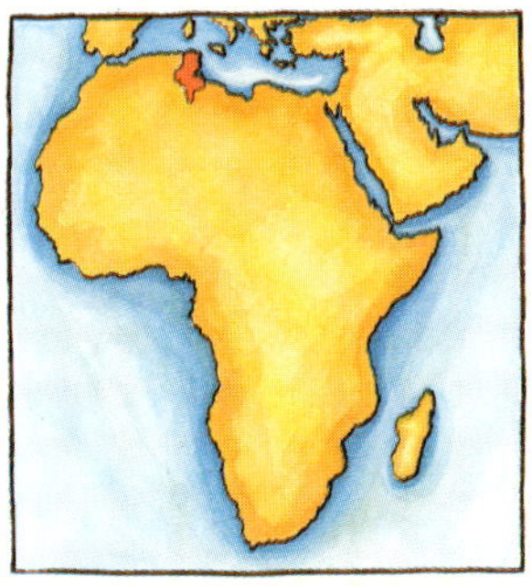

Tunesien

TABIL

Diese Mischung ist typisch tunesisch. Tabil bedeutet Koriander, aber meist ist die ganze Mischung gemeint.

1 EL Koriandersamen
1½ TL Kümmelsamen
2 EL Knoblauchzehen
1 TL getrocknete, zerstossene Chilis

ZUBEREITUNG

Alle Zutaten in einem Mörser zerstossen und in vorgewärmtem Ofen bei 100° etwa eine halbe Stunde lang trocknen. Wenn sie ganz trocken sind, zu einem feinen Pulver zermahlen. In luftdichtem Gefäss bis 4 Monate haltbar.

TABIL

Koriandersamen

HARISSA

Diese feurige tunesische Chilisauce, die man auch in Algerien und Marokko antrifft, wird vor allem für die *Tagines*, die Eintopfgerichte aus Gemüse oder Fleisch, die man zum Couscous isst, verwendet. Man stellt sie auch auf den Tisch und benutzt sie etwa wie die indonesischen Sambals (S. 74–75). Man kann Harissa in kleinen Dosen fertig kaufen, aber es lässt sich leicht daheim herstellen und hält im Kühlschrank bis zu 6 Wochen. (Ein weiteres tunesisches Rezept findet sich auf S. 109.)

50 g getrocknete rote Chilis
2 Knoblauchzehen
Salz
1 TL Kümmelsamen
1½ TL gemahlener Kreuzkümmel
2 TL Koriandersamen
1 TL zerstossene getrocknete Minzenblätter
Olivenöl

ZUBEREITUNG

Chilis entkernen und in Stücke reissen, dann in warmem Wasser weich werden lassen (ca. 20 Minuten). Abtropfen und zerstossen oder mixen. Knoblauch mit etwas Salz zerdrücken. Alle Zutaten zu einer Paste zerstossen oder mixen, dann 1–2 EL Olivenöl hineinrühren. In ein Gefäss geben, mit einer Schicht Olivenöl bedecken und in den Kühlschrank stellen.

HARISSA

Olivenöl

Getrocknete rote Chilis

Zerstossene getrocknete Chilis
Knoblauch
Kümmelsamen
Tabil
Kümmel-samen
Zerstossene getrocknete Minzenblätter
Gemahlener Kreuzkümmel
Salz
Harissa
Koriandersamen
Knoblauch

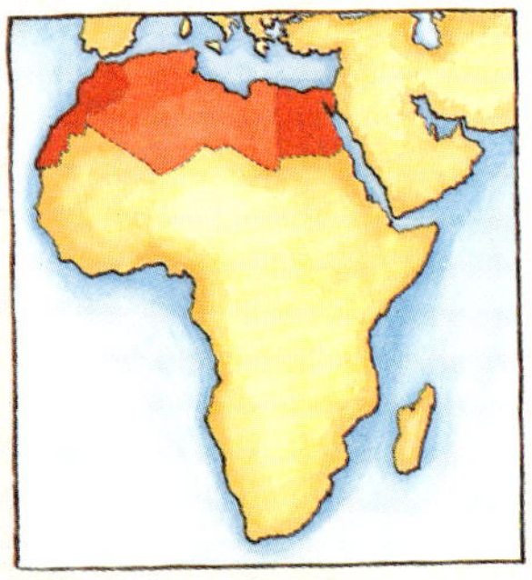

Nordafrika

RAS EL HANOUT

Diese berühmte, althergebrachte marokkanische Mischung aus zwanzig oder mehr Gewürzen hat Fremde seit jeher fasziniert. *Ras el hanout* heisst Chef des Ladens, vermutlich, weil der Ladeninhaber die Mischung selbst herstellt, und zwar nach seinem Geschmack und nach den Bedürfnissen und der Solvenz seiner Kunden. Die Mischung ist je nach Gegend verschieden; am kompliziertesten scheinen die im Basar von Fez angebotenen zu sein. Alle enthalten etwas Aphrodisiaka – *cantharides* (Spanische Fliegen), Eschenbeeren und Mönchspfeffer – sowie Gewürze und getrocknete Blumen. Ras el Hanout wird stets ganz verkauft und nach Bedarf gemahlen. Es soll wärmen und wird zu Wild, Reis und Couscous verwendet, ferner in Schaffleisch-Eintöpfen (*tagines)*, z. B. *Mrouziya* (S. 120), und in einer Süssspeise aus Mandeln, Honig, Butter und Haschisch *(el majoun)*.

ZAHTAR

Eine aromatische Mischung aus Nordafrika, die auch in der Türkei und Jordanien vorkommt. Man streut sie auf Fleischkugeln oder Gemüse oder taucht das Essen hinein. Man kann es mit Olivenöl zu einer Paste verarbeiten und vor dem Backen auf das Brot streichen. Vergleichen Sie das Rezept für Dukka (S. 109).

50 g Sesamsamen
25 g gemahlener Sumach
35 g gemahlener getrockneter Thymian

ZUBEREITUNG

Sesamsamen bei mittlerer Hitze ein paar Minuten unter häufigem Umrühren trocken rösten. Erkalten lassen, dann mit Sumach und Thymian mischen. In luftdichter Dose hält sich die Mischung 3–4 Monate.

ZAHTAR

Zahtar

Getrockneter Thymian

Sesamsamen

Gemahlener Sumach

RAS EL HANOUT

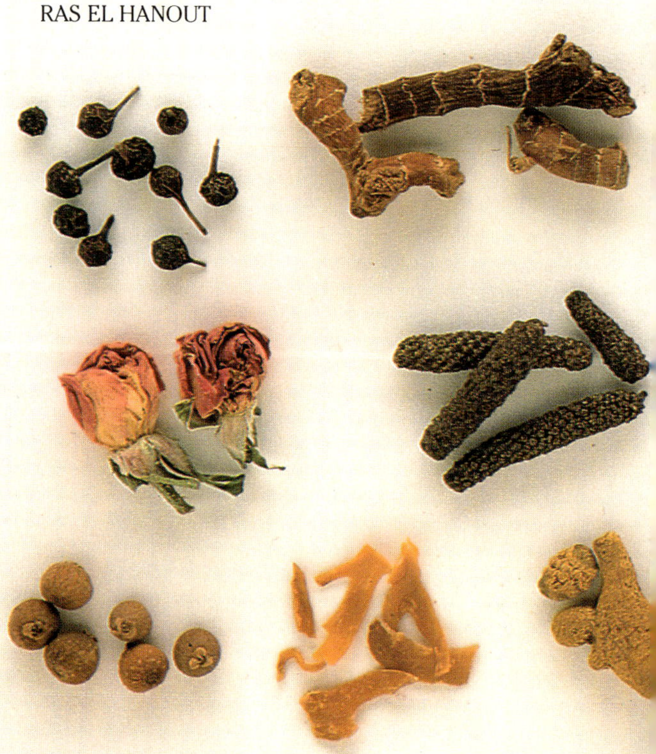

Eine typische Mischung *Sie kann enthalten: Kardamom, Muskatblüte, Galanga, langen Pfeffer, Kubeben, Muskatnuss, Nelkenpfeffer, Zimt, Gewürznelken, Ingwer, Rosenknospen, Lavendelblüten, Spanische Fliege, Eschenbeere, Paradieskörner, schwarzen Pfeffer, Erdmandeln, Gelbwurz, Kassie, Schwarzkümmelsamen, Mönchspfeffer, Belladonna und Veilchenwurzel.*

Ras el hanout

Alte europäische Gewürzmischungen

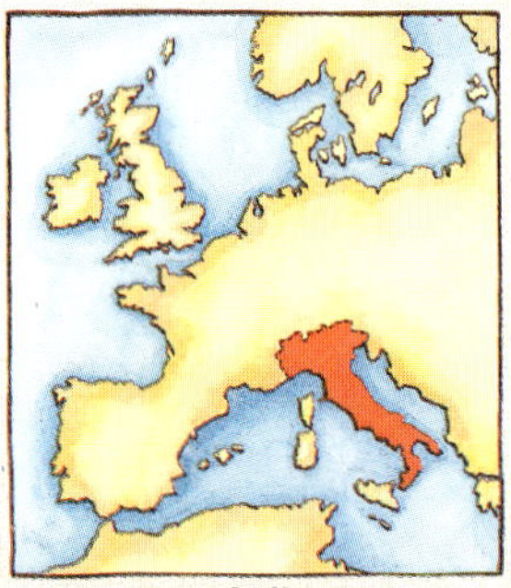

Italien

Gewürzmischungen werden verwendet, seitdem man Gewürze entdeckt hat. Die Köche in den grossen Häusern des Mittelalters hatten ihre Mischungen, *poudre blanche* und *poudre forte,* die gewöhnlich vor der Verwendung mit Essig angefeuchtet wurden, um sie schärfer zu machen. Ingwer war offenbar am beliebtesten, gefolgt von Zimt, Gewürznelken, Pfeffer, Safran und Paradieskörnern. Im 13. und 14. Jahrhundert wurden gewaltige Mengen von Puderzucker beigemischt; vermutlich galten Zucker und Gewürze als Zeichen von Reichtum. Im 16. Jahrhundert war aber der Zucker fast ganz aus den Gewürzmischungen verschwunden. Zu jener Zeit waren die Italiener führend in der Kochkunst, und Ruperto de Nola, einem Koch des Königs von Neapel, verdanken wir eines der ältesten Rezepte für eine ungesüsste Mischung, die er *Salsa comun* nannte: «3 Teile Zimt, 2 Teile Gewürznelken, 1 Teil Ingwer, 1 Teil Pfeffer, ein wenig gemahlener Koriander und, falls gewünscht, ein wenig Safran».

SCAPPIS GEWÜRZMISCHUNG

Bartolomeo Scappi, Koch bei Papst Pius V., zählt in seiner *Opera dell'Arte del Cucinare* – einem der einflussreichsten frühen italienischen Kochbücher – folgende Zutaten auf:

24 Zimtstangen
25 g Gewürznelken
15 g getrockneter Ingwer
7,5 g geriebene Muskatnuss
7,5 g Safran
15 g weicher brauner Zucker

ZUBEREITUNG

Zimtstangen zerbrechen und alle Zutaten zu einem feinen Pulver zermahlen. Hält sich in luftdichter Dose 3–4 Monate.

SCAPPIS GEWÜRZMISCHUNG

Zimt

Getrocknete Ingwer

Brauner Zucker

Paradieskörner

Gewürznelken

Geriebene Muskatnuss

Safran

Scappis Gewürzmischung

Neuere europäische Gewürzmischungen

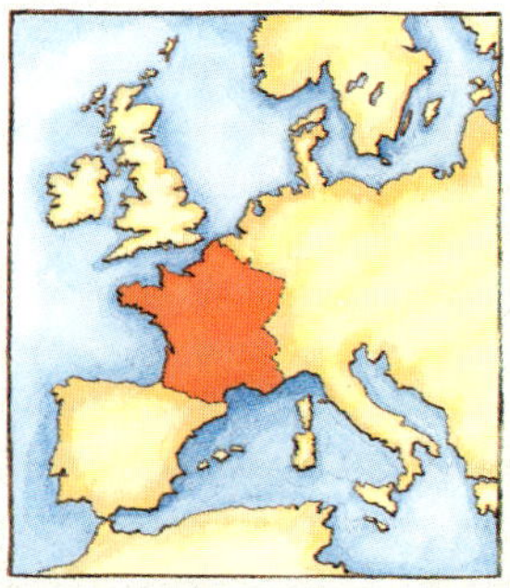

Frankreich

Im 17. Jahrhundert ging die üppige Anwendung von Gewürzen zurück. Sie waren leichter und billiger erhältlich und galten nicht mehr als Statussymbol. Die Kochbücher fingen nicht mehr mit Rezepten für Gewürzmischungen an; Angaben zum Würzen standen jetzt bei den einzelnen Rezepten. Im 19. Jahrhundert findet man wieder Vorschläge für Gewürzmischungen.
Carême, der grosse französische Koch, empfiehlt 3 Teile Pfefferkörner, 1 Teil Gewürznelken, Muskatnuss, Zimt, Thymian und Lorbeerblatt gemischt, und ein wenig Ingwer und Muskatblüte. Anne Cobbett nennt in ihrem Handbuch *The English housekeeper* aus dem frühen 19. Jahrhundert einen «Küchenpfeffer» aus je 1 Teil fein gemahlenem Ingwer, Muskatnuss, schwarzem Pfeffer und Nelkenpfeffer, Zimt und Gewürznelken.
Heutzutage werden in Europa weniger Gewürzmischungen verwendet als früher. In Frankreich ist *Quatre-épices* am beliebtesten; in England gibt es heute noch Gewürzmischungen für Puddings und Pickles.

QUATRE-EPICES

QUATRE-EPICES

Die traditionelle französische Vier-Gewürze-Mischung beruht auf Pfeffer; man braucht sie zum Wursten und in Gerichten wie Eintöpfen, die lange köcheln müssen. Manchmal wird die Mischung mit Zimt oder Nelkenpfeffer ergänzt.

- 5 TL schwarze Pfefferkörner
- 2 TL geriebene Muskatnuss
- 1 TL Gewürznelken
- 1 TL getrockneter Ingwer

ZUBEREITUNG
Alle Zutaten fein zermahlen. Haltbarkeit in luftdichter Dose 3–4 Monate.

MÉLANGE CLASSIQUE

Neuere französische Mischungen verbinden mit den Gewürzen aromatische Kräuter. Die *mélange classique* stammt aus dem Kochbuch *Manuel du Restaurateur.*

- 5 getrocknete Lorbeerblätter
- 2 TL getrockneter Thymian
- 1 TL getrockneter Majoran
- 1 TL getrockneter Rosmarin
- 2 TL gemahlene Muskatnuss
- 2 TL Gewürznelken
- 1 TL Cayenne
- 1½ TL weisse Pfefferkörner
- 1½ TL Koriandersamen

ZUBEREITUNG
Lorbeerblätter zerkrümeln. Alles zu feinem Pulver zermahlen. Hält in luftdichter Dose 3–4 Monate.

Getrocknete Lorbeerblätter

Getrockneter Thymian

Koriandersamen

Getrockneter Rosmarin

Geriebene Muskatnuss

Cayenne

Getrockneter Majoran

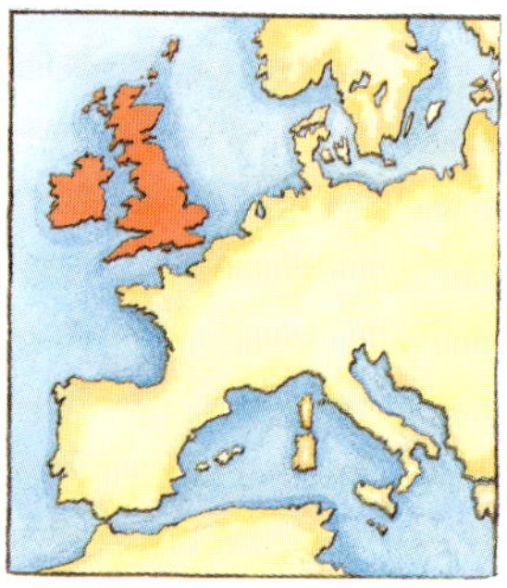

Grossbritannien

GEWÜRZE FÜR PICKLES

Diese englische Gewürzmischung verwendet ganze Gewürze; sie wird für Chutneys und eingelegte Früchte und Gemüse gebraucht sowie zum Würzen von Essig. Man kann die Gewürze entweder in ein kleines Stoffsäckchen einbinden und am Ende des Einlegevorgangs entfernen oder direkt dem Essig beigeben, je nach Einlegegut. Gewürzhändler kennen ihre eigenen Methoden; hier geben wir zwei aus *Law's Grocer's Manual* (Ausgabe 1950) wieder. Für den Gebrauch im Privathaushalt nehme man 25 g oder sogar nur 15 g anstelle eines Pfunds.

EINLEGEGEWÜRZ MIT CHILIS

«2 Pfd Jamaica-Ingwer, 1¾ Pfd gelbe Senfkörner, 1½ Pfd Zanzibar-Gewürznelken, 2¼ Pfd indischer schwarzer Pfeffer, ½ Birdseye- oder Nyasa-Chilis, ¾ Pfd Muskatblüte, ¾ Pfd Koriandersamen, 3½ Piment (Nelkenpfeffer).»

EINLEGEGEWÜRZ MIT CAYENNE

«2½ Pfd Senfsamen, 2 Pfd Cayenneschoten, 2½ Pfd gewöhnliche schwarze Pfefferkörner, 1½ Pfd weisse Pfefferkörner, 1 Pfd kleine Gewürznelken, 3 Pfd Piment (Nelkenpfeffer), 1½ Pfd Jamaica-Ingwer. Total 14 Pfd.»

EINLEGEGEWÜRZ MIT CHILIS

Gelbe Senfsamen

Gewürznelken

Koriandersamen

Nelkenpfeffer

Muskatblüte

Getrockneter Ingwer

Getrocknete Birdseye-Chilis

PUDDINGGEWÜRZ

Diese englische Mischung von süssen Gewürzen wird für Kuchen, Biscuits und Puddings verwendet. Die Wahl der Gewürze und ihre Mengen hängen vom persönlichen Geschmack ab. Hier ein Rezept:

- 1 kleines Stück Zimt
- 1 EL Gewürznelken
- 1 EL Muskatblüte
- 1 EL geriebene Muskatnuss
- 1 EL Koriandersamen
- 1 EL Nelkenpfeffer-Beeren

ZUBEREITUNG

Die Gewürze zu einem feinen Pulver zermahlen. In luftdichter Dose hält es sich 3–4 Monate.

PUDDINGGEWÜRZ

Schwarze Pfefferkörner

Koriandersamen

Zimt

Nelkenpfeffer

Gewürznelken

Muskatblüte

Muskatnuss

Einlegegewürz mit Chilis

Amerikanische Gewürzmischungen

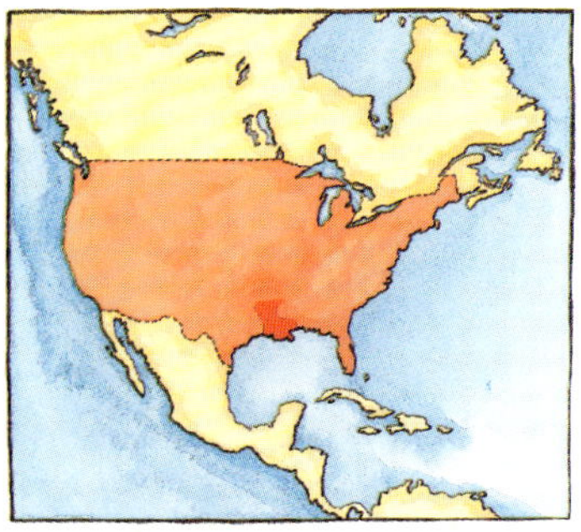

Vereinigte Staaten

Die USA sind das Land industriell erzeugter Gewürzmischungen, nach «geheimen», gesetzlich geschützten Rezepturen hergestellt. Die Kochrezepte nennen Apfelkuchen-Gewürz, Grilliergewürz, Hühnergewürz und Krabbengewürz, alle fertig zu haben in jedem Supermarkt. Selten mischt jemand selbst etwas. Ich gebe hier ein paar eigene Varianten wieder, um Lesern zu helfen, die nach amerikanischen Rezepten kochen möchten.

CAJUNWÜRZE

Die Küche der Cajuns und der Kreolen aus Louisiana hat sich in den letzten Jahren über ganz Amerika und weiter verbreitet. Chilis, aromatische Kräuter, Senf und Kreuzkümmel werden am meisten verwendet. Fertigmischungen enthalten häufig Zwiebel- und Knoblauchpulver mit deutlich chemischem Geschmack, so dass man am besten mit frischen Zwiebeln und Knoblauch arbeitet. Die folgende Mischung wird vor dem Braten oder Grillieren auf Fleisch und Fisch gerieben oder sie würzt *Gumbos* (Eintopfgerichte) und *Jambalayas* (Reisgerichte). Zur Abwechslung kann man statt Thymian und Oregano getrockneten Salbei, Basilikum oder Fenchel benützen. Weitere Rezepte aus Louisiana stehen auf S. 109.

1 grosse Knoblauchzehe
½ kleine Zwiebel
1 TL Paprika
½ TL gemahlener schwarzer Pfeffer
½ TL Kreuzkümmelpulver
½ TL Cayennepulver
1 TL getrockneter Thymian
1 TL Salz

ZUBEREITUNG

Knoblauch und Zwiebel im Mörser zerdrücken und alle Zutaten vermischen.

Zwiebeln

Gemahlener schwarzer Pfeffer *Cayenne* *Salz*

Cajunwürze

Knoblauch

Getrockneter Thymian — Paprika — Kreuzkümmelpulver — Senfpulver — Getrockneter Oregano

Barbecue-Gewürzmischungen

GRUNDGEWÜRZ *(Abbildung unten)*

Eine mässig scharfe Mischung, die vor dem Grillieren ins Fleisch einzureiben ist.

- 1 TL schwarze Pfefferkörner
- 1 TL Selleriesamen
- ½ TL Cayenne
- ½ TL getrockneter Thymian
- ½ TL getrockneter Majoran
- 2 TL Paprika
- 1 EL Senfpulver
- ½ TL Salz
- 1 EL weicher brauner Zucker

ZUBEREITUNG

Pfefferkörner und Selleriesamen in einem Mörser zerstossen und alle Zutaten miteinander vermischen.

PAPRIKAWÜRZE *(Abbildung rechts)*

Eine scharfe Mischung, die gut zu Hähnchen passt und eine rötliche Farbe verleiht.

- 1 kleines Stück frischer Ingwer
- 1 Knoblauchzehe
- 1 EL Paprika
- 2 TL gemahlener Kreuzkümmel

ZUBEREITUNG

Ingwer und Knoblauch in einem Mörser zerdrücken und mit Paprika und Kreuzkümmel vermischen.

WACHOLDERWÜRZE

Eine aromatische Mischung, die gut zu festfleischigem Fisch – Engelbarsch, frischem Thunfisch und Schwertfisch – passt, und auch zu Steaks und Lammfleisch.

- 2 EL Wacholderbeeren
- 1 TL schwarze Pfefferkörner
- 6 Nelkenpfeffer-Beeren
- 3 Gewürznelken
- 3 getrocknete Lorbeerblätter
- ½ TL Salz

ZUBEREITUNG

Gewürze mahlen, Lorbeerblätter fein zerkrümeln, alles vermischen.

FENCHELGEWÜRZ

Fenchel und Zitronenschale verleihen dieser Mischung einen frischen, reinen Geschmack. Sie passt ausgezeichnet zu Fisch.

- 1 Knoblauchzehe
- 1 TL schwarze Pfefferkörner
- 2 TL Fenchelsamen
- ½ TL Koriandersamen
- 1 TL geschabte Zitronenschale
- 1 TL getrockneter Thymian

ZUBEREITUNG

Knoblauch in einem Mörser zerdrücken, Gewürze mahlen, alles mischen.

GRUNDGEWÜRZ

Senfpulver

Getrockneter Thymian

Cayenne

Getrockneter Majoran

Paprika

PAPRIKAWÜRZE

Weitere Gewürzmischungen

Diese Gewürzmischungen sind nach Herkunftsgegenden aufgeführt und sind entweder Varianten der bereits beschriebenen Mischungen oder ergänzende Rezepte. Sie finden hier Pasten und Pulver ebenso wie Mischungen ganz belassener Gewürze. Manche sind scharf, manche mässig scharf und manche mild und aromatisch.

Ferner Osten

SAMBAL TRASSI

- 1 kleines Stück Trassi (S. 155)
- 4–5 frische rote Chilis
- 1 grüner Chili
- 1 TL Salz
- 1 TL weicher brauner Zucker
- 1 EL Zitronen- oder Limonensaft

ZUBEREITUNG

Trassi in Folie wickeln und rösten, bis es dunkel wird, oder ein paar Minuten in den auf 180° vorgewärmten Ofen legen. Chilis entkernen und fein hacken. Trassi und Chilis mit den anderen Zutaten zusammengeben und zu einer glatten Paste mixen. Im Kühlschrank ein paar Tage haltbar.

VARIANTEN

♦ Für SAMBAL ASEM einen zusätzlichen Löffel Zucker beigeben sowie 1–2 TL Tamarindenkonzentrat.

♦ SAMBAL KEMIRI enthält ausserdem 10 trocken geröstete, gemahlene Candlenüsse.

NAM PRIK für gekochtes Gemüse

- 125 g unreife Früchte, z. B. grüne Mangos, Stachelbeeren, saure Zwetschgen oder Trauben
- 6 getrocknete rote Chilis
- 1 kleines Stück Trassi (S. 155)
- 3 Knoblauchzehen
- 1 Zwiebel
- 1 EL Fischsauce (siehe S. 112)
- 1 EL weicher brauner Zucker
- Limonensaft

ZUBEREITUNG

Die unreifen Früchte hacken. Chilis entkernen und hacken. Trassi in Folie wickeln und rösten, bis es dunkel wird, oder ein paar Minuten in den auf 180° vorgewärmten Ofen geben, dann entweder zerkrümeln, zerstossen oder mit den anderen Zutaten mixen. Limonensaft nach Geschmack und Konsistenz. Hält sich im Kühlschrank einige Tage.

Indien

MADRAS-CURRYPULVER

Duftend, ziemlich scharf, wird mit Lammfleisch- und Schweinefleischgerichten verwendet.

- 2 getrocknete rote Chilis
- 25 g Koriandersamen
- 15 g Kreuzkümmelsamen
- 1 TL Senfkörner
- 15 g schwarze Pfefferkörner
- 2 frische Curryblätter
- ½ TL gemahlener Ingwer
- 1 TL gemahlener Gelbwurz

ZUBEREITUNG

Chilis entkernen. Die ganz belassenen Gewürze trocken rösten, bis sie dunkel zu werden beginnen. Erkalten lassen, dann zu Pulver mahlen. Currynuten in rösten, dann mahlen und zusammen mit Ingwer und Gelbwurz zur Mischung geben, gründlich vermischen. In luftdichter Dose hält sich dieses Pulver 3–4 Monate.

Indisch beeinflusst

CHAR MASALA

Im benachbarten Afghanistan werden mit dieser einfacheren Mischung Reisgerichte gewürzt.

- 1 EL Zimt
- 1 EL Gewürznelken
- 1 EL Kreuzkümmelsamen
- 1 EL schwarze Kardamomsamen

ZUBEREITUNG

Alle Gewürze mischen. In luftdichter Dose hält sich die Mischung 3–4 Monate.

WESTINDISCHES CURRYPULVER

Hindus, die im 19. Jahrhundert nach Westindien auswanderten, brachten ihre Gewürzmischungen mit. Heute findet man Currys in ganz Westindien.

25 g Koriandersamen
1 EL von jedem der folgenden Gewürze, ganz belassen: Anis, Kreuzkümmel, schwarzer Senf, Griechisch-Heu, schwarzer Pfeffer
1 Stück Zimtstange
2 EL gemahlener Ingwer
2 EL gemahlener Gelbwurz

ZUBEREITUNG

Die ganz belassenen Gewürze ca. 5 Minuten trocken rösten. Erkalten lassen, dann mahlen und mit Ingwer und Gelbwurz vermischen. Hält sich 3–4 Monate in luftdichter Dose.

Afrika und Naher Osten

WAT-GEWÜRZ

Ein Wat ist ein althergebrachtes äthiopisches Eintopfgericht, das entweder mit Berbere (S. 92–93) oder mit einfacheren Mischungen gewürzt wird. Hier ein Rezept aus *A Safari of African Cooking* von Bill Odarty:

6 Schoten langer Pfeffer
3 EL schwarzer Pfeffer
3 EL ganze Gewürznelken
1 lange Muskatnuss
1 Prise Gelbwurz

ZUBEREITUNG

Gewürze bei mässiger Hitze braten. Die grossen Brocken zerstossen. Eine Prise Gelbwurz auf den Mahlstein streuen und mahlen, bis die Arbeitsfläche mit einer gelben Schicht bedeckt ist. Alle anderen Gewürze zusammen auf dem gelben Mahlstein zermahlen. Man gibt sie am Ende der Kochzeit in den Wat.

TUNESISCHE FÜNF-GEWÜRZE

Auf arabisch heisst dieses Gewürz *Gâlat dagga;* man braucht es mit Gemüse und Lamm.

2 TL schwarze Pfefferkörner
2 TL Gewürznelken
1 TL Paradieskörner
4 TL geriebene Muskatnuss
1 TL Zimtpulver

ZUBEREITUNG

Pfefferkörner, Gewürznelken und Paradieskörner zusammen mahlen, dann Muskatnuss und Zimt dazumischen. In luftdichter Dose hält sich die Mischung 3–4 Monate.

DUKKA

Diese Gewürzmischung mit gemahlenen Haselnüssen oder gerösteten Kichererbsen stammt aus Ägypten. Man serviert sie mit Brot, das man zuerst in Olivenöl und dann in Dukka taucht.

125 g Sesamsamen
75 g Haselnüsse oder geröstete Kichererbsen
50 g Koriandersamen
25 g Kreuzkümmelsamen
1 TL Salz
½ TL schwarze Pfefferkörner
1 TL getrockneter wilder Thymian oder Minze

ZUBEREITUNG

Sesamsamen trocken rösten, bis sie hellbraun sind. Aus der Pfanne nehmen, Haselnüsse ca. 5 Minuten rösten und schälen (Kichererbsen brauchen nicht nochmals geröstet zu werden), dann die Koriander- und Kreuzkümmelsamen rösten, bis sie dunkel zu werden beginnen. Wenn alles kühl geworden ist, die Zutaten zusammengeben und zu einem groben Pulver zerstossen oder mixen. Haltbarkeit in luftdichter Dose und an kühlem Ort 3 Monate.

Vereinigte Staaten

WÜRZE FÜR KRABBEN UND FISCH

Gesottene Krabben sind an der Südküste der USA, besonders in Louisiana, sehr beliebt. Eine ähnliche Mischung verwendet man, mit gemahlenen Gewürzen, für Fisch.

1 TL schwarze Pfefferkörner
1 TL Senfkörner
1 TL Dillsamen
1 TL Gewürznelken
1 TL Nelkenpfeffer-Beeren
1 kleines Stück getrockneter Ingwer
3 getrocknete Lorbeerblätter

ZUBEREITUNG

Die Gewürze in ein Stoffsäckchen einbinden und ins Wasser geben, in dem die Krabben gekocht werden.

4

Mit Gewürzen kochen

Gewürze sind für alle Arten von Gerichten – von Suppen, Salaten, Eintöpfen bis zu Kuchen, Mixed Pickles und Getränken – unentbehrlich; sie erhöhen den Wohlgeschmack und fördern die Verdauung. Auf den folgenden Seiten finden Sie über 100 Rezepte mit den verschiedensten Gewürzen und Gewürzmischungen aus der ganzen Welt. Alle hier genannten Gewürze sind im Index der Gewürze (S. 18–67) beschrieben; wie man sie zubereitet und konserviert, finden Sie auf S. 154–155. Die in jedem Rezept genannten Gewürzmengen können nach Belieben variiert werden.

Suppen und Vorspeisen

Kürbissuppe

FÜR 4 PERSONEN

Diese Suppe wird im Kürbis gekocht und serviert, was hübsch aussieht; man kann sie aber natürlich auch in einem Topf zubereiten. Gesalzene getrocknete Garnelen, die in der südostasiatischen Küche häufig verwendet werden, sind in chinesischen Läden erhältlich. Sie geben der Suppe einen kräftigeren Geschmack.

1 kleiner Kürbis von etwa 20 cm Durchmesser
Salz
zwei mittelgrosse Zwiebeln, gehackt
3 EL Langkornreis
½ TL gemahlene Muskatblüte
½ TL gemahlener Zimt
¼ TL gemahlener Kreuzkümmel
ca. 750 ml Hühnerbrühe
25 g gemahlene Garnelen (nach Belieben)
2 TL Zitronensaft (nach Belieben)

1 Dem Kürbis den Deckel abschneiden und beiseitelegen. Kerne und faseriges Gewebe entfernen, Kürbisfleisch herausholen; dabei aber eine ziemlich dicke Schicht an Wand und Boden belassen. Kürbisfleisch hacken.
2 Den hohlen Kürbis mit etwas Salz ausreiben und ihn in eine gutschliessende ofenfeste Form legen. Kürbisfleisch, Zwiebeln, Reis und Gewürze hineingeben. Kürbis zu drei Vierteln mit der Hühnerbrühe auffüllen und mit dem Kürbisdeckel schliessen. Im Ofen bei 160° zwei Stunden kochen.
3 Bei Verwendung getrockneter Garnelen diese zuerst fünf bis zehn Minuten in etwas Wasser einlegen, Mit dem Einlegewasser und Zitronensaft zu einer Paste zerstossen. Paste für die letzten 20 Minuten zur Suppe geben.
4 Kürbis in einer vorgewärmten Schüssel anrichten. Wenn das zu schwierig ist, das Gericht in der ofenfesten Schüssel servieren.

Miesmuschelsuppe mit Safran

FÜR 6 PERSONEN

1 kg Miesmuscheln
40 g Butter
1 Zwiebel, gehackt
2 Lauchstengel, dünn geschnitten
1 Karotte, in Würfel geschnitten
1 Scheibe Knollensellerie, ca. 125 g,
in Scheiben geschnitten
900 ml Wasser
⅛ TL Safranfäden, zerdrückt
Salz und Pfeffer

1 Muscheln putzen, alle beschädigten oder geöffneten entfernen. Boden eines grossen Topfs mit Wasser bedecken, Muscheln hineingeben, zudecken, bei grosser Hitze kochen, bis sie sich öffnen; dabei hin und wieder den Topf schütteln. Muscheln aus der Schale nehmen; alle, die sic göffnet haben, wegwerfen. Kochflüssigkeit durch ein Sieb giessen und beiseitestellen.
2 Butter schmelzen, Zwiebeln, Lauch und Karotte 5 Minuten dünsten. Sellerie beifügen und 10 Minuten sanft kochen lassen. Muschelflüssigkeit und Wasser dazugeben und 15 Minuten leise köcheln lassen.
3 Safran in etwas heissem Wasser auflösen und mit der Suppe verrühren. Mit Salz und Pfeffer würzen.
4 Muscheln nur so lange in die Suppe legen, bis sie warm sind, dann servieren.

Einfache thailändische Fischsuppe

FÜR 4 PERSONEN

Fischsauce heisst *nam pla* in Thailand und *nuoc mam* in Vietnam. Es handelt sich um die braune Flüssigkeit, die beim Einlegen von Fisch in Salzlake übrig bleibt. Sie riecht wie vollreifer Käse, aber ihr Geschmack ist schwächer. Man kann sie in orientalischen Läden kaufen.

500 g feste weisse Fischfilets
1,25 l leichte Fischbrühe
2 TL gemahlener Galanga
2 Stengel Lemongras, geschnitten und zerstossen
3 Limonenblätter
3 EL Kaffernlimonettensaft
1 TL Sambal Oelek oder gemahlene Chilis
2 TL Fischsauce

Garnitur
3–4 gehackte Frühlingszwiebeln
1 TL gehackter frischer Koriander
Dünne Limonenschnitze

1 Den Fisch in kleine Stücke schneiden. Die Brühe mit Galanga, Lemongras und Limonenblättern aufkochen, dann 15 Minuten sanft kochen lassen und abseihen.
2 Fischbrühe in den Topf zurückgeben, Limonensaft, Sambal und Fischsauce dazugeben, 4–5 Minuten lang köcheln lassen, bis der Fisch gar ist.
3 Topf von der Herdplatte nehmen. Mit Frühlingszwiebeln, Koriander und Limonenschnitten garnieren, servieren.

Huhn- und Kokosnusssuppe

FÜR 4 PERSONEN

½ Hähnchen
175 g geschlagene Kokosnuss, in 1¼ l heissem Wasser aufgelöst
1 EL gemahlener Galanga
3 Stengel Lemongras, zerquetscht und in Scheiben geschnitten
3 grüne Chilis, entkernt und geschnitten
3 Frühlingszwiebeln in Scheiben
3 EL Zitronen- oder Limonensaft
2 EL Fischsauce (S. 112)
2 EL gehackte frische Korianderblätter

1 Hühnchen häuten, evtl. ausbeinen. Fleisch in Stücke schneiden.
2 Kokosnussmilch in grossem Topf aufkochen. Huhn, Galanga und Lemongras hinzugeben, 15–20 Minuten köcheln lassen, bis das Huhn gar ist. (Topf nicht zudecken, sonst lässt der Dampf die Kokosmilch gerinnen.)

Würzige Linsensuppe

FÜR 6–8 PERSONEN

½ TL gemahlener Ingwer
½ TL gemahlener schwarzer Pfeffer
½ TL gemahlene Gelbwurz
½ TL gemahlenes Griechisch-Heu
¼ TL gemahlene Gewürznelken
2 TL gemahlener Kreuzkümmel
1 TL gemahlene Kassie oder Zimt
geriebene Schale einer Zitrone
4 EL Olivenöl
1 grosse Zwiebel, gehackt
2 Zehen Knoblauch, zerstossen
175 g braune Linsen
2 Stangen Sellerie, gehackt
350 g Tomaten, gehackt
1,5 l Bouillon oder Wasser
Salz
2–3 EL Zitronensaft
grosser Bund frische Petersilie oder Koriander, gehackt
¼ TL gemahlene Chilis (nach Belieben)

1 Die Gewürze (ausser den Chilis) mit der Zitronenschale vermischen.
2 Öl in grossem Topf erhitzen und Zwiebeln sanft weich braten. Gewürze zugeben und unter ständigem Umrühren 2–3 Minuten weiterkochen. Knoblauch und Linsen hineingeben und rühren, bis die Linsen vom Öl und den Gewürzen ganz bedeckt sind.
3 Sellerie und Tomaten beifügen, ein paar Minuten kochen lassen, dann Bouillon zugiessen. Zugedeckt etwa eine Stunde lang köcheln lassen, bis die Linsen weich sind.
4 Suppe pürieren, dabei Wasser oder Bouillon hinzugeben, bis die gewünschte Konsistenz erreicht ist. Zitronensaft, Petersilie oder Koriander und, nach Belieben, etwas gemahlene Chilis hineinrühren.

Ceviche

FÜR 4 PERSONEN

Für dieses mexikanische Hors-d'œuvre wird der Fisch zart gemacht, indem man ihn mehrere Stunden in Zitronensaft mariniert.

175 g Salm
175 g Glatt- oder Steinbutt
175 g Dorschfilet
Saft von 2–3 Zitronen
1–2 frische grüne Chilis, entkernt und fein gehackt
½ Avocado, geschält, entkernt und in Würfel geschnitten
2 Tomaten, geschält, entkernt und gehackt
125 ml Olivenöl
1 Handvoll Korianderblätter, gehackt
Salz und Pfeffer

1 Fische häuten und Gräten entfernen, in kleine Würfel schneiden. Fischwürfel in Teller mit Zitronensaft legen, umdrehen, damit alle Oberflächen mit Saft bedeckt sind, und mindestens 5 Stunden lang im Kühlschrank marinieren.
2 Fisch aus der Marinade nehmen und diese mit dem gehackten Gemüse, Olivenöl und Koriander zusammengeben. Nach Belieben mit Salz und Pfeffer würzen und über den Fisch giessen. Im Kühlschrank lassen bis zum Servieren.

Würzige Fisch-Mousse

FÜR 4–6 PERSONEN

1 TL gemahlener Anis
2 TL Ajowan
½ TL Chilipulver
2 Knoblauchzehen mit wenig Salz zerstossen
500 g weisse Fischfilets, in kleine Stücke geschnitten
175 g grosse gekochte Garnelen, geschält
1 EL Öl
1 Zwiebel, gehackt
3 Eiweiss
1 Handvoll Korianderblätter, gehackt
Salz
125 ml Schlagsahne

1 Anis, Ajowan, Chilipulver und Knoblauch zu einer Paste vermengen. Fisch mit der Paste einreiben und 30 Minuten ziehen lassen.
2 Garnelen in 2–3 Stücke schneiden, Öl erhitzen und Zwiebeln dünsten, bis sie glasig sind. Vom Herd nehmen, abkühlen lassen.
3 Fisch und Zwiebeln im Mixer fein hacken.
4 Eiweiss schaumig schlagen und unter die Fisch- und Zwiebelmischung ziehen. Garnelen, Koriander und etwas Salz dazu, dann die Schlagsahne unterziehen.
5 Eine Soufflé-Form (1 l) mit Butter ausstreichen und die Mischung hineingiessen. Im Wasserbad in vorgeheiztem Ofen bei 140° 45 Minuten lang kochen. Abkühlen lassen, vor dem Servieren einige Stunden in den Kühlschrank geben.

Indisches Früchte-Chat

FÜR 6 PERSONEN

Man kann zu diesem Gericht auch andere Früchte nehmen, aber einige davon sollten Tropenfrüchte sein.

3 Kartoffeln, gesotten und in Würfel geschnitten
½ Gurke, geschält, entkernt, in Würfel geschnitten
2 reife Bananen, in Scheiben
1 reife Papaya, in Würfel geschnitten
1 reife Mango, in Würfel geschnitten
1 Apfel, in Würfel geschnitten
2 Scheiben frische Ananas, in Würfeln
1 Orange, in Schnitze zerteilt
2 EL Chat Masala (S. 86–87)
Saft einer Zitrone
Kopfsalatblätter

1 Alle Früchte und Gemüse in eine Schüssel geben. Chat Masala und Zitronensaft darüberträufeln.
2 Kopfsalatblätter auf die Teller legen und die Fruchtmischung darauf verteilen.

Garnelen in Töpfchen

FÜR 4 PERSONEN

Am besten eignen sich kleine Garnelen, aber man kann auch grössere nehmen und in Stücke schneiden.

300 g gekochte und geschälte Garnelen
175 g ungesalzene Butter
⅛ TL Cayenne
½ TL gemahlene Muskatblüte
Schwarzer Pfeffer
Zitronensaft

1 Die Garnelen in vier kleine Auflaufförmchen verteilen.
2 125 g Butter vorsichtig schmelzen, vom Feuer nehmen und die klare Flüssigkeit abgiessen, so dass nur der Satz bleibt. Cayenne und Muskatblüte einrühren, dann frisch gemahlenen schwarzen Pfeffer und Zitronensaft hineingeben.
3 Die gewürzte Butter über die Garnelen giessen und die Förmchen kalt stellen, bis die Butter hart ist. Dann die übrige Butter schmelzen und die klare Flüssigkeit über Garnelen und Butter giessen, so dass die Garnelen zugedeckt sind. Wieder kaltstellen, mit Toast und Zitronenschnitzen servieren.

Shami Kebab

FÜR 4 PERSONEN

500 g gehacktes Lammfleisch
50 g halbe gelbe Erbsen
1 kleine Zwiebel, gehackt
4 Knoblauchzehen, gehackt
1 TL gemahlener schwarzer Kümmel
1 TL Chilipulver
1 TL Garam Masala
1 kleines Büschel Korianderblätter, gehackt
1 Handvoll Cashewnüsse
etwas Salz
2 Eier
2 EL Zitronensaft
Öl zum Backen

1 Lamm, Erbsen, Zwiebel, Knoblauch, Koriander, Cashewnüsse und Salz zusammengeben.
2 Durch den Fleischwolf drehen oder kurz in den Mixer geben, damit alles gut vermengt ist.
3 Mischung in acht Teile teilen. Hände netzen und jedes Stück zu einer kleinen, flachen Kugel formen.
4 Öl in einer tiefen Bratpfanne erhitzen und die Kebabs braten, bis beide Seiten braun sind, etwa 3–4 Minuten. Heiss oder lauwarm servieren, garniert mit gehacktem Koriander.

Marinierter Hering

FÜR 8 PERSONEN

4 filetierte Heringe
1 TL Salz
150 ml Milch
2 EL Senf
4 Pfefferkörner
4 Wacholderbeeren
4 Nelkenpfefferkörner
¼ TL Dillsamen
1 Bouquet garni
1 Zwiebel in dünnen Scheiben
450 ml Apfelwein oder Weinessig
50 ml Öl

1 Heringe drei Stunden in gesalzene Milch einlegen. Abseihen und trockentupfen.
2 Filets mit Senf bestreichen und mit der Haut nach aussen einrollen. Jedes mit einem hölzernen Cocktailstäbchen fixieren und sie in eine grosse Glas- oder Porzellanschüssel legen.
3 Pfeffer, Wacholderbeeren und Nelkenpfefferkörner leicht zerdrücken. Mit Dill, Bouquet garni, Zwiebel und Essig in einen Topf geben. Rasch aufkochen, dann 10 Minuten köcheln lassen. Die Marinade ein wenig abkühlen lassen, dann das Bouquet garni herausnehmen.
4 Öl in die Marinade einrühren und über die Heringe giessen. Zudecken und vor dem Servieren 3–4 Tage im Kühlschrank lassen.

Fischgerichte

Seebarsch mit Sternanis gefüllt

FÜR 4 PERSONEN

1 Seebarsch von 1,5 kg
1 EL frischer Ingwer, gehackt
2 EL chinesischer Reiswein oder Sherry
2 TL chinesisches Fünf-Gewürze-Pulver
4 Sternanis
4 Frühlingszwiebeln, fein gehackt
1 EL Sojasauce
2 EL Orientalisches Sesamöl
Salz

1 Jede Seite des Seebarschs übers Kreuz einschneiden.
2 Ingwer, Reiswein und Fünf-Gewürze-Pulver miteinander vermengen und Fisch mit der Mischung einreiben.
3 Sternanis, Frühlingszwiebeln, Sojasauce und Sesamöl mit etwas Salz vermengen und den Fisch damit füllen. Fisch in ein grosses Stück Ölpapier wickeln.
4 In vorgeheiztem Ofen bei 200° 20–25 Minuten braten.

Salm mit Ingwer und Limonen

FÜR 4 PERSONEN

Halten Sie eine kleine Dose mit gehacktem frischem Ginger, in Sherry eingelegt, in ihrem Kühlschrank. Eignet sich ausgezeichnet für dieses Gericht, aber gehackter frischer Ingwer ist auch sehr gut.

1 EL Sesamöl
1 EL Sojasauce
1 EL fein gehackte frische Ingwerwurzel
2 EL trockener Sherry
4 Salmsteaks
Salz
Schale einer Limone
2–3 Frühlingszwiebeln oder ein paar Schnittlauchhalme, gehackt
1 Limone, in Stücke geschnitten

1 Sesamöl, Sojasauce, Ingwer und Sherry zusammenmischen und Salmsteaks mit dieser Mischung bestreichen. 30 Minuten marinieren lassen.
2 In einem Dampftopf etwas Wasser erhitzen, den Fisch mit Salz einreiben und ihn auf eine Platte legen, die im Korb des Dampftopfs Platz hat. Mit Folie bedecken. Wenn keine Platte in den Korb passt, Fisch in Folie einwickeln.
3 Etwa 12 Minuten dämpfen, bis der Salm sich fest anfühlt. Mit dem Saft servieren, überstreut von Limonenrinde, gehackten Frühlingszwiebeln und Limonenstücken.

Fisch-Couscous

FÜR 6 PERSONEN

Couscous mit Fisch ist an der tunesischen Küste beliebt. Safran, Kreuzkümmel und Koriander sind die üblichen Gewürze. Nach Belieben kann statt Kreuzkümmel und Koriander auch Tabil verwendet werden. (S. 94–95). In Tunesien macht man es meistens mit Meeräschen oder Brachen, aber es eignet sich jeder festfleischige Fisch dafür. Behalten Sie alle Fisch- und Gemüseabfälle auf, um eine gutgewürzte Brühe zu machen.

1,5 kg Fisch, in dicke Scheiben geschnitten
2 grosse Zwiebeln, gehackt
2 Selleriestengel, in Stücke geschnitten
3 Karotten, in Stücke geschnitten
3 weisse Rüben, in Viertel geschnitten
3 Zucchini, in Stücke geschnitten
125 g Kohl, kleingeschnitten
125 g geschälte Erbsen
3 Tomaten, geschält und geviertelt
Salz
Prise Cayenne
1,25 l Wasser
500 g Couscous
3 EL Öl
½ TL Safranfäden
1½ TL Tabil (S. 94–95) oder gemahlener Kreuzkümmel und Koriander
Harissa (S. 94–95) oder Paprika und Cayenne

1 Für den Fischsud legt man die Fischköpfe, Gemüseabfälle, Salz, Cayenne und Wasser in einen Topf. 20 Minuten köcheln, dann abseihen und aufbewahren.
2 Währenddem der Sud kocht, den Couscous vorbereiten. In eine grosse Schüssel geben und mit Wasser befeuchten. Gut umrühren und 10 Minuten stehen lassen. Allfällige Klümpchen zwischen den Fingern zerreiben. 2 EL Öl darüberträufeln. Der Couscous ist jetzt bereit zum Dämpfen.
3 Das verbleibende Öl in einer grossen, schweren Pfanne erhitzen und die Zwiebeln golden braten. Sellerie, Karotten, weisse Rüben und Fischsud – mit Wasser auf 1,8 l verdünnt – hinzufügen. Safran, Tabil und Salz nach Geschmack dazugeben. Zudecken und 15 Minuten köcheln lassen. Die verbleibenden Gemüse beifügen.
4 Couscous in einen Dampfkochtopf geben oder in ein mit Baumwollstoff ausgelegtes Sieb, das auf einen Topf passt, und 10 Minuten köcheln lassen. Flüssigkeitsmenge kontrollieren und Wasser beigeben, wenn nötig, aber stetig köcheln lassen, damit der Dampf den Couscous durchdringt, etwa 10–12 Minuten.
5 Couscous in eine grosse Schüssel stürzen, Klösse mit Holzgabel auflösen. Eine scharfe Sauce erhält man, indem man einen Schöpflöffel voll Brühe mit Harissa oder Paprika und Cayenne vermengt. Fisch und Gemüse kann man über den Couscous verteilen oder separat servieren.

Engelbarsch-Päckchen mit Safran

FÜR 4 PERSONEN

500 g entgräteter Engelbarsch
Salz und Pfeffer
½ TL Safranfäden
50 ml trockener Weisswein
200 ml Wasser
500 g grosse Spinatblätter
Butter

1 Engelbarsch in Würfel schneiden und mit Salz und Pfeffer würzen.
2 Safranfäden zerdrücken und ein paar Minuten in wenig heisses Wasser einlegen. Wein und Wasser in weiter Bratpfanne erhitzen, Safranflüssigkeit beigeben und umrühren.
3 Fisch hineingeben, 5–6 Minuten köcheln lassen. Sorgfältig abseihen, Flüssigkeit zurückbehalten.
4 Genügend grosse Spinatblätter auslesen, um zwei bis drei Päckchen pro Person zu machen. Blätter waschen, Stiele entfernen, Blätter in siedendem Wasser 2–3 Miunten blanchieren.
5 Blätter mit den Adern nach oben auslegen und ein paar Fischstücke auf die Stielseite legen. Feste Päckchen machen, Seitenteile gut einstecken. In eine gebutterte Gratinform legen, Blattspitzen nach unten.
6 Kochflüssigkeit über die Päckchen geben. Mit Folie bedecken und in vorgeheiztem Ofen bei 180° 15 Minuten backen.

Engelbarsch in Kokosnussmilch

FÜR 4 PERSONEN

Ein sehr einfaches Gericht mit Gewürzen aus Südostasien.

1 kg Engelbarsch
2 Schalotten in Scheiben
2 Knoblauchzehen in Scheiben
1 Stück frische Ingwerwurzel, geschält und in Scheiben geschnitten
¼ TL gemahlene Chilis
½ TL gemahlener Kreuzkümmel
1 TL gemahlener Koriander
¼ TL gemahlener Galanga oder zerstossenes Wurzelstück
Salz
1 Halm Lemongras, zerquetscht
25 g geschlagene Kokosnuss, in 150 ml heissem Wasser aufgelöst

1 Fisch entgräten, Fleisch in vier Teile schneiden.
2 Schalotten, Knoblauch und Ingwer mischen. Die Hälfte der Mischung auf den Boden einer ofenfesten Form geben, eben gross genug, um den Fisch in einer einzigen Schicht aufzunehmen.
3 Die gemahlenen Gewürze nach Belieben mit Salz mischen und beide Seiten des Fisches damit einreiben. Fisch in die Form legen, Lemongras zwischen die Stücke geben, übrige Gemüse zuoberst. Kokosnussmilch darübergiessen.
4 Zudecken und in vorgeheiztem Ofen 30–40 Minuten lang braten.

Gegrillte Thunfisch-Steaks

FÜR 4 PERSONEN

Halten Sie ein paar kleine Dosen Bitterorangensaft im Tiefkühler als Vorrat. Als Ersatz verwenden Sie halb Zitronen- und halb Orangensaft. Der Fisch kann auch, in einem Drahtgestell, über offenem Feuer grilliert werden.

1 TL Ajowan
1 TL grüne Pfefferkörner
1 TL frischen gehackten Estragon
Salz
2 grosse oder 4 kleine Thunfisch-Steaks
Saft von 2 Bitterorangen
Olivenöl

1 Ajowan und Pfefferkörner zerdrücken und mit Estragon und ein wenig Salz vermengen.
2 Fisch beidseitig mit der Mischung einreiben, Orangensaft darübergiessen. Mindestens 30 Minuten marinieren.
3 Grill erhitzen, etwas Öl über den Fisch träufeln und bei einmaligem Umdrehen ca. 10 Minuten grillieren. Von Zeit zu Zeit mit der Sauce begiessen.

Curry mit Garnelen und Mango

FÜR 4 PERSONEN

500 g grosse, frische Garnelen, geschält
Salz
4 Zwiebeln
3 Knoblauchzehen, zerdrückt
1 Stück frische Ingwerwurzel, zerdrückt
3 EL Öl
6 grüne Chilis, entkernt und in Scheiben geschnitten
2 EL gemahlener Koriander
½ TL gemahlene Gelbwurz oder Zitwerwurzel
1 TL gemahlener Anis
1 TL gemahlenes Griechisch-Heu
½ TL Mangopulver
½ TL Senfkörner
200 g geschlagene Kokosnuss in 450 ml heissem Wasser
2 reife Mangos, geschält und in Scheiben geschnitten

1 Garnelen mit Salz einreiben, beiseitelegen.
2 2 Zwiebeln in feine Scheiben schneiden, die andern 2 hacken. Den zerdrückten Knoblauch und den Ingwer mit den gehackten Zwiebeln vermengen.
3 Öl erhitzen, Paste 2–3 Minuten braten, dann die Zwiebelschnitten und die Chilis dazugeben und nochmals ein paar Minuten braten. Alle übrigen Gewürze dazugeben, dann die Kokosmilch. 8–10 Minuten ungedeckt köcheln lassen; umrühren, damit die Sauce nicht festsitzt.
4 Garnelen und Mangoscheiben beifügen und zugedeckt 6–7 Min. köcheln lassen, bis die Garnelen gar sind. Nicht zu lange kochen lassen, da die Garnelen sonst fest werden. Mit Reis servieren.

Curry mit Garnelen und Mangos *mit Ingwer, Griechisch-Heu, Anis, Mangopulver, Gelbwurz, Senfkörnern und Koriander.*

Gewürzte Krabben mit grünen Bohnen

FÜR 4 PERSONEN

250 g kleine grüne Bohnen
6 EL trockener Sherry
2 EL Sesamöl
1 EL Sojasauce
½ TL Chilipulver
½ TL gemahlenes Fagara
1 EL Öl
Schale von ½ Zitrone
2 Knoblauchzehen, gehackt
350 g weisses Krabbenfleisch, zerkleinert
4 Frühlingszwiebeln in dünnen Scheiben

1 Die grünen Bohnen in siedendem Wasser al dente kochen.
2 Sherry, Sesamöl, Sojasauce, Chilisauce und Fagara mischen und beiseitestellen.
3 Öl in der Pfanne erhitzen, Zitronenschale und Zwiebeln kurz anbraten. Krabbenfleisch hineingeben, 1–2 Minuten kochen.
4 Die Sauce darübergiessen, schütteln, damit das Krabbenfleisch überall damit bedeckt ist, erhitzen. In die Mitte einer vorgewärmten Schüssel geben, die Frühlingszwiebeln darüberstreuen, mit den Bohnen umgeben.

Jakobsmuscheln und Lauch mit Sternanis

FÜR 4 PERSONEN

8 Jakobsmuscheln
25 g Butter
2 Schalotten, feingehackt
350 g kleine Lauchstengel, feingehackt
½ Glas trockener Weisswein
2 Sternanis
1 EL Zitronensaft
Salz und weisser Pfeffer
2 EL Sahne

1 Den rosa Rogen aus den Muscheln herausnehmen und das weisse Fleisch waagrecht entzweischneiden.
2 Butter in einer schweren Pfanne erhitzen und die Schalotten ein paar Minuten dünsten. Lauch, die Hälfte des Weins und 1 Sternanis hinzugeben. Mit Salz und Pfeffer würzen, zudecken und 15 Min. köcheln lassen. Vom Herd nehmen.
3 Den restlichen Wein und die Sternanis zusammen mit dem Zitronensaft in eine Pfanne geben. Muscheln beifügen, aufkochen und ca. 1 Minute köcheln lassen – bis das Muschelfleisch undurchsichtig ist. Die Muscheln vorsichtig herausheben.
4 Lauch abseihen und allfällige Kochflüssigkeit in die Muschelpfanne giessen. Lauch auf 4 Teller verteilen, Muscheln daraufgeben, warmhalten.
5 Den Saft bis auf 3–4 EL einkochen, dann die Sahne hineinrühren. Abschmecken, über Muscheln und Lauch giessen.

Gebackener Dorsch mit Senf

FÜR 4 PERSONEN

4 Dorsch-Steaks
Salz und weisser Pfeffer
2 EL Dijonsenf
40 g Butter
250 g fein geschnittener Lauch
2 Zapfen Endivien (Chicorée), fein geschnitten
2–3 EL Weisswein oder Wasser

1 Fisch mit Salz und Pfeffer würzen. Auf beiden Seiten mit Senf bestreichen.
2 Butter in einer Pfanne schmelzen und Lauch und Endivien kochen, bis sie weich zu werden beginnen. Abseihen und die Hälfte in eine gebutterte ofenfeste Schüssel legen.
3 Die Dorschsteaks auf das Gemüsebett legen und auf jedes etwas vom verbleibenden Lauch und den Endivien geben. Den Wein darüberträufeln.
4 Zudecken, in vorgeheiztem Ofen bei 200° 20–30 Minuten lang backen.

Orientalischer Meeresfrüchte-Salat

FÜR 6–8 PERSONEN

Die hier erwähnten Meeresfrüchte sind als Vorschlag gedacht: man kann je nach Erhältlichkeit andere Meerestiere und Mengen verwenden.

350 g kleine Kalmare
500 g kleine Kraken
Fischbrühe
500 g rohe mittelgrosse Garnelen
500 g Spinat, zerkleinert
1 Gurke
½ kleine Melone
2 rote Pfefferschoten
2 rote Papayas
1 Handvoll Pinienkerne

Sauce
Saft von 1½ Zitronen
2 EL weicher brauner Zucker
2 TL Chilisauce
5–6 Frühlingszwiebeln, fein gehackt
1 Stück frischer Ingwer, fein gehackt
2 EL Fischsauce (S. 112)
1 kleines Büschel Korianderblätter, gehackt
6 EL Sonnenblumenöl
Salz

1 Kalmare putzen und in Ringe schneiden; die Kraken können ganz gekocht werden. In Fischbrühe pochieren, bis sie zart sind – etwa 12 Minuten bei den Kalmaren und 20 Minuten bei den Kraken. Abseihen und beiseitestellen.
2 Garnelen 2–3 Minuten in grossem Topf mit siedendem Wasser kochen, bis sie aussen rosa und innen weiss sind. Abseihen und in Essigwasser tauchen, damit sie rasch kalt werden. Abseihen, schälen.
3 Spinat in siedendem Wasser blanchieren, abtropfen lassen und alle Flüssigkeit ausdrücken.

4 Gurke und Melone in kleine Würfel schneiden, Pfefferschoten und Papaya in gleich grosse Stücke schneiden. Pinienkerne in trockener Bratpfanne golden rösten.
5 Die übrigen Zutaten zu einer Sauce verrühren.
6 Spinat auf grosse Platte verteilen, Meeresfrüchte, Früchte, Gemüse und Nüsse daraufgeben, Sauce darübergeben.

Krabben mit Avocado und Ingwer

FÜR 4 PERSONEN

250 g weisses, zerkleinertes Krabbenfleisch
2 EL japanischer eingelegter Ingwer
Schale von ½ Zitrone
1 Avocado, geschält, entkernt, halbiert
1 paar Senfkohlblätter
Olivenöl

1 Das Krabbenfleisch mit dem eingelegten Ingwer, der Zitronenschale und fast dem ganzen Zitronensaft 30 Minuten marinieren.
2 Avocado in Scheiben schneiden und mit dem Rest Zitronensaft bepinseln, damit er sich nicht verfärbt.
3 Auf 4 Teller je ein paar Senfkohlblätter verteilen. Avocadoschnitten auf die eine Seite jedes Tellers legen und auf die andere Krabbenfleisch und Ingwer. Alles zusammen mit Olivenöl beträufeln und mit Sansho (S. 61) servieren.

Warmer Miesmuschel–Salat

FÜR 4–6 PERSONEN

1,5 kg Miesmuscheln, geputzt
150 ml trockener Weisswein
500 g kochfeste Kartoffeln
1 Gurke, in Würfel geschnitten
Salz
2 EL Olivenöl
4 Schalotten, gehackt
1 TL gemahlener Anis
5 Stangen Sellerie, in Scheiben geschnitten
6 EL Sahne

1 Miesmuscheln mit dem Weisswein in grosse Bratpfanne legen. Zudecken und kochen, bis sich die Muscheln geöffnet haben – Pfanne von Zeit zu Zeit schütteln. Abseihen, Flüssigkeit behalten, Muschelschalen und alle Muscheln, die sich nicht geöffnet haben, wegwerfen.
2 Kartoffeln weich sieden und abseihen. Dicke Schnitten machen.
3 Gurke mit Salz bestreuen und 30 Minuten ziehen lassen.
4 Öl erhitzen und die Schalotten einige Minuten dünsten. Anis beigeben und 2–3 Minuten rühren. Sellerie, Kartoffeln und Gurke dazugeben.
5 Muschelflüssigkeit durch Stoffsieb abseihen, etwa 150 ml in die Pfanne giessen und 5 Minuten köcheln lassen. Abschmecken.
6 Muscheln und Sahne dazugeben, sorgfältig rühren, vermischen und servieren.

Fleischgerichte

Lamm mit Granatapfelsaft

FÜR 4–6 PERSONEN

3 EL Sonnenblumenöl
3 Kardamomen
3 Gewürznelken
1 TL Griechisch–Heu–Samen
1 kg mageres Lamm, in Würfel geschnitten
1 grosse Zwiebel, in Scheiben geschnitten
2 Knoblauchzehen, fein gehackt
1 kleines Stück frische Ingwerwurzel, geschält und fein gehackt
Saft von 2 Granatäpfeln, ca. 300 ml
½ TL gemahlener schwarzer Kreuzkümmel
½ TL gemahlene Muskatblüte
Salz
5 EL Yoghurt nature
gehackte Minzenblätter

1 Öl in schwerer Pfanne erhitzen und alle Gewürze kurz anbraten.
2 Gewürze herausnehmen, Fleisch hineingeben und auf allen Seiten anbraten. Weiterkochen, bis das Fleisch allen Saft wieder aufgesogen hat.
3 Zwiebel, Knoblauch und Ingwer hinzufügen. Kochen, bis die Zwiebel Farbe annimmt. Nach und nach Granatapfelsaft hineingeben – jeweils warten, bis er vom Fleisch aufgesaugt worden ist. Es sollte kaum Flüssigkeit übrig bleiben ausser dem Öl.
4 Die gemahlenen Gewürze hineinrühren, nach Geschmack salzen, kurz braten, Yoghurt beifügen.
5 Pfanne dicht verschliessen, bei sehr niedriger Hitze 30–40 Minuten kochen lassen, bis das Lamm zart ist. Immer wieder prüfen, ob das Fleisch nicht festsitzt, und wenn nötig etwas Yoghurt oder Wasser beifügen. Garnieren mit gehackten Minzenblättern; mit Reis servieren.

Lamm Kofta

FÜR 4 PERSONEN

Diese würzigen Hackfleisch-Kebabs sind im ganzen Nahen Osten beliebt.

500 g mageres Lamm, zweimal durch den Fleischwolf gedreht
1 mittlere Zwiebel, fein gehackt
1 Handvoll gehackte frische Petersilie
1 TL Nelkenpfeffer
¼ TL gemahlenes Griechisch-Heu
Öl zum Bepinseln
Zitronenstücke
getrockneter gemahlener Sumach oder getrocknete gemahlene Berberitzenbeeren (nach Belieben)

1 Fleisch, Zwiebeln, Petersilie, Nelkenpfeffer, Pfeffer und Salz in grosse Schüssel geben und gründlich vermischen.
2 In vier Teile teilen, Hände netzen und jedes Stück um einen breiten, flachen Spiess herum zu einer Wurst formen.
3 Jede leicht mit Öl bepinseln und 10–15 Minuten grillieren, wenn möglich über Holzkohle, Spiesse von Zeit zu Zeit drehen.
4 Kofta mit Zitronenstücken und einer Schale gemahlenem Sumach zum Bestreuen servieren.

Lamm mit Kichererbsen und Linsen

FÜR 4 PERSONEN

Variante eines türkischen Eintopfgerichts, das sich ausgezeichnet für ein Winteressen eignet.

4 grosse Lammkoteletts
125 g Kichererbsen, über Nacht gewässert
125 g braune Linsen, gewaschen
1,75 l Wasser
50 g Butter
2 grosse Zwiebeln, gehackt
2 EL Tomatenpüree
1 TL türkischer roter Pfeffer
oder ½ TL Paprika und ½ TL Cayenne
1 EL Koriandersamen, gemahlen
Salz und Pfeffer
2 grosse Kartoffeln, dick geschnitten

1 Überschüssiges Fett vom Fleisch schneiden, dieses mit Kichererbsen, Linsen und Wasser in grossen Topf geben. Langsam zum Kochen bringen, abschäumen.
2 Unterdessen Butter in einer Pfanne schmelzen, Zwiebeln glasig braten, Tomatenpüree, Gewürze, Salz und Pfeffer hineinrühren. Vom Feuer nehmen, mit den Kartoffeln zum Fleisch geben.
3 Zudecken, 1½ Stunden bei schwacher Hitze köcheln lassen, bis die Kichererbsen weich und der Eintopf dick und kräftig ist. Gegen Ende der Kochzeit kontrollieren und falls nötig etwas heisses Wasser zugeben.

Lamm Mrouziya

FÜR 6 PERSONEN

Diese marokkanische Tagine half in einem Land, das kaum Kühlschränke und Tiefkühler kannte, Fleisch haltbar zu machen.

ein paar Safranfäden
2 TL Ras el hanout (S. 96–97)
1 TL schwarzer gemahlener Pfeffer
1 TL gemahlener Zimt
Salz
1,5 kg Lammhals mit Bein
250 g Rosinen
175 g blanchierte Mandeln
3 Zwiebeln, fein gehackt
125 g Butter
150 ml Wasser
175 g dickflüssiger Honig

1 Safran zerstossen und mit den anderen Gewürzen und Salz nach Geschmack vermischen. Das Fleisch mit dem Grossteil der Mischung einreiben, den Rest auf die Rosinen streuen.
2 Fleisch in feuerfesten Topf geben zusammen mit Mandeln, Zwiebeln und Butter. Wasser hinzugiessen, aufkochen, dann 1–1½ Stunden köcheln lassen, bis das Fleisch fast gar ist. Wenn nötig von Zeit zu Zeit Wasser nachgiessen, damit das Fleisch nicht anbrennt.
3 Rosinen und Honig hineinrühren und weitere 30 Minuten unbedeckt sachte köcheln, bis die Flüssigkeit verdunstet und eine dicke, geschmackvolle Sauce entstanden ist. Lammfleisch auf eine gewärmte Servierschüssel heben und mit der Sauce bedecken.

Thailändischer Rindfleisch-Curry

FÜR 6 PERSONEN

3 EL Öl
150 g Fleisch zum Sieden oder Schmoren, in Würfeln
4 Zwiebeln, geviertelt
500 g Kartoffeln, in gleich grossen Würfeln wie Fleisch
2 EL rote Currypaste (S. 78–79)
2 EL Fischsauce (S. 112)
1 Kugel Tamarinde, in 3 EL heisses Wasser eingelegt
1 EL Zucker
350 g geschlagene Kokosnuss, in 900 ml heissem Wasser aufgelöst
3 Curryblätter
6 Kardamomen, zerstossen

1 Öl erhitzen, Fleisch allseitig anbraten. Fleisch herausnehmen und Zwiebeln und Kartoffeln ein paar Minuten im Öl braten, dann herausnehmen.
2 Die Currypaste anbraten, dann Fischsauce, Tamarindenwasser, Zucker und Kokosnussmilch dazugeben und aufkochen.
3 Hitze zurücknehmen, Fleisch, Gemüse, Curryblätter und Kardamomen wieder in den Topf geben. Zudecken und ca. 2 Stunden köcheln lassen. Von Zeit zu Zeit kontrollieren, ob das Gericht nicht festsitzt, und wenn nötig Wasser ergänzen.

Szechuan-Nudeln mit Rindfleisch

FÜR 6 PERSONEN

350 g mageres Lendensteak
4 EL Sojasauce
3 EL Reisessig
1 TL fein gehackter Knoblauch
1 TL fein gehackte frische Ingwerwurzel
1 TL Zucker
2–3 Chilis, entkernt und geschnitten
4 Frühlingszwiebeln, fein gehackt
1 kleine Handvoll Korianderblätter, fein gehackt
4 EL Erdnussöl
350 g Eierteigwaren
1 EL geröstete Sesamsamen
6 ganze Frühlingszwiebeln

1 Steak gegen die Faser in dünne Streifen schneiden.
2 Eine Marinade machen aus der Sojasauce, dem Reisessig, Knoblauch, Ingwer, Zucker, Chilis, gehackten Frühlingszwiebeln, Koriander und 2 EL Öl. Fleisch 30 Minuten marinieren.
3 Verbleibendes Öl in einem Wok oder in schwerer Bratpfanne erhitzen. Fleisch aus der Marinade nehmen und 2 Minuten sautieren.
4 Unterdessen Nudeln in einem Topf mit siedendem, gesalzenem Wasser 5–7 Minuten *al dente* kochen. Abgiessen und in grosse, vorgewärmte Servierschüssel geben. Die übriggebliebene Marinade darübergiessen.
5 In der Mitte eine leichte Vertiefung formen und Fleisch hineingeben. Mit Sesamsamen bestreuen und das Gericht mit den ganzen Frühlingszwiebeln garnieren.

Würziges Kalbfleisch Boulangère

FÜR 6 PERSONEN

4 Knoblauchzehen
Salz und Pfeffer
½ TL gemahlene Muskatblüte
¼ TL gemahlene Kardamomen
¾ TL gemahlener Zimt
2,5 kg Kalbskeule
1 kg Kartoffeln in Scheiben
300 ml Wasser

1 2 Knoblauchzehen mit etwas Salz zerdrücken, mit der Hälfte der Gewürze und wenig frisch gemahlenem Pfeffer vermischen.
2 Fleisch da und dort mit der Spitze eines scharfen Messers einstechen und Gewürzmischung hineindrücken. Oberfläche des Fleischs mit Öl und dem Rest der Gewürze einreiben. Die zwei verbliebenen Knoblauchzehen in dünne Scheiben schneiden.
3 Fleisch in eine Backform legen. In vorgeheiztem Ofen bei 230° 10 Minuten anbraten. Backform aus dem Ofen nehmen, Kartoffeln unter und rund ums Fleisch legen, dabei jede Schicht mit Salz, Pfeffer und Knoblauchscheiben würzen. Wasser hinzugeben.
4 Backform mit Folie bedecken, in den Ofen zurückschieben und bei 160° 1½ Stunden kochen. Vor dem Servieren das Fleisch an warmem Ort 10 Minuten ruhen lassen.

Ungarischer Kalbspaprikasch

FÜR 4 PERSONEN

25 g Schweinefett oder Butter
1 grosse Zwiebel, gehackt
1 kg mageres Kalbfleisch, in Würfeln
1–1½ Paprika
Salz
1 grüner Chili, geschnitten
300 ml saure Sahne
1 EL Mehl

1 Schweinefett in schwerer Pfanne schmelzen und Zwiebel glasig braten. Hitze auf Minimum reduzieren und Kalbfleisch, Tomaten, Paprika und Salz hineingeben.
2 Zudecken und leise köcheln lassen, gelegentlich umrühren und nach Bedarf etwas Wasser ergänzen.
3 Nach etwa 20 Minuten die grüne Chili dazutun. Nochmals 20 Miunten kochen, bis das Fleisch fast gar ist. Kochen, bis die verbleibende Flüssigkeit verdunstet ist.
4 Saure Sahne und Mehl vermischen und einrühren. Wieder zudecken und sehr langsam köcheln, bis das Fleisch zart ist. Mit kleinen Eierklösschen oder Nudeln servieren.

Schweinefleisch mit Fenchel

FÜR 6 PERSONEN

¾ TL Fenchelsamen, gemahlen
½ TL schwarze Pfefferkörner, zerstossen
Salz
1 kg Schweinelende ohne Haut und Knochen, gerollt
1 Zwiebel, geschnitten
1 Karotte, geschnitten
150 ml Wasser
1 TL Maisstärke
150 ml saure Sahne

1 Fenchel, Pfeffer und Salz miteinander vermengen und damit das Fleisch überaläZwiebel und Karotte in eine kleine Backform legen, darauf das Fleisch. Dann Wasser rund ums Fleisch hineingiessen.
3 In vorgeheiztem Ofen bei 200° etwa 1 Stunde lang dünsten, alle 10 Minuten mit dem Fett begiessen und wenn nötig mehr Wasser zugeben.
4 Wenn das Fleisch gar ist, herausnehmen und vor dem Aufschneiden an warmem Ort zugedeckt 10 Minuten ruhen lassen.
5 Für die Sauce Gemüse und Bratensatz lösen. Maisstärke in die saure Sahne einrühren und in den Bratenfond schlagen. Erwärmen, abschmecken und in Saucière abseihen.

Schweinsfilet Satay

FÜR 6–8 PERSONEN

Ein bei den Chinesen in Südostasien beliebtes Gericht.

1 Zwiebel, fein gehackt
2 Knoblauchzehen, zerdrückt
1 EL chinesisches Fünf-Gewürze-Pulver
1 kleines Stück frische Ingwerwurzel zerdrückt
4 EL leichte Sojasauce
1 EL Honig
75–90 ml Sonnenblumenöl
1 kg Schweinsfilet, in Würfel geschnitten
2 Stengel Lemongras, fein geschnitten

1 Alle Zutaten ausser Fleisch und Lemongras zu einer glatten Marinade rühren.
2 Schweinefleischwürfel und Lemongras in eine Schüssel geben und ganz mit der Marinade vermischen. Mindestens zwei Stunden ziehen lassen.
3 Fleisch auf Spiesse stecken und 15–20 Minuten grillieren, bis es gar ist. Mit Erdnusssauce (S. 142) oder indonesischem Sojagewürz (S. 142) servieren.

Hühnchen Satay

FÜR 6–8 PERSONEN

Dieses beliebte Gericht wird mit Erdnusssauce (S. 142) serviert.

1 kg Hühnerbrust
1 kleines Stück frische Ingwerwurzel, zerdrückt
3 Knoblauchzehen, zerdrückt
1 EL gemahlener Koriander
½ TL gemahlener Galanga
1 EL Öl
50 g geschlagene Kokosnuss, in 150 ml heissem Wasser aufgelöst.

1 Huhn häuten, Fleisch in Streifchen schneiden.
2 Die übrigen Zutaten im Mixer zu glatter Marinade vermischen. Hühnerfleisch überall damit bedecken. Mindestens zwei Stunden ziehen lassen.
3 Die Fleischstücke auf dünne Holzspiesschen stecken und 5–6 Minuten unter Wenden grillieren.

Afelia

FÜR 4 PERSONEN

750 g Schweinsfilet
50 g Olivenöl
Salz und Pfeffer
150 ml Rotwein
1 EL Koriandersamen, zerdrückt

1 Alles Fett vom Schweinefleisch schneiden und Fleisch in Würfel schneiden. In schwerer Pfanne Öl erhitzen und Fleisch auf allen Seiten anbraten. Mit Salz und Pfeffer würzen.
2 Wein darübergiessen, aufkochen, dann zudecken und 20 Minuten leise köcheln lassen.
3 Koriander beigeben, zudecken, nochmals 20–25 Minuten köcheln, bis das Fleisch zart und die Flüssigkeit grösstenteils aufgesaugt ist. Von Zeit zu Zeit kontrollieren und wenn nötig Wein nachgiessen.

Kaltes gewürztes Huhn

FÜR 6 PERSONEN

3 EL Yoghurt nature
½ TL Garam Masala
½ TL gemahlener Gelbwurz
Salz
6 Hühnerbrüste
600 ml Hühnerbrühe
4 Kardamomen
1 Curryblatt oder Lorbeerblatt

Sauce
25 g Butter
1 EL Kichererbsenmehl
½ EL gewöhnliches Mehl
½ TL gemahlener Gelbwurz
ca. 450 ml Hühnerbrühe
½ TL gemahlene Muskatblüte
¼ TL gemahlene Kardamomen
4 EL Sahne oder dicker Yoghurt

1 Yoghurt, Garam Masala, Gelbwurz und Salz vermengen. Die Hühnerbrüste mit der Masse bestreichen, 1 Stunde marinieren.
2 Brühe mit Kardamomen und Curryblatt erhitzen. Hühnerbrüste hineingeben und 20–25 Minuten köcheln lassen, bis sie gar sind.
3 Hühnerfleisch herausheben und in Servierschüssel legen. Brühe abseihen und beiseitestellen. Abkühlen lassen, während man die Sauce macht.
4 Butter in einer Pfanne schmelzen und die beiden Mehlsorten hineinrühren, bis alles glatt ist. Garam Masala, Gelbwurz und etwas Salz dazu, dann die Hühnerbrühe hineinschlagen. Aufkochen und 15 Minuten unter gelegentlichem Umrühren köcheln lassen. Muskatblüte, Kardamomen und Sahne oder Yoghurt einrühren. Über das Hühnerfleisch geben und vor dem Servieren im Kühlschrank kaltwerden lassen.

***Kaltes gewürztes Huhn** mit Gelbwurz, Muskatblüte, Kardamomen, Curryblättern und Garam Masala.*

Huhn mit Nudeln

FÜR 4 PERSONEN

Ein einfaches japanisches Gericht. Dashi-Körner oder -Pulver, zu dem man bloss Wasser hinzuzufügen braucht, kann man in japanischen Läden kaufen. Ein guter Ersatz ist auch Hühnerbrühe. Mirin – ein sehr süsser Reiswein, den man nur zum Kochen braucht – lässt sich notfalls auch durch süssen Sherry und einen Löffel Zucker ersetzen.

350 g Udon oder andere Weizennudeln
350 g Hühnerfleisch, gehäutet und ausgebeint
6 Frühlingszwiebeln
750 ml Dashi
4 EL Sojasauce
2 EL Mirin
Shichimi (S. 70–71) zum Servieren

1 Nudeln weich kochen, unter laufendem kaltem Wasser abspülen.
2 Huhn in kleine Stücke schneiden. Frühlingszwiebeln samt grünem Stengel in 2,5 cm lange Stücke schneiden.
3 Dashi, Sojasauce und Mirin zusammen aufkochen. Hühnerfleisch hineingeben und 5–6 Minuten köcheln, bis es gar ist. Frühlingszwiebeln hineingeben und 1 Minute weiterköcheln.
4 Nudeln mit etwas heissem Wasser wieder aufwärmen. In vier grosse, gewärmte Schalen anrichten und Hühnerfleisch mit Zwiebeln daraufgeben. Mit Shichimi servieren.

Gedünstetes Huhn mit Koriander

FÜR 4 PERSONEN

1 grosse Zwiebel, grob gehackt
4 Knoblauchzehen
6 Candlenüsse
1 EL gemahlener Koriander
2 TL Tamarindenkonzentrat
½ TL gemahlene Gelbwurz
¼ TL gemahlener Galanga
3–4 scharfe Chilis, eventuell entkernt
1 Stück Lemongras oder ¼ TL gemahlen
Salz
200 g geschlagene Kokosnussmilch, in 450 ml heissem Wasser aufgelöst
2 Kafferlimonettenblätter oder 1 Lorbeerblatt
1 mittelgrosses Huhn, in Stücke geschnitten

1 Zwiebel, Knoblauch, Candlenüsse, Koriander, Tamarinde, Gelbwurz, Galanga, Chilis und Lemongras zusammen zerstossen oder im Mixer mischen, mit Salz nach Geschmack.
2 Paste in die Kokosmilch einrühren, Limonettenblätter und Hühnerfleisch beigeben. 1 Stunde marinieren.
3 Hühnermischung in eine Pfanne legen und etwa 45 Minuten langsam dünsten, bis die Sauce grösstenteils aufgesaugt ist und das Öl auf der Oberfläche zu glänzen beginnt.
4 Das Huhn kann so serviert werden, oder man nimmt es aus der Pfanne und grilliert es, indem man es hin und wieder mit Öl bepinselt, bis es hellbraun ist.

VARIANTEN

♦ In Indonesien werden die Hühnerstücke vor dem Servieren noch in Öl gebacken.
♦ Statt Kokosnussmilch kann man Yoghurt verwenden, den man mit 1 EL Maisstärke und etwas Milch gebunden hat.

Huhn- und Erdnuss-Eintopf

FÜR 4–6 PERSONEN

Eintöpfe und Suppen mit Erdnüssen sind in ganz Westafrika populär. Hier eine einfache Art mit Erdnussbutter, aber man kann auch statt dessen Erdnüsse mahlen. Das Gemüse wechselt je nach Erhältlichkeit, aber für den authentischen Geschmack braucht man Okra, Aubergine und Kohl. Süsskartoffeln passen ebensogut dazu wie gewöhnliche.

4 EL Erdnussöl
1 Huhn, in Stücke geschnitten
1 grosse Zwiebel, gehackt
2 Tomaten, geschält und gehackt
1 EL Tomatenpüree
600 ml siedendes Wasser
175 g Erdnussbutter
Salz
1 TL Paradieskörner oder schwarze Pfefferkörner, zerstossen
2 Karotten in Scheiben
1 kleine Aubergine, in kleinen Würfeln
2 Kartoffeln, geschält, in Würfel geschnitten
½ kleinen Kohl, in Scheiben geschnitten
175 g Okra

1 Öl in grossem Topf erhitzen, Hühnerfleisch anbraten. Herausnehmen und beiseitestellen. Zwienn Tomaten und Tomatenpüree einrühren. Hühnerfleisch in den Topf zurückgeben.
2 Etwas Wasser hineingiessen; den Rest zum Verdünnen der Erdnussbutter brauchen. Diese in die Pfanne giessen und mit Salz und Paradieskörnern würzen. Gut verrühren, zudecken, Hitze zurücknehmen und 20 Minuten sachte köcheln lassen; gelegentlich kontrollieren, ob die Sauce anbrennt. Sie soll recht dick sein, aber notfalls gibt man noch etwas Wasser bei.
3 Karotten und Auberginen beigeben, weitere 10 Minuten kochen lassen. Kartoffeln und Kohl dazu, und wiederum 15 Minuten kochen lassen, bis Huhn und Gemüse weich sind. Okra dazugeben, 5 Minuten köcheln lassen, servieren.

Wild mit Sauerkirschensauce

FÜR 4 PERSONEN

6 EL Olivenöl
2 EL Zitronensaft
1 EL Wacholderbeeren, zerdrückt
1 TL Salz
1 Lorbeerblatt, zerdrückt
2 kg Wildrücken
Speckschwarte zum Bedecken
1 Zwiebel, geschnitten
125 ml Rotwein
250 g schwarze Sauerweichseln, entsteint
2–3 EL Johannisbeergelee
¼ TL gemahlener Nelkenpfeffer
1 Prise gemahlener Zimt
Brühe oder Wasser, falls nötig

1 3 EL Öl mit dem Zitronensaft, Wacholder, Salz und Lorbeerblatt mischen und das Wildbret damit einreiben. 2–3 Stunden marinieren.
2 Speckschwarte über das Fleisch breiten. Geschnittene Zwiebel in Backform legen und Fleisch darauf. Verbleibendes Öl und Wein hinzugiessen.
3 In vorgeheiztem Ofen bei 180° etwa 1¼ Stunde braten, häufig begiessen. Kontrollieren, ob das Fleisch gar ist – es sollte im Innern noch ganz wenig roh und rosa sein. Vom Feuer nehmen und an warmem Ort zugedeckt stehen lassen, währenddem die Sauce gemacht wird.
4 Allen Bratensatz vom Boden der Backform lösen, über mittlerer Hitze gut verrühren und überschüssiges Fett entfernen. Saft in eine Pfanne abseihen; es sollten wenigstens 150 ml sein. Wenn nötig noch etwas Brühe oder Wasser dazugeben.
5 Kirschen, Gelee und Gewürze hineingeben, erwärmen.

Wildnuss mit grünen Pfefferkörnern

FÜR 4 PERSONEN

50 g Butter
8 Schnitten Wild (aus der Nuss)
4 Schalotten, fein gehackt
2 EL Cognac oder Armagnac
1 EL französischer Senf
250 ml Brühe
1 EL grüne Pfefferkörner
150 ml Sahne
Salz

1 Butter in Bratpfanne schmelzen und Wildbret 3–4 Minuten beidseitig anbraten, bis es leicht gebräunt ist. Auf Servierschüssel legen und warm halten.
2 Schalotten in die Pfanne geben, 3–4 Minuten braten. Cognac in kleiner Pfanne oder Schöpflöffel erwärmen, anzünden und über die Schalotten giessen.
3 Senf hineinrühren, Brühe dazugiessen, aufkochen. Lebhaft kochen lassen, bis nur noch die Hälfte vorhanden ist. Pfefferkörner, Sahne und Salz hinzufügen. Heiss werden lassen, über das Wild geben und servieren.

Fasan Chilindrón

FÜR 4 PERSONEN

Dieses Gericht aus der Provinz Aragon in Spanien kann auch mit Huhn oder Schweinefleisch oder Lammkoteletts gemacht werden. Der Name *chilindrón* bezieht sich auf die roten Chilis, die hier verwendet werden. Wenn möglich spanischen Serrano-Schinken verwenden.

2 kleine, halbierte Fasane
Salz
4 EL Olivenöl
1 Knoblauchzehe, gehackt
75 g Räucherschinken, in Würfeln
ein paar Safranfäden, kurz geröstet
2 EL Paprika
2 rote Chilis, in Streifen geschnitten
2 grosse Tomaten, gehäutet und gehackt
1 rote Chili (nach Belieben)

1 Die Fasane salzen. Öl in einer Pfanne erhitzen und Fasane braten, bis sie braun sind. Herausheben und Knoblauch mit Zwiebeln glasig braten.
2 Schinken, Paprika, rote Chilis und Tomaten dazugeben. Bedeckt 10 Minuten kochen, dann die Fasane wieder in die Pfanne legen. Nochmals salzen, falls nötig, und gegebenenfalls Chili dazulegen. Zudecken und 40 Minuten köcheln lassen.
3 Deckel abheben, noch 20 Minuten kochen, bis der Fasan gar und die Sauce recht dick ist.

Kaninchen mit Senfsauce

FÜR 6 PERSONEN

75 g Butter
1 EL Öl
2 Kaninchen, in Stücke geschnitten
1 Zweig frischer oder 1 TL getrockneter Thymian
1 Lorbeerblatt
Salz und Pfeffer
4 Schalotten, fein gehackt
150 ml weisser Burgunder
2 EL Dijon-Senf
Saft von ½ Zitrone
120 ml Sahne
gehackte frische Petersilie zum Garnieren

1 25 g Butter zusammen mit dem Öl in feuerfestem Topf erhitzen und Kaninchen gut anbraten. Mit Thymian, Lorbeerblatt, Salz und Pfeffer würzen. Gut zudecken.
2 In vorgeheiztem Ofen bei 160° 50 Minuten braten.
3 Verbleibende Butter in einer Pfanne erwärmen und Schalotten braun braten. Wein zugeben und auf die Hälfte einkochen. Senf, Zitronensaft und Sahne hineinrühren, erwärmen.
4 Kaninchenstücke auf gewärmte Servierschüssel geben, Sauce darübergiessen und mit Petersilie bestreuen.

Kaninchen mit saurer Sahne und Kümmel

FÜR 4 PERSONEN

1 Kaninchen, zerlegt
65 g Butter
2 Zwiebeln, gehackt
2 Karotten, in Würfeln
1 Pastinak, in Würfeln
2 EL Mehl
150 ml Brühe oder Wasser
300 ml saure Sahne
½ TL gemahlener Kümmel
Salz und Pfeffer

Marinade
1 Zwiebel, gehackt
1 Karotte, gehackt
1 Stange Sellerie, gehackt
3 Knoblauchzehen, zerdrückt
2 Lorbeerblätter
1 Zweig Thymian
1 TL Nelkenpfefferbeeren, zerdrückt
1 TL schwarze Pfefferkörner, zerdrückt
150 ml Obstessig
300 ml Wasser

1 Für die Marinade Zwiebel, Karotte, Sellerie, Knoblauch, Lorbeerblätter, Thymian, Nelkenpfeffer, Pfefferkörner, Weinessig in eine Pfanne geben, aufkochen und abkühlen lassen.
2 Marinade über das Kaninchen giessen. Bis zu 24 Stunden marinieren.
3 40 g Butter in schwerem, feuerfestem Topf schmelzen und Zwiebeln, Karotten und Pastinak 5 Minuten anbraten. Kaninchenfleisch aus der Marinade nehmen, beigeben und sanft bräunen.
4 Übrige Butter in der Pfanne schmelzen und Mehl einrühren, bis die Mischung glatt ist. Nach und nach Brühe hineingiessen und stetig rühren, bis alles gleichmässig vermischt ist, dann aufkochen. Saure Sahne, Kümmel, Salz und Pfeffer dazurühren.
5 Sauce über das Kaninchen giessen, gut verrühren, um den Bratenfonds aufzunehmen. Zudecken, 40–50 Minuten schmoren. Mit Nudeln oder Kartoffeln servieren.

Kaninchen mit Fenchel und Knoblauch

FÜR 4 PERSONEN

1 Kaninchen, in Stücke geschnitten
300 ml Weisswein
3 EL Olivenöl
2 TL Fenchelsamen
Salz
1 kleine Zwiebel, feingehackt
Salz und Pfeffer
175 g junge grüne Bohnen, in Stücke geschnitten
175 g Puffbohnen
1 Knolle Knoblauch
150 ml mit Wasser verdünnte Sahne

1 Das Kaninchen 2–3 Stunden lang im Wein marinieren mit 2 EL Öl, Fenchelsamen und etwas Salz. Das Fleisch abseihen und trockentupfen, Marinade aufbewahren.
2 Öl in feuerfester Kasserolle erhitzen, Kaninchen anbraten. Zwiebel dazugeben und glasig braten.
3 Marinade hineinrühren, aufkochen und mit Salz und Pfeffer würzen. 20 Minuten sanft köcheln lassen.
4 Die grünen Bohnen und die Puffbohnen kurz sieden. Abseihen, zum Kaninchen geben und nochmals 20 Minunten kochen.
5 Knoblauch in Zehen zerteilen, in siedendem Wasser 3–4 Minuten blanchieren. Abseihen, abkühlen lassen und schälen. Knoblauch im Sahnewasser 15 Minuten köcheln lassen, dann zu einem Püree zerdrücken.

Gebackene Leber

FÜR 4 PERSONEN

Ein schmackhaftes und delikates Gericht, das man auch mit Lammleber kochen kann.

500 g Kalbsleber
1 TL Trassi (S. 155)
25 g Kokosnusscreme, in 4 EL heissem Wasser aufgelöst
2 TL gemahlener Koriander
1 EL Zitronensaft
ein paar Kaffernlimonettenblätter, zerdrückt, oder
¼ TL gemahlenes Lemongras

1 Leber in dünne Schnitten oder Würfel schneiden.
2 Trassi in Folie wickeln und in trockener Pfanne oder mittelheissem Ofen (180°) erhitzen, dann zerkrümeln.
3 Kokosnussmilch, Koriander, Zitronensaft, Trassi und Limonettenblätter zu dicker Marinade zusammenrühren. Leber in feuerfester Platte in der Marinade wenden. Mindestens 1 Stunde marinieren.
4 In vorgeheiztem Ofen bei 180° braten: feine Leberstreifen 20 Minuten lang, grössere Stücke 25–30 Minuten, bis sie in der Mitte blassrosa sind.

Gemüse- und Getreidegerichte

Gebackene Nudeln mit Zuckerschoten und Garnelen

FÜR 6 PERSONEN

500 g chinesische flache Nudeln
Salz
2–3 Knoblauchzehen
2 Stengel Lemongras
2 EL Erdnussöl
1 kleines Stück frische Ingwerwurzel, geschält und fein gehackt
350 g Zuckerschoten, geputzt
175 g frische Shiitake-Pilze, in Scheiben, oder 6 getrocknete, 20 Minuten gewässert und in Scheiben geschnitten
Sojasauce
3 Frühlingszwiebeln, gehackt
250 g geschälte Garnelen

1 Nudeln in siedendem Wasser *al dente* kochen.
2 Knoblauch und Lemongrasknollen zusammen zerstossen. Öl in einem Wok stark erhitzen. Ingwer, Knoblauch und Lemongras hineingeben, 1 Minute unter Umrühren anbraten.
3 Zuckerschoten und Pilze hineingeben, leicht würzen mit Salz und Sojasauce. Weitere 2–3 Minuten unter Umrühren braten, dann Frühlingszwiebeln und Garnelen beifügen.
4 Die abgeseihten Nudeln in den Wok geben. Unter Schütteln rühren, bis die Nudeln braunzuwerden beginnen und alle Zutaten gut vermischt sind. In vorgewärmte Schüssel stürzen und servieren.

Gefüllte Zwiebeln

FÜR 6 PERSONEN

6 Zwiebeln, ungeschält
3 EL Olivenöl

Füllung
150 g Langkornreis, gekocht
125 g blanchierte Mandeln, grob gehackt
1 TL Nelkenpfeffer
½ TL gemahlene Muskatblüte
4 EL gehackte frische Petersilie
Salz und Pfeffer

Kochflüssigkeit
450 ml siedendes Wasser
2 Knoblauchzehen, zerdrückt
Saft von 1 Zitrone

1 Die ganzen Zwiebeln in siedendem Wasser 45 Minuten blanchieren, sorgfältig herausnehmen und abkühlen lassen. Äussere Haut entfernen, Wurzel und ein grosses Stück des Stengelendes abschneiden (Deckel) und abtropfen lassen.
2 Mit kleinem, scharfem Messer das Herz der Zwiebel lösen und es mit einem kleinen Löffel herausheben. Die umgebenden Blätter lassen sich dann ganz leicht entfernen. Sorgfältig arbeiten, da die Zwiebeln in sich zusammenfallen können; sie lassen sich allerdings um die Füllung herum wieder aufrichten.
3 Das herausgenommene Zwiebelinnere hacken und mit den anderen Füllzutaten in die Zwiebeln füllen. Öl in eine Backform geben, die Zwiebeln satt hineinpassen, und «Zwiebeldeckel» darauflegen.
4 Knoblauch und Zitronensaft ins siedende Wasser geben. Die Flüssigkeit um die Zwiebeln giessen. Für 20 Minuten in den auf 100° vorgeheizten Ofen geben, von Zeit zu Zeit begiessen. Sorgsam herausheben, da sie sehr leicht zerfallen.

Gefüllte grüne Paprikaschoten (Peperoni)

FÜR 6 PERSONEN

6 grosse grüne Paprikaschoten (Peperoni)
2 EL Olivenöl
1 Zwiebel, gehackt
250 g gehacktes Schweine- oder Rindfleisch
1 Tomate, gehäutet und gehackt
Salz und Pfeffer
¼ TL geschabte Muskatnuss
¼ TL Schwarzkümmelsamen
50 g Langkornreis
50 g gelbe halbe Erbsen
3 EL gehackte frische Petersilie
ein paar Minzenblätter, gehackt
2 kleine Stücke Kassie oder Zimt
300 ml Tomatenmark
150 ml Wasser
2 EL Zitronensaft
2 TL Zucker

1 «Deckel» vom Stengelende der Peperoni schneiden, Samen und weisse Zwischenwände entfernen. Peperoni 3 Minuten in siedendem Wasser blanchieren. Umgekehrt abtropfen lassen.
2 Öl erhitzen, Zwiebel 3–4 Minuten sautieren. Fleisch, Tomaten, Salz, Pfeffer, Muskatnuss und Schwarzkümmelsamen hineingeben und 5 Minuten kochen. Reis und ebensoviel Wasser, Erbsen und Kräuter dazugeben und 10 Minuten köcheln lassen.
3 Paprikaschoten mit dieser Mischung füllen. Senkrecht in einen Topf stellen, in dem sie knapp Platz haben, Deckel daraufgeben und Kassien- oder Zimtstücke dazwischenlegen.
4 Das Tomatenmark mit dem Wasser verdünnen, Zitronensaft und Zucker hineingeben, über die Paprikaschoten giessen. Zudecken und in vorgeheiztem Ofen bei 180° 45 Minuten backen. Heiss servieren.

Gewürzte Linsen aus dem Mittelmeerraum

FÜR 4 PERSONEN

250 g Linsen, gewaschen
450 ml Wasser
¼ TL Senfsamen
½ TL zerdrückte schwarze Pfefferkörner
½ TL gemahlener Koriander
1 Lorbeerblatt
1 TL Salz
1 Knoblauchzehe, zerdrückt
4 EL Olivenöl
1 kleine Zwiebel, in Scheiben

1 Linsen mit dem Wasser in einen Topf geben. Aufkochen und halb zugedeckt 20 Minuten köcheln lassen.
2 Gewürze, Lorbeerblatt, Salz und Knoblauch hineingeben und weiterkochen, bis die Linsen so weich sind, dass sie fast ein Püree bilden. Es sollte kaum Wasser übrig sein. Mit dem Kochlöffel, falls gewünscht, zu einem glatteren Püree schlagen.
3 Öl in einer Pfanne erwärmen und die Zwiebel golden braten. Über die Linsen geben, servieren.

Dal

FÜR 4–6 PERSONEN

Moong dal, die gelben, halben Mungbohnen, werden in der indischen Küche häufig verwendet. Sie sind leicht verdaulich und nehmen anderen Geschmack gut an. Das *Tadka* ist eine herkömmliche und wirksame Art, Speisen zu würzen.

300 g halbe Mungbohnen, gewaschen
1 Zwiebel, gehackt
3 Gewürznelken
1 kleines Stück Zimtstange
3 Kardamomen, zerdrückt
1 TL gemahlener Gelbwurz
1 TL gemahlener Kreuzkümmel
1 l Wasser
Salz

Tadka (Gewürzbutter)
4 EL zerlassene Butter oder Öl
3 Knoblauchzehen, in feinen Schnitten
½ TL Cayenne (nach Belieben)
2 EL gehackter frischer Koriander zum Garnieren

1 Bohnen mit Zwiebeln, Nelken, Zimt, Kardamomen, Gelbwurz, Kreuzkümmel und Wasser in einen Topf geben. Aufkochen, sieden, zudecken und 20 Minuten köcheln lassen.
2 Nach Geschmack salzen und etwa 35 Minuten weiterkochen, bis die Bohnen weich sind. Bei Bedarf heisses Wasser nachgiessen. Praktisch die ganze Flüssigkeit sollte absorbiert sein. Alle Gewürze herausnehmen, Bohnen in gewärmte Schüssel füllen.
3 Für das Tadka die Butter bei hoher Hitze erwärmen. Zwiebeln und Knoblauch heineinrühren und braten, bis der Knoblauch Farbe anzunehmen beginnt. Sofort über die Bohnen giessen. Mit Koriander garnieren und servieren.

Pilaf mit Erbsen

FÜR 6 PERSONEN

5 Safranfäden
1 EL Rosenwasser
150 ml Sahne
½ EL gemahlener Zimt
¼ TL schwarzer Pfeffer
¼ TL gemahlene Gewürznelken
Salz
4 EL Öl oder zerlassene Butter
½ TL gemahlener Kreuzkümmel
2 Curryblätter
1 kleines Stück frische Ingwerwurzel, geschält und fein gehackt
350 g enthülste Erbsen
350 g Basmati-Reis
600 ml Wasser

1 Safran zerdrücken, mit Rosenwasser vermischen. Rosenwasser zusammen mit Zimt, Pfeffer, Nelken und etwas Salz in die Sahne rühren.
2 Öl in einem Topf erhitzen, Kreuzkümmel, Curryblätter und Ingwer hineinrühren.
3 Die Erbsen und den Reis dazugeben, unter Umrühren kochen, bis der Reis Farbe annimmt. Das Wasser dazugeben, aufkochen, dann unbedeckt köcheln lassen, bis praktisch das ganze Wasser aufgesaugt ist.
4 Die gewürzte Sahne darübergiessen. Mit einem Stück Folie und dem Deckel bedecken, auf der niedrigstmöglichen Hitze 20 Minuten belassen.

Malabar-Reis

FÜR 6–8 PERSONEN

Pilafs mit ganzen Gewürzen findet man in vielen Gegenden Indiens. Der folgende kommt aus Malabar, der Heimat der Kardamomen und des Pfeffers und ist eine ideale Beilage zu gedünstetem Huhn oder Lamm. Ausser den Kreuzkümmelsamen werden die Gewürze nics schadet nichts, wenn man zufällig das eine oder andere davon zerkaut.

500 g Langkornreis
500 ml Wasser
2 EL Pflanzenöl oder Ghee (zerlassene Butter)
1 grosse Zwiebel, gehackt
8 grüne Kardamomen
12 cm Zimtstange
8 Gewürznelken
1 TL Kreuzkümmelsamen
12 schwarze Pfefferkörner
2 TL Salz

1 Den Reis waschen und 30 Minuten in Wasser einlegen.
2 Öl in einer schweren Pfanne erhitzen und die Zwiebel golden braten. Die Kardamomen leicht zerdrücken, die Zimtstange in 3 Stücke brechen, zur Zwiebel geben, zusammen mit den Nelken, dem Kreuzkümmel und den Pfefferkörnern. Etwa 30 Sekunden sachte braten, bis die Gewürze leicht aufgedunsen und braun sind.

3 Reis abgiessen, Wasser behalten, Reis in den Topf schütten. Etwa 3 Minuten braten, bis der Reis glasig wird, dann das Wasser samt Salz hineingeben. Häufig umrühren, aufkochen.
4 Hitze so niedrig wie möglich stellen. Zugedeckt 20 Minuten köcheln lassen, bis alles Wasser absorbiert ist. Die Oberfläche des Reises ist dann voll winziger Löcher.
5 Hitze abstellen, Deckel auf den Topf geben, Reis nochmals 10 Minuten quellen lassen (er bleibt etwa 20 Minuten heiss, wenn er zugedeckt ist).
6 Wenn der Reis servierbereit ist, ihn mit einer Holzgabel (ein Löffel könnte die Körner zerdrücken) auf eine vorgewärmte Platte geben; den Reis dabei lockern.

Gedämpfte Aubergine mit Sesamsauce

FÜR 4–6 PERSONEN

Dieses Gericht schmeckt am besten, wenn die Sauce einen Tag davor gemacht wird, damit die Aromen Zeit haben, sich miteinander zu mischen. Man versuche wenigstens, sie mehrere Stunden im voraus zuzubereiten, und bewahre sie zugedeckt bei Zimmertemperatur auf. Die Auberginen können heiss serviert werden, aber mir schmecken sie besser lauwarm.

1 Handvoll Korianderblätter
3 Knoblauchzehen, mit Salz zerdrückt
2 EL chinesische Sesampaste
2 EL Sesamöl
3 EL leichte Sojasauce
2 EL Reisessig
2 EL trockener Sherry
1 TL Chilisauce
¼ TL gemahlener Fagara
Salz
4 lange Auberginen

1 Für die Sauce den Koriander grob in einem Mixer zerkleinern. Die übrigen Zutaten, ausgenommen die Auberginen, zum Koriander geben. Mixen, bis eine dicke, glatte Sauce entsteht. Wird die Sauce beim Stehen zu dick, verdünnt man sie mit etwas Wasser.
2 Abwechselnd Streifen von den Auberginen schälen, sie mit Salz bestreuen und 45 Minuten ziehen lassen.
3 Abspülen, dann Auberginen etwa 35 Minuten dämpfen, bis sie weich sind. Sauce unmittelbar vor dem Servieren darübergiessen.

Ungarische Paprikakartoffeln

FÜR 6 PERSONEN

Diese Kartoffeln passen gut zu Koteletts und Würsten.

25 g Butter
3 Schalotten, in Scheiben
1½ TL Paprika
2 grosse Tomaten, gehäutet und gehackt
Salz
1 kg grosse Kartoffeln, in dicken Schnitten
300 ml Brühe
150 ml saure Sahne

1 Butter in feuerfester Kasserolle schmelzen und Schalotten dünsten, bis sie weich sind. Paprika hineinrühren und ein paar Minuten kochen.
2 Tomaten, Kartoffeln und Salz dazugeben. Mit Brühe und saurer Sahne bedecken.
3 Zudecken und in vorgewärmtem Ofen bei 200° etwa eine Stunde lang kochen, bis die Flüssigkeit fast ganz aufgesaugt ist.

Spinat- und Walnusspastete mit Tahinsauce

FÜR 4 PERSONEN

1,5 kg Spinat, gewaschen
40 g Butter
3 Zwiebeln, in Scheiben
75 g Walnüsse, fein gehackt
½ TL gemahlener Nelkenpfeffer
½ TL gemahlener Zimt
Salz und Pfeffer
250 g Blätterteig
1 Eigelb

Sauce
6 EL Tahin (S. 56)
2 EL Sonnenblumenöl
6–8 EL dicker Yoghurt nature
Zitronensaft nach Geschmack

1 Spinat mit ganz wenig Wasser 4–5 Minuten kochen. Alle Flüssigkeit ausdrücken und hacken.
2 Butter in einer Pfanne schmelzen und Zwiebeln weich dünsten. Zwiebeln, Spinat, Nüsse, Gewürze, Salz und Pfeffer vermengen.
3 Teig zu einem Quadrat von 25–30 cm Seitenlänge auswallen. Füllung in die Mitte geben, Ecken hochschlagen, so dass sie sich in der Mitte treffen. Kanten aufeinanderdrücken.
4 Auf Backblech legen, mit Eigelb, das mit 1 EL Wasser verdünnt wurde, bepinseln. n bei 220° 30 Minuten backen.
5 Unterdessen Sauce zubereiten. Alle Zutaten vermischen, bis eine glatte, sämige Sauce entsteht. Separat servieren.

Gerste mit Pilzen

FÜR 4 PERSONEN

75 g Butter
2 Zwiebeln, geschnitten
250 g Rollgerste
½ TL Dillsamen oder
¼ TL Selleriesamen
600 ml Brühe
Salz und Pfeffer
250 g Pilze
150 ml Yoghurt nature
Paprika

1 Butter in Tongefäss oder gusseisernem Topf schmelzen und Zwiebeln weich dünsten.
2 Gerste hineinrühren, ein paar Minuten kochen. Dillsamen hineinrühren und Brühe darübergiessen. Abschmecken.
3 Gut zudecken und in vorgeheiztem Ofen bei 180° etwa 1 Stunde kochen, bis die Gerste weich und die Brühe aufgesaugt ist.
4 Unterdessen die Pilze in Viertel oder dicke Scheiben schneiden. Die übrige Butter schmelzen und die Pilze kurz sautieren.
5 Pilze sorgsam unter die Gerste mischen. Yoghurt dazugeben, mit Paprika bestreuen und servieren.

Kartoffeln mit Speck und Wacholder

FÜR 4 PERSONEN

Ein schmackhafter Kartoffel-Eintopf, der sich mit verschiedenen Gewürzen variieren lässt.

15 g Butter
4 Schalotten, gehackt
175 g Räucherspeck, in Würfeln
500 g Kartoffeln, geschält,
in Scheiben geschnitten
Salz und Pfeffer
½ TL Wacholderbeeren, zerdrückt
150 ml Wasser

1 Butter in einer Pfanne schmelzen und Schalotten langsam weich dämpfen. Den Speck dazugeben und ein paar Minuten weiterkochen.
2 Eine Schicht Schalotten und Speck zuunterst in ein Tongefäss legen, dann eine Lage Kartoffeln. Gut mit Salz und Pfeffer würzen und ein paar Wacholderbeeren dazulegen. In Schichten weiterfahren, zuoberst Kartoffeln. Dann Wasser darübergiessen.
3 Dicht mit Folie und Deckel verschliessen. In vorgeheiztem Ofen bei 150° 1–1½ Stunden kochen – es schadet den Kartoffeln nicht, wenn die Kochdauer überschritten wird.

VARIANTEN

♦ Wacholderbeeren durch gemahlenen Nelkenpfeffer ersetzen, nach Belieben 1 oder 2 Schichten Tomatenscheiben legen.
♦ ¼ TL gemahlenen Selleriesamen oder ½ TL gemahlenes Griechisch-Heu verwenden; zu den Kartoffeln einige Pastinakscheiben geben.

Falafel

FÜR 4 PERSONEN

Falafel ist im Nahen Osten wohl der beliebteste Imbiss aus der Hand. Ohne Mixer sind sie schwer zu machen, denn die Paste muss ganz glatt sein, damit sie beim Backen nicht zerkrümelt. Notfalls kann man in die Mischung 1 bis 2 EL Mehl geben.

250 g Kichererbsen, 36 Stunden gewässert
1 grosse Zwiebel, gehackt
3 Knoblauchzehen, zerdrückt
1 Handvoll frische Petersilie oder
Koriander, gehackt
1 TL gemahlener Koriander
1 TL gemahlener Kreuzkümmel
¼ TL Cayenne (nach Belieben)
Salz
¼ TL Backpulver
Öl zum Schwimmendbacken

1 Kichererbsen abseihen, spülen und in einem Mixer zu einer Paste verarbeiten. Zwiebel, Knoblauch und Petersilie hineingeben und weitermixen, bis ein feines Püree entstanden ist. (Den Mixer öfters anhalten und das Püree von den Gefässwänden streifen.)
2 Die Gewürze, das Salz und das Backpulver hineinmischen. Die Mischung an kühlem Ort mindestens eine Stunde erkalten lassen.
3 Aus der Mischung kleine, walnussgrosse Kugeln formen. Leicht flachdrücken und nochmals 15 Minuten ruhen lassen.
4 Falafel 3–4 Minuten schwimmend backen, einmal wenden.
Auf Küchenkrepp abtropfen lassen, mit Tahinsauce (S. 56), Tomatensalat und Pittabrot (Hefefladenbrot) servieren.

Shiitake-Pilze mit Ingwer, Pfeffer und Knoblauch

FÜR 4 PERSONEN

Diese japanischen Pilze schmecken köstlich. Man kann sie in orientalischen Läden und hin und wieder im Supermarkt kaufen.

350 g frische Shiitake-Pilze
4 EL Öl
1 kleines Stück frische Ingwerwurzel, geschält
und fein gehackt
3 Knoblauchzehen
1 TL Szechuan-Pfeffer, zerdrückt
Chinesischer oder gewöhnlicher Schnittlauch,
gehackt, zum Garnieren

1 Pilze abreiben und in Stücke schneiden.
2 Öl in Bratpfanne erhitzen; Ingwer, Knoblauch und Szechuan-Pfeffer 1–2 Minuten braten.
3 Pilze dazugeben und 4–5 Minuten sautieren. Mit Schnittlauch garnieren.

Pilze in saurer Sahne

FÜR 6 PERSONEN

40 g Butter
1 kleine Zwiebel, in Scheiben
500 g Pilze, in Scheiben
½ TL Kümmelsamen
Salz und Pfeffer
150 ml saure Sahne
Paprika

1 Butter in einer Pfanne schmelzen und Zwiebel weich dünsten.
2 Pilze und Kümmel dazugeben, würzen. 10–12 Minuten köcheln lassen.
3 Die saure Sahne hineingeben, wärmen, mit Paprika bestreuen.

Zucchini-Krapfen

FÜR 6 PERSONEN

15 g Butter
1 grosse Zwiebel, gerieben
500 g Zucchini, geschält und gerieben
125 g Quarkkäse
4 Eier
½ TL gemahlener Kreuzkümmel
¼ TL Schwarzkümmel
Salz und Pfeffer
Öl zum Backen

1 Butter in einer Pfanne schmelzen, Zwiebel kurz sautieren.
2 Gemüse mit Käse, Eiern, Gewürzen, Salz und Pfeffer vermischen.
3 5 mm tief Öl in eine Bratpfanne geben und erhitzen. Mischung esslöffelweise hineingeben. Küchlein gut auseinanderhalten und 2–3 Minuten backen, bis sie goldbraun sind; dabei einmal wenden. Auf Küchenkrepp abtropfen, servieren.

Zwiebelpüree

FÜR 4 PERSONEN

125 g Butter
750 g Zwiebeln in dünnen Scheiben
1 TL Salz
2 TL Ras el hanout (S. 96–97)
3 EL Honig
3 EL Sherry-Essig

1 Butter in Pfanne erhitzen, bis sie tief goldbraun ist. Zwiebeln, Salz und Ras el hanout hineingeben und vermischen.
2 Zudecken und auf kleinster Hitze 30 Minuten langsam kochen, von Zeit zu Zeit umrühren.
3 Honig und Essig hineingeben, unbedeckt weitere 30 Minuten kochen, häufig umrühren.

Auberginenpüree mit Sesam

FÜR 4–6 PERSONEN

Gemüse und Gewürz gehören von Natur zusammen und ergänzen einander perfekt. Im Mittleren Osten werden Tahin-Paste und Knoblauch mit Auberginenpüree zu *Baba Ghanoush* vermischt. Hier eine einfache orientalische Variante mit chinesischer Sesampaste.

2 grosse Auberginen
2 Knoblauchzehen, mit Salz zerdrückt
1–2 EL orientalisches Sesamöl
1½– 2 EL chinesische Sesampaste
¾ TL chinesisches Fünf-Gewürze-Pulver
Saft von 2 Zitronen
Saflor oder Paprika zum Garnieren

1 Die Aubergine abreiben und ein paarmal mit der Gabel einstechen. Im vorgeheiztem Backofen bei 180° weich backen.
2 Stengel abschneiden, schälen, sobald sie nicht mehr zu heiss zum Anfassen sind. Überschüssige Flüssigkeit ausdrücken, Fleisch grob hacken.
3 Aubergine, Knoblauch, Sesampaste, Sesamöl und chinesisches Fünf-Gewürze-Pulver glatt mixen oder im Mörser zerstossen. Zitronensaft dazugeben, um das Püree glatter und schmackhafter zu machen – der Saft zweier Zitronen sollte ungefähr reichen.
4 Lauwarm servieren, bestreut mit etwas Saflor oder Paprika.

Spinat mit Ingwer

FÜR 2 PERSONEN

500 g Spinat
1 EL Sonnenblumenöl
¼ gemahlener Kreuzkümmel
2 milde grüne Pfefferschoten, entkernt und geschnitten
1 TL japanischer eingelegter Ingwer, zerkleinert
Salz

1 Spinatblätter in breite Streifen schneiden. Waschen, dann in siedendem Wasser 1 Minute blanchieren.
2 Abseihen, kaltes Wasser über den Spinat laufen lassen, bis er abgekühlt ist. Gründlich ausdrücken, der Spinat muss für das Braten trocken sein.
3 Einen Wok oder eine grosse Bratpfanne stark erhitzen. Öl hineingeben und, wenn es raucht, Kreuzkümmel und Pfefferschoten, ein paar Sekunden schütteln.
4 Spinat hineingeben, rasch schütteln, um die Blattteile voneinander zu trennen und mit Öl zu bedecken. Ingwer und etwas Salz daraufstreuen. Umrühren und servieren. Der ganze Backvorgang sollte nur etwa 1 Minute dauern – wenn Spinat zu langsam kocht, wird er wässerig.

Chakchouka

FÜR 4 PERSONEN

Dies ist ein tunesisches Gericht, das sich über den ganzen Mittleren Osten verbreitet hat. Man schlägt gewöhnlich Eier in Mulden ins Gemüse und kocht das Ganze, bis die Eier fest sind. Aber ich verwende lieber Merguez-Würste.

2 TL Olivenöl
2 grüne, rote oder gelbe Paprikaschoten (Peperoni), entkernt und in Schnitten
2 Zwiebeln, in Schnitten
4 Merguez-Würste, in Scheiben
4 grosse Tomaten, geschält und in Viertel geschnitten
Salz und Pfeffer
1 TL Harissa (S. 94–95)

1 Öl in der Pfanne erhitzen. Paprikaschoten und Zwiebeln sautieren, bis sie fast weich sind.
2 Würste dazugeben, ein paar Minuten kochen, dann Tomaten einrühren. Mit Salz, Pfeffer und Harissa würzen.

Gedünsteter Lauch

FÜR 4 PERSONEN

500 g Lauch
25 g Butter
½ TL chinesisches Fünf-Gewürze-Pulver
¼ TL gemahlener Galanga
2 EL Gemüsebrühe

1 Lauch nicht zu dünn schneiden.
2 Butter in einem Topf schmelzen, der für den Lauch gerade gross genug ist; Gewürze hineinrühren und ein paar Minuten braten. Lauch dazugeben, wenden und rühren, bis er von der Gewürzbutter bedeckt ist. Gemüsebrühe darüber giessen.
3 Dicht zudecken, Hitze niedrig stellen und 20 Minuten kochen.

Gewürzter Kohl mit Bohnen

FÜR 6 PERSONEN

250 g Gartenbohnen, über Nacht eingeweicht
2 EL Öl
2 Knoblauchzehen, gehackt
4 Schalotten, gehackt
1 TL Senfsamen
1 TL Dillsamen
1 kleiner Kohl, rot oder grün, zerkleinert
2 EL Weinessig
2 EL Sherry
Salz und Pfeffer

1 Bohnen in ungesalzenem Wasser etwa 1 Stunde weich kochen. Abseihen, Kochflüssigkeit behalten.
2 Öl erhitzen und Knoblauch sowie Schalotten 5 Minuten sautieren. Senf- und Dillsamen dazugeben, zudecken, da die Senfsamen bei Erhitzung hochspringen.
3 Kohl beifügen und mit den Gewürzen verrühren. Bohnen, Essig, Sherry, Salz und Pfeffer dazugeben, alles gut vermischen.
4 75 ml der Bohnenflüssigkeit darübergiessen, zudecken und 20 Minuten kochen; gelegentlich umrühren. Es sollte fast keine Flüssigkeit mehr übrig sein, wenn das Gemüse gar ist.

Gedünstete Gurken

FÜR 4 PERSONEN

2 Salatgurken
1 EL Zucker
½ TL Salz
4 EL Essig
2 EL Wasser
25 g Butter
4 Schalotten, gehackt
1 EL Mehl
½ TL Fenchelsamen
450 ml Hühnerbrühe
Gehackter frischer Dill zum Garnieren

1 Gurken schälen, längs halbieren, Kerne entfernen und in Stücke schneiden. Gurken in eine Schüssel legen.
2 Zucker und Salz in Essig und Wasser auflösen. Über die Gurken giessen und 1 Stunde ziehen lassen, dann abseihen.
3 Butter in einer Pfanne schmelzen und Schalotten weich braten. Mehl und Fenchelsamen darüberstreuen und kochen, bis das Mehl golden wird. Hühnerbrühe zugeben und aufkochen. Hitze reduzieren und ein paar Minuten köcheln lassen, bis die Flüssigkeit dick zu werden beginnt.
4 Gurken hineingeben und ungedeckt 10–15 Minuten köcheln lassen. Die Gurken sollten zart, aber nicht verkocht sein. Mit gehacktem Dill garnieren und servieren.

Salate

Oliven-, Granatapfel- und Walnusssalat

FÜR 4 PERSONEN

Dieser Salat wurde einer Gruppe von Gourmets in Gaziantep in der Südosttürkei vorgesetzt. Das ist eine von Oliven- und Pistazienhainen umgebene Stadt, die für die Auswahl ihrer Kebabs und die Qualität ihres Baklava berühmt ist. Das Essen bestand aus einem Buffet von etwa 30 Gerichten, die bemerkenswert vielfältig und raffiniert waren.

2 grosse Granatäpfel
125 g grüne Oliven, entsteint und gehackt
1 Bund Korianderblätter, gehackt
6–8 Frühlingszwiebeln, gehackt
125 g Walnüsse, grob gehackt

Sauce
1½ TL Zitronensaft
3 EL Olivenöl
1 Prise roter Pfeffer
Salz

1 Granatäpfel aufschneiden und Samen herausnehmen. Mit Oliven, Koriander, Frühlingszwiebeln und Walnüssen vermischen.
2 Mit den übrigen Zutaten eine pikante Sauce machen. Über den Salat giessen, vermischen und servieren.

VARIANTE

♦ Ein paar junge, zerkleinerte Sauerampferblätter sind dazu empfehlenswert.

Indischer Karottensalat

FÜR 4–6 PERSONEN

Dieser Salat beruht auf einem Rezept aus *Classic Indian Vegetarian Cooking* von Julie Sahni.

500 g Karotten
1 EL Senföl
1 TL Senfsamen
2 grüne Pfefferschoten, entkernt und gehackt
1 gute Prise gemahlene Asafötida
2 TL Zucker
1 TL Currypulver
etwas Zitronensaft
1 Prise gemahlene Gewürznelken
Salz
4 EL dicker Yoghurt nature
2 EL geröstete Cashewnüsse, gehackt
frische Minzenblätter zum Garnieren.

1 Karotten sehr dünn schneiden.
2 Öl in grosser Bratpfanne erhitzen und Senfsamen dazugeben. Zudecken, wenn sie hochzuspringen beginnen. Dann Pfefferschoten, Asafötida, Zucker und Currypulver hineingeben. Die Pfanne ein paar Sekunden schütteln.
3 Wenn sich der Zucker auflöst, Karotten hineingeben und Pfanne gut schütteln, damit die Karottenscheiben voneinander gelöst und mit den Gewürzen vermischt werden. 3–4 Minuten kochen, dann in eine Schüssel geben und erkalten lassen.
4 Zitronensaft, Gewürznelken und Salz mit dem Yoghurt verrühren und Karotten mit der Sauce vermischen. Nüsse und ein paar Minzenblätter über den Salat streuen. Lauwarm servieren.

Wirsingsalat

FÜR 4 PERSONEN

1 kleiner Wirsing
50 g Pinienkerne, geröstet

Sauce
4 EL Olivenöl
2 EL Weinessig
¼ TL Mohnsamen
1 Prise Selleriesamen
¼ TL Paprika
2 TL weicher brauner Zucker
Salz

1 Dicke Mittelstengel von den Wirsingblättern entfernen. Wirsing fein schneiden.
2 Wirsing 1 Minute lang in siedendem Wasser blanchieren, absieben und unter kaltem Wasser abkühlen. Gründlich abtropfen lassen und kühlstellen, mit den Pinienkernen in eine Schüssel geben.
3 Für die Sauce alle übrigen Zutaten mischen, zum Salat geben und servieren.

Salat aus roten Beten (Randensalat)

FÜR 4 PERSONEN

350 g rote Beten (Randen)

Sauce
3 EL Weinessig
6 EL Olivenöl
2 TL Zucker
½ TL Fenchelsamen oder
¼ TL Selleriesamen
Prise gemahlenen Ingwer
4 Frühlingszwiebeln, gehackt
Salz

1 Die ungeschälten Beten in siedendem, gesalzenem Wasser weich kochen. Abseihen, schälen und in Julienne-Streifchen schneiden.
2 Für die Sauce alle Zutaten verrühren. Sauce über die Beten giessen und 1 Stunde stehen lassen, damit sich die Aromen vermischen.

Bohnen- und Teigwarensalat

FÜR 8–10 PERSONEN

125 g getrocknete Gartenbohnen
125 g getrocknete rote Bohnen (Borlotti-Bohnen)
125 g weisse Bohnen (Flageolets)
350 g Teigwarenmuscheln (Conchiglie)
125 g dünne grüne Bohnen (Prinzessbohnen)
2 grosse Knoblauchzehen, fein gehackt
1 grosse Handvoll verschiedener Kräuter wie Petersilie, Schnittlauch, Estragon, Basilikum, Gartenkerbel, Süssdolde
ca. 120 ml Olivenöl
2–3 EL Weinessig
Salz und schwarzer Pfeffer
2 TL Senf

1 Die getrockneten Bohnen voneinander getrennt 2–3 Stunden wässern. Dann in siedendem Wasser getrennt kochen, bis sie fast weich sind (die Borlottibohnen während der ersten zehn Minuten *lebhaft* kochen). Nicht zu weich werden lassen. Abseihen und erkalten lassen.
2 Die Teigwarenmuscheln in siedendem, gesalzenem Wasser *al dente* kochen. Abseihen und unter laufendem kalten Wasser abkühlen.
3 Die Prinzessbohnen in siedendem Salzwasser kurz kochen, abseihen, erkalten lassen und halbieren.
4 Teigwaren und Bohnen in grosser Salatschüssel mit Knoblauch und Kräutern zusammengeben.
5 Für die Sauce Öl, Essig, Salz, Pfeffer und Senf verrühren. Über den Salat giessen.
6 Die Prinzessbohnen dazugeben und sorgfältig mischen. Salat vor dem Servieren 1–2 Stunden kalt stellen.

Gurkensalat

FÜR 4–6 PERSONEN

Einen ähnlichen Salat genoss ich einmal in einem koreanischen Restaurant. Sansho verwenden, wenn man den scharfen Chiligeschmack wünscht, andernfalls Fagara.

1 EL Zucker
1 TL Salz
4 EL Wein- oder Reisessig
½ TL Sansho oder zerdrückter Fagara
2 EL Sesamöl
1 Gurke in feinen Scheiben
1 EL schwarze Sesamsamen, geröstet

1 Zucker und Salz im Essig schlagen, bis sie sich aufgelöst haben. Sansho oder Fagara und Öl dazugeben.
2 Über die Gurke giessen, mit Sesamsamen bestreuen und servieren.

VARIANTEN

♦ Man kann statt schwarzer Sesamsamen leicht geröstete weisse verwenden, aber die schwarzen wirken schöner.
♦ Man kann 1–2 TL leichte Sojasauce zur Sauce geben. Die Gurke kann mit Zwiebel gewürzt werden.

Gado Gado

FÜR 4 PERSONEN

Ein einfacher und preiswerter indonesischer Salat, der für sich allein gegessen ausgezeichnet schmeckt, aber auch einen Hauptgang begleiten kann. Man kann je nach Geschmack auch andere Gemüsearten verwenden, aber Bohnensprossen sollten dabei sein.

250 g Bohnensprossen, gewaschen
250 g Kohl, zerkleinert
250 g Lauch, in Juliennestreifen
250 g Karotten, in Juliennestreifen
250 g Stangensellerie, in Juliennestreifen
1 hartgesottenes Ei, fein gehackt, zum Garnieren

Sauce
1 Knoblauchzehe
1 kleine Zwiebel
1 TL Trassi (S. 155)
1 TL dunkelbrauner Zucker
1 kleine Kugel Tamarinde
2 EL Kokosnusscreme
2 EL Milch
4 EL körnige Erdnussbutter
½ TL gemahlener Kreuzkümmel
½ TL Chilipulver (nach Belieben)
½ TL gemahlenes Lemongras
1 TL dunkle Sojasauce

1 Bohnensprossen in eine grosse Salatschüssel geben.
2 Die anderen Gemüse dämpfen, bis sie fast weich sind. Auf die Bohnensprossen legen.
3 Für die Sauce Knoblauch und Zwiebel in einem Mörser zu Paste zerdrücken.
4 Trassi in Folie wickeln und in trockener Pfanne oder mässig warmem Ofen (180°) ein paar Minuten wärmen, dann zerbröckeln und mit dem Zucker mischen. Die Tamarinde in 1–2 EL Wasser auflösen. Kokosnusscreme in die Milch einrühren, so dass eine dicke Kokosnussmilch entsteht.
5 Saucenzutaten vermischen. Die Sauce soll dick genug sein, um am Gemüse zu haften und nicht auf den Schüsselboden zu rinnen. Über das Gemüse giessen, mit gehacktem Ei garnieren.

Zwiebelsalat mit Sumach

FÜR 4 PERSONEN

Dieses einfache Gericht findet man im ganzen Mittleren Osten.

2 dünn geschnittene Zwiebeln
½ TL gemahlener Sumach
Salz

1 Die Zwiebeln in eine Schale geben und mit Sumach und ein wenig Salz bestreuen.
2 Vor dem Servieren 30 Minuten stehenlassen.

Gado Gado *mit Tamarinde, Kreuzkümmel, Chilipulver und Lemongras.*
Zwiebelsalat mit Sumach *im Vordergrund*

Desserts

Gewürzter Frischkäse

FÜR 4 PERSONEN

250 g Frischkäse
150 g dicker Yoghurt nature
125 g Puderzucker
¼ TL Safranfäden
2 EL heisse Milch
¼ TL geschabte Muskatnuss
Samen von 6 Kardamomschoten, zerdrückt

1 Frischkäse mit Yoghurt und Zucker in einer Schüssel verrühren.
2 Safran zerdrücken und 10 Minuten in heisse Milch einlegen, dann abseihen.
3 Safranmilch und Muskatnuss in den Käse rühren. Kardamomsamen daraufstreuen. Kalt servieren.

Kheer (Indischer Reispudding)

FÜR 4–6 PERSONEN

Denken Sie hierbei nicht an einen westlichen Reispudding; die zwei Gerichte sind völlig verschieden. Kheer wird mehrere Stunden gekocht, so dass die Reiskörner aufgehen und der Pudding die Konsistenz einer dicken Creme bekommt.

1¼ l Milch
75 g Langkornreis, gewaschen
125 g Zucker
75 g Rosinen
40 g getrocknete Aprikosen, in kleine Stücke geschnitten
zerdrückte Samen aus 6 Kardamomen
2 cm Zimtstange
40 g blanchierte Mandelsplitter oder Pistazienkerne
2 TL Rosenwasser

1 Milch sieden und Reis hineingeben. Auf hoher Hitze 1 Minute rühren, dann Feuer so tief als möglich stellen und unter stetem Umrühren weitere 10 Minuten kochen. Dann 1½ Stunden kochen lassen, gelegentlich umrühren.
2 Zucker, Rosinen, Aprikosen, Kardamomen und Zimt dazugeben. 1 weitere Stunde kochen lassen. Die getrockneten Früchte gehen auf, und der Pudding wird dicker. Etwas von den Mandeln als Dekoration zurückbehalten, die übrigen hineingeben und weitere 30 Minuten kochen.
3 Abkühlen lassen, dann Rosenwasser hineinmischen. Der Kheer ist jetzt dickflüssig.
4 Kheer in flache Glasschale oder auf einzelne Dessertteller giessen, die verbleibenden Mandeln darüberstreuen und kaltstellen. Kheer wird oft auch mit essbaren goldenen oder silbernen Blättern verziert, die man in indischen Läden kaufen kann.

Orangen- und Kardamomsalat

FÜR 6 PERSONEN

10 Orangen
2 EL Orangenblütenwasser
¼ TL gemahlener Kardamom
1 reichliche Prise geschabte Muskatnuss
50 g Zucker
125 ml Wasser
Puderzucker

1 Orangen schälen, alles Weisse entfernen und in Schnitze zerlegen. In eine Schüssel geben und mit dem Orangenblütenwasser und den Gewürzen bestreuen.
2 Schale von 1–2 Orangen ohne alles Weisse in Julienne-Streifchen schneiden. 3 Minuten in siedendem Wasser blanchieren.
3 Wasser in einen Topf geben und Zucker darin schmelzen. Die Orangenschalen-Streifchen hineingeben und 4–5 Minuten sanft pochieren. Streifchen auf Drahtgitter abtropfen lassen.
4 Vor dem Servieren die Streifchen über den Orangen verteilen und eine dünne Schicht Puderzucker übar das Ganze sieben.

Bananen mit Zimt und Rum

FÜR 4 PERSONEN

4 reife Bananen
25 g Butter
1 TL gemahlener Zimt
5 EL Rum oder Whisky
3 EL dünnflüssiger Honig
50 g Walnüsse, grob gehackt

1 Bananen in dicke Scheiben schneiden. Butter in eine Pfanne geben und Bananenscheiben darin braten, bis sie weich sind. Bananen herausnehmen und warmhalten.
2 Zimt zur Butter geben, dann Rum und Honig. Kochen, bis die Sauce dick zu werden beginnt. Walnüsse hineinrühren.
3 Die Sauce über die Bananen giessen. Mit Sahne servieren.

Clementinen in Brandy

ERGIBT 1 KG

Das Rezept basiert auf «Clementinen in Armagnac» aus dem *Fruit Book* von Jane Grigson. Als Dessert oder als Süssigkeit ausgezeichnet.

1 kg Clementinen
625 g Zucker
1 Vanilleschote
1 l Wasser
Brandy oder Armagnac

1 Die Früchte schälen und ein paarmal mit einer Nadel einstechen.
2 Sirup machen, indem man Zucker, Vanilleschote und Wasser in einer Pfanne erhitzt. Wenn der Zucker aufgelöst ist, 3–4 Minuten sieden.
3 Clementinen hineinlegen, nochmals aufkochen, dann ca. 30 Minuten sehr leise köcheln lassen. Die Zeit hängt von der Grösse der Früchte ab – grosse können etwas länger brauchen. Wenn die Haut zu platzen beginnt, sind sie auf alle Fälle bereit.
4 Früchte herausnehmen und in vorgewärmte Konservengläser füllen. Brandy oder Armagnac hinzugiessen, bis sie fast bedeckt sind.
5 Sirup bis zur Hälfte einkochen und Konservengläser damit auffüllen. Vanilleschote beifügen.
6 Einen sauberen Stein oder ein zerknittertes Stück Folie auf die Früchte legen, damit sie total von der Flüssigkeit bedeckt bleiben. Gläser verschliessen und vor dem Servieren 2–3 Wochen stehenlassen.

VARIANTEN

♦ Statt Vanille 5–6 gequetschte Kardamomschoten verwenden, diese aber erst in den Sirup legen, wenn die Früchte drin sind. Whisky passt zu Kardamomen fast besser als Brandy.
♦ Statt Brandy lassen sich auch klare Wasser wie Wodka oder Konservierungsalkohol *(alcool blanc)* verwenden.

Würziger Fruchtsalat

FÜR 4 PERSONEN

3 Orangen, geschält und in Schnitze zerlegt
2 Bananen, geschält und in Scheiben geschnitten
½ kleine Melone, in Würfeln
4 Aprikosen, in Viertel geschnitten
4 Reineclauden, in Viertel geschnitten
2 Pfirsiche in Scheiben
1 EL Vanillezucker
Saft von 2 Orangen
Saft von 1 Zitrone
1 EL Orangenblütenwasser
½ TL gemahlener Zimt
¼ TL gemahlener Koriander

1 Früchte in eine Schüssel legen.
2 Zucker im Fruchtsaft auflösen. Orangenblütenwasser und Gewürze hineinrühren.
3 Den gewürzten Fruchtsirup über die Früchte giessen und sorgfältig mischen. Vor dem Servieren 2–3 Stunden kalt stellen.

Mohnsamen-Eiscreme

FÜR 4 PERSONEN

300 ml Milch
1 Vanilleschote
3 Eigelb
50 g Zucker
75 g Mohnsamen
125 g Honig
150 ml Sahne

1 Milch und Vanilleschote zusammen aufkochen. Vom Feuer nehmen und 10 Minuten ziehen lassen.
2 Eigelb und Zucker in einer Schüssel schlagen, bis sie dick und cremefarben sind. Schüssel dabei über eine Pfanne siedendes Wasser stellen.
3 Vanilleschote aus der Milch nehmen und diese auf die Ei-Zucker-Mischung giessen. Stetig rühren, bis die Sauce am Löffelrücken hängen bleibt, aber nicht kochen lassen, sonst kann sie gerinnen.
4 Wenn die Creme dick genug ist, um in einem Faden vom Löffel zu fliessen, die Schüssel auf eine kühle Fläche stellen.
5 Mohnsamen in trockener Bratpfanne rösten, den Honig dazurühren und abkühlen lassen.
6 Sahne steifschlagen und unter die Creme ziehen. Die Masse in eine Eiscreme-Maschine oder einen flachen Behälter geben. Nach 1–2 Stunden die Eiscreme schlagen, dann gefrieren lassen.

Vanille- und Kardamom-Eiscreme

FÜR 4 PERSONEN

300 ml Milch
1 Vanilleschote
150 ml Sahne
6 grüne Kardamomen, zerdrückt
4 Eigelb
125 g Zucker

1 Milch und Vanilleschote zuom Feuer nehmen, 10 Minuten ziehen lassen. Vanilleschote entfernen.
2 Sahne mit Kardamomschoten erwärmen und ziehen lassen.
3 Eigelb und Zucker in einer Schüssel über siedendem Wasser schlagen, bis die Creme dick und blassfarben ist. Die warme Milch hineingeben und stark schlagen, bis die Masse dick zu werden beginnt.
4 Kardamomschoten aus der Creme entfernen – die Samen sind nicht wichtig – und die Sahne zur Creme geben. Unter Umrühren kochen, bis die Masse wieder dicker wird.
5 In einer Eiscreme-Maschine oder einem flachen Tiefkühlbehälter zu Eiscreme werden lassen. Nach 1–2 Stunden nochmals schlagen, dann gefrieren lassen, bis die Creme fest ist.

Brot, Kuchen und Gebäck

Zwiebel- und Wacholderbrot

Ein schnell und leicht zu machendes Brot, das man am besten bald nach dem Backen isst. Auch Fenchel, Kümmel, Selleriesamen, Anissamen und Kreuzkümmel passen gut zu Zwiebeln, wenn Sie Abwechslung suchen.

175 ml Milch
1 TL Salz
15 g Butter
½ Päckchen Hefe oder 7 g Trockenhefe
350 g kräftiges Weissmehl
175 ml warmes Wasser
2 EL feingehackte Zwiebel
2 EL feingehackte Wacholderbeeren

1 Milch erwärmen, Salz und Butter hineinrühren, bis sie sich aufgelöst haben.
2 Hefe über das Mehl streuen. (Trockenhefe in warmem Wasser aufgehen lassen.) Wasser ins Mehl einrühren, dann die Milch.
3 Zwiebeln und Wacholderbeeren über den Teig streuen und gut mischen. Der Teig sollte weich, fast wie Ausbackteig sein und sich leicht mit einer Holzkelle rühren lassen.
4 Zudecken und an warmem Ort aufgehen lassen, bis die Masse etwa doppelt so gross ist: etwa eine Stunde. 1–2 Minuten kräftig schlagen und dann den Teig in eine gefettete Cakeform von etwa 20 cm Länge giessen.
5 In vorgeheiztem Ofen bei 180° etwa 1 Stunde backen. Das Brot sollte hohl klingen, wenn man auf seinen Boden klopft.

Churek

Dieses Brot kommt aus dem Kaukasus, aber auch Marokko kennt ein ähnliches, mit Anis gewürztes Brot.

¼ Päckchen Hefe oder 7 g Trockenhefe
500 g kräftiges Weissmehl
1 TL Salz
1 EL gemahlener Anis
50 g gesalzene Butter
15 ml warme Milch
1 geschlagenes Ei
Sesamsamen

1 Hefe mit Salz und Anis ins Mehl rühren. Trockenhefe wird erst in etwas warmem Wasser aufgelöst und dann ins Mehl gerührt.
2 Die geschmolzene Butter und genügend warme Milch hineingeben, um einen weichen Teig zu machen. Falls er zu fest wird, etwas warmes Wasser dazurühren.
3 Teig auf mehlbedeckter Fläche etwa 5 Minuten glattkneten (oder mit Teigrührgerät).
4 Teig in leicht geölte Schüssel legen und mit Folie oder einem Tuch bedecken. Zu doppelter Grösse aufgehen lassen – etwa 2 Stunden.
5 Teig herausnehmen und in 2 Hälften teilen. Jede zu einer Kugel formen. Oder jedes Teigstück dritteln, zu einer Rolle auswallen und die drei zusammenflechten, dabei die Enden zusammenkneifen.
6 Teig auf eingefettete Backbleche legen, zudecken und nochmals ca. 45 Minuten aufgehen lassen. Brot mit geschlagenem Ei bepinseln und dick mit Sesamsamen bestreuen.
7 In vorgeheiztem Ofen bei 180° 35–40 Minuten backen, bis das Brot hohl tönt, wenn man auf seinen Boden klopft.

VARIANTEN

- Statt Anis die aus einer Vanilleschote gekratzten Samen verwenden und das Brot mit Mandelflocken bestreuen.
- Statt Anis 1 EL Mahlab verwenden.

Arabisches Brot

½ Päckchen Hefe oder 7 g Trockenhefe
500 g kräftiges Weissmehl
1 TL Salz
etwa 450 ml warmes Wasser
Olivenöl und Zahtar (S. 96–97) oder 1 geschlagenes Ei mit Schwarz- oder Kreuzkümmelsamen oder Sesamsamen

1 Hefe mit dem Salz über das Mehl streuen. Trockenhefe in etwas warmem Wasser aufgehen lassen, dann ins Mehl streuen. Genug Wasser dazugeben, um beim Verrühren einen ziemlich zähen Teig zu erhalten.
2 Teig auf bemehlter Fläche kneten, bis er elastisch ist. Dann in leicht geölte Schüssel legen und mit Haftfolie oder einem Tuch bedecken. Zur doppelten Grösse aufgehen lassen – etwa 1½ Stunden.
3 Teig herausnehmen und in zwei Hälften teilen. Jede Hälfte zu einem runden Laib formen und auf ein eingefettetes Backblech legen. Bedecken und 30 Minuten aufgehen lassen.
4 Entweder oben dick mit einer Paste aus Olivenöl und Zahtar bestreichen oder mit geschlagenem Ei einpinseln und mit einem der Gewürze bestreuen.
5 In vorgeheiztem Ofen bei 200° 8–10 Minuten backen, dann Hitze für weitere 15–20 Minuten auf 160° zurückstellen.

Gewürzbrot

Gewürzbrote findet man in ganz Europa. Die Gewürze sind je nach Land etwas verschieden, aber die Grundidee ist dieselbe. Man kann also je nach Geschmack andere Gewürze, Trockenfrüchte und Nüsse verwenden.

175 g Butter
75 g Vanillezucker
2 Eier
300 g kräftiges Weissmehl
2 TL Backpulver
50 g Rosinen
50 g gehackte Mandeln
50 g kandierte Orangenschalen, gehackt
50 g kandierte Zitronenschale, gehackt
1 TL Anissamen
1 TL gemahlener Zimt
1 TL gemahlene Gewürznelken

1 Butter und Zucker schaumig schlagen. Die Eier eins nach dem andern hineingeben.
2 Mehl und Backpulver sieben und alle Trockenfrüchte und Gewürze hineinrühren. Die Hälfte der Mischung in die obige Masse geben und gut vermischen. Das übrige Mehl nach und nach hinzufügen. Falls der Teig zu trocken wird, etwas Milch dazugiessen.
3 Den Teig kurz auf bemehlter Fläche durchkneten, bis er seine Form behält. In zwei Hälften schneiden und in 2 kleine gebutterte Cakeformen (500 g) geben.
4 In vorgeheiztem Ofen bei 180° etwa 40 Minuten backen – am Spiesschen, bis zur Mitte eingesteckt, sollte kein Teig mehr kleben.

Schwedisches Limpa-Brot

300 ml Wasser
1 EL Kümmelsamen
1 EL Fenchelsamen
1½ EL geriebene Orangenschale
75 g weicher brauner Zucker
1 Päckchen Hefe oder 15 g Trockenhefe
500 g kräftiges Weissmehl
2 TL Salz
300 ml Milch
250 g Roggenmehl

1 Wasser aufkochen und über Kümmel, Fenchel, Orangenschale, Zucker und Milch giessen.
2 Wenn es lauwarm geworden ist, Trockenhefe einrühren und aufgehenlassen. Frischhefe mit dem Salz ins Weissmehl rühren.
3 Weissmehl ins Wasser mit der Milch rühren und mischen. Genügend Roggenmehl dazumischen, um einen ziemlich zähen Teig zu erhalten.
4 Teig auf bemehlter Fläche gut durchkneten, bis er ganz elastisch ist – etwa zehn Minuten.
5 Teig in leicht geölte Schüssel legen und mit Haftfolie oder einem Tuch bedecken. Zur doppelten Grösse aufgehen lassen – etwa 2 Stunden.
6 Teig herausnehmen und zu zwei runden Laiben formen. Auf gefettetes Backblech legen, zudecken und nochmals etwa 1 Stunde aufgehen lassen.
7 In vorgeheiztem Ofen bei 180° 35–40 Minuten backen.

Safranbrot

½ TL Safranfäden
2 EL heisses Wasser
300 ml Milch
1 Päckchen Hefe oder 15 g Trockenhefe
50 g Butter, geschmolzen
4 EL Zucker
½ TL Salz
etwa 625 g gewöhnliches Mehl

1 Safran für 5 Minuten in heisses Wasser legen.
2 Milch erhitzen, etwas davon beiseitegeben und lauwarm werden lassen, dann Trockenhefe darin aufgehen lassen.
3 Butter, Zucker und Salz zur verbleibenden Milch geben. Safran und Hefe hineinrühren. Frischhefe mit dem Mehl vermischen.
4 Die Hälfte des Mehls in die Milch geben und mit einer Holzkelle gut schlagen. Nach und nach das restliche Mehl beifügen und zu einem glatten Teig arbeiten. Teig in leicht geölte Schale legen, mit Haftfolie oder Tuch bedecken. 1–2 Stunden zur doppelten Grösse aufgehen lassen.
5 Teig zu einem Laib formen. In eine gebutterte 1-kg-Cakeform legen und aufgehen lassen, bis er fast zuoberst am Rand ist.
6 In vorgeheiztem Ofen die ersten 10 Minuten bei 220° backen, dann auf 180° zurückdrehen und weitere 15–20 Minuten backen. Das Brot sollte hohl tönen, wenn man auf den Boden klopft.

Bananenbrot

75 g Butter
125 g Zucker
1 Ei, geschlagen
250 g gewöhnliches Mehl
25 cm Vanilleschote
1 Prise Salz
2 Bananen, zerdrückt
75 g Rosinen

1 Butter und Zucker in einer Schüssel schaumig schlagen, dann das Ei zugeben.
2 Mehl und Backpulver zusammensieben. Samen aus der Vanilleschote kratzen und mit dem Salz ins Mehl geben.
3 Mehlmischung abwechselnd mit den Bananen zur Zucker-Butter-Mischung geben. Rosinen hineinmischen. Eine 500-g-Cakeform einfetten und die Masse einfüllen.
4 In vorgeheiztem Ofen bei 190° etwa 30 Minuten backen, bis das Bananenbrot goldbraun ist und am hineingesteckten Spiesschen kein Teig mehr klebt.

Lebkuchenbiskuits

Diese Biskuits sind sehr einfach zu machen, und Kinder lieben sie sehr.

150 g Honig
75 g weicher brauner Zucker
25 g Butter
2 TL gemahlener Ingwer
1 Prise gemahlener Zimt
1 Prise gemahlene Gewürznelken
1 Prise gemahlener schwarzer Pfeffer
½ TL gemahlener Kardamom
375 g Mehl
1 Eigelb
1 TL Natron (Triebsalz)
50 g Puderzucker, gesiebt
1 TL Zitronensaft

1 Honig, Zucker und Butter in einer Pfanne mit dickem Boden erhitzen, dabei rühren, bis die Mischung glatt und der Zucker aufgelöst ist. Gewürze hineinrühren und abkühlen lassen.
2 Zwei Drittel des Mehls in eine Schüssel sieben und das Eigelb und die Honigmasse dazugeben. Gut vermischen. Natron in einem Löffel voll warmem Wasser auflösen und dazutun. Vom verbleibenden Mehl soviel hineinkneten, bis eine feste Masse entstanden ist, die sich von der Schüssel löst.
3 Lebkuchenteig auf bemehlter Fläche etwa 1 cm dick auswalzen. Kleine Formen ausstechen und auf ein gefettetes und bemehltes Backblech legen.
4 In vorgeheiztem Ofen bei 160° 10–12 Minuten backen. Puderzucker und Zitronensaft mit 1 TL warmem Wasser mischen und die abgekühlten Biskuits damit überziehen.

Schokolademakronen

75 g Kochschokolade
125 g Zucker
150 g gemahlene Mandeln
½ Vanilleschote
¾ TL gemahlener Zimt
2 Eiweiss

1 Schokolade in einer Schüssel über heissem Wasser schmelzen. Vom Feuer nehmen und die übrigen Zutaten hineinrühren, bis eine weiche Paste entsteht, am besten mit dem Mixer.
2 Ein Backblech mit essbarer Reisfolie oder Backpergament belegen. Teig zu kleinen Kugeln formen und darauf legen. Mit einem Messer etwas flachdrücken.
3 In vorgeheiztem Ofen bei 100° 12–15 Minuten backen, bis sie sich fast fest anfühlen. Auf dem Papier abkühlen lassen, dann überstehendes Reispapier entfernen oder Pergament abschälen (wenn die Makronen klebenbleiben, Unterseite mit nassem Tuch abwischen).

Anis-Mürbekuchen

125 g Butter
40 g gekörnter Zucker (Hagelzucker)
25 g Puderzucker, gesiebt
250 g Mehl
1 TL gemahlener Anis
¼ TL Salz
2 TL Orangenblütenwasser
Pinienkerne (nach Belieben)

1 Butter in einer Schüssel schaumig schlagen, dann Zucker und Puderzucker zugeben und nochmals schlagen.
2 Mehl mit dem Anis und Salz zusammensieben. Mehl nach und nach, abwechselnd mit dem Orangenblütenwasser, in die Buttermasse hineinarbeiten, bis ein glatter Teig entsteht.
3 Teig in vier bis fünf Stücke aufteilen, diese zu rechteckigen oder runden, etwa 8 mm dicken Formen gestalten. Pinienkerne daraufstreuen, diese leicht mit den Fingern andrücken. Kuchen auf ungefettetes Backblech legen.
4 In vorgeheiztem Ofen bei 150° 15–20 Minuten golden backen. Er soll nicht braun werden. Auf dem Backblech abkühlen lassen, dann auf ein Kuchengitter legen.

VARIANTEN

♦ Man kann auch andere Gewürze als Anis brauchen. Zimt, Vanille, Kardamom, Safran und Saflor ergeben alle einen ausgezeichneten Mürbekuchen.

Zimtbiskuits

300 g Mehl
2 TL gemahlener Zimt
1 TL Backpulver
150 g weicher brauner Zucker
75 g Butter
1 Ei
50 g Melasse
blanchierte Mandeln oder
Sesamsamen (nach Belieben)

1 Mehl, Zimt und Backpulver in eine Schüssel sieben und den Zucker hineinrühren.
2 Butter in kleine Würfel schneiden und mit den Fingerspitzen ins Mehl reiben, bis die Mischung krümelig ist.
3 Ei schlagen, Melasse dazugeben und schlagen, bis die Mischung glatt ist. Eine Mulde in der Mitte des Mehls formen und Ei und Sirup hineingiessen.
4 Teig zu einer glatten Kugel vermischen. In Haftfolie wickeln und 30 Minuten in den Kühlschrank stellen.
5 Teig auf leicht bemehlter Fläche zu einer Dicke von 5 mm auswalzen. Zu Biskuits formen. Wenn gewünscht, mit Mandeln oder Sesamsamen dekorieren oder nach dem Backen mit Guss überziehen.
6 In vorgeheiztem Ofen bei 160° 8–10 Minuten goldbraun backen und auf Kuchengitter abkühlen lassen.

Schokolademakronen *mit Vanille und Zimt*

Saucen und Konserven

Indonesische Sojasauce

Leicht zu machen. Zu Satay oder einfach zu Reis.

3 EL Öl
1 kleine Zwiebel, fein gehackt
2 Knoblauchzehen, zerdrückt
½ TL Sambal (S. 74–75) oder Chilipulver
Salz
6 EL dunkle Sojasauce
3 EL Essig
2 TL Zucker
2 Kaffernlimonenblätter oder
¼ TL gemahlenes Lemongras
2–3 EL Wasser

1 Öl in der Pfanne erwärmen, Zwiebel goldbraun braten. Erst Knoblauch, dann die anderen Zutaten hinzufügen und 3–4 Minuten unter stetigem Rühren kochen.
2 Abschmecken und falls nötig nachwürzen. Die Limonenblätter entfernen und servieren.

Erdnusssauce

Ausgezeichnete indonesische Sauce zu Satay, Reis oder Gemüse. Das Rezept ist für eine grosse Menge berechnet – aber gewöhnlich verschwindet sie schnell, und sie hält sich auch gut. Mit Kokosnussmilch oder mit Wasser verdünnt kann man sie als Sauce zu Gado Gado verwenden.

2 EL Sonnenblumen- oder Erdnussöl
½ TL gemahlener Koriander
2 TL gemahlener Kreuzkümmel
1 TL gemahlener Ingwer
ein paar Curryblätter
1 TL Trassi, zerbröckelt (nach Belieben, S. 154–155)
1 kg grosse Zwiebeln, fein gehackt
350 g Erdnussbutter
4 EL Kokosnusscreme
1 EL Sambal Oelek (S. 74 oder in orientalischen Läden erhältlich)

1 Öl erhitzen, die Gewürze trocken dazugeben, ebenso Curryblätter, Trassi und Zwiebeln. Gut verrühren und auf so niedriger Hitze wie nur möglich halten. Erdnussbutter und Kokosnusscreme beifügen.
2 Zudecken und mehrere Stunden kochen. Hie und da umrühren, damit die Masse nicht festsitzt. Wenn nötig 1–2 EL Wasser dazugeben.
3 Schliesslich wird die Sauce bei starkem Rühren dick und glatt – man kann dies mit dem Gebrauch eines Mixers beschleunigen, aber die Sauce wird dann nicht so gut wie die lang und langsam gekochte.
4 Curryblätter herausnehmen und Sambal dazumischen, dann aber höchstens noch eine Stunde kochen, denn Sambal wird stärker und stärker, je länger es gekocht wird.

Romesco-Sauce

Diese vielseitig verwendbare Sauce kommt aus der Provinz Tarragona in Spanien. Romesco-Pfeffer ist ein aromatisches, leicht scharfes *Capsicum annuum*, das man ausserhalb Spaniens fast nie finden kann. Statt dessen kann man frische rote Pfefferschoten und eine Prise Cayenne verwenden. Die Sauce wird gewöhnlich mit Fisch oder Krebsen serviert, aber sie passt auch gut zu gekochtem Gemüse und Gemüsesalaten. Sie ergibt auch einen guten Brotaufstrich.

1 getrocknete Romesco-Pfefferschote oder
1 frische rote Pfefferschote
4 Knoblauchzehen, ungeschält
175 g Tomaten
10 Haselnüsse
10 Mandeln
1 Petersilienzweig, gehackt
2 EL Weinessig
75 ml Olivenöl
Salz und Pfeffer

1 Samen aus der Romesco-Pfefferschote entfernen und die Schote 30 Minuten ins Wasser legen.
2 Die frische Pfefferschote (anstatt Romesco), Knoblauch, Tomaten und Nüsse auf ein Backblech legen. In den auf 200° vorgeheizten Ofen schieben. Nüsse nach ein paar Minuten, wenn sie leicht geröstet sind, herausnehmen, dann Knoblauch und Tomaten, wenn sie weich sind, und die Pfefferschote, wenn die Haut Blasen geworfen hat und schrumpelig aussieht – nach etwa 25 Minuten.
3 Alle Gemüse schälen. Romesco-Pfeffer, falls verwendet, abseihen.
4 Knoblauch und Pfefferschote mit den Nüssen zerstossen oder mixen. Tomaten und Petersilie dazugeben und gut mischen. Essig und Öl hineinschlagen. Mit Salz und Pfeffer nach Geschmack würzen. Bei Zimmertemperatur mindestens zwei Stunden vor dem Servieren ruhen lassen.

Amerikanische Gurken-Pickles

ERGIBT ETWA 2 KG

1,5 kg Gurken, in dicke Scheiben geschnitten,
(wenn möglich gerippte Gurken)
4 grosse Zwiebeln, in dicke Scheiben geschnitten
75 g grobes Salz
zerschlagenes Eis
900 ml Obstessig
1 TL gemahlener Gelbwurz
1 EL Senfkörner
1 TL Selleriesamen
½ TL schwarze Pfefferkörner
6 Gewürznelken
750 g Zucker

1 Gurken und Zwiebeln mit Salz und Reis in eine grosse Schüssel legen. Einen Teller darauflegen und beschweren, 3–4 Stunden belassen.
2 Essig, Gewürze und Zucker aufkochen, dabei rühren, um den Zucker aufzulösen. Vom Feuer nehmen.
3 Gurken und Zwiebeln gründlich abseihen. Den Essigsirup nochmals aufkochen und das Gemüse hineingeben. Sobald er zu kochen beginnt, Herdplatte abstellen.
4 Pickles in vorgewärmte Konservengläser füllen. Zudecken und zwei Wochen ruhen lassen.

Schwarze Oliven mit Fenchel und Nelkenpfeffer

ERGIBT ETWA 500 GRAMM

500 g schwarze Oliven in Salzlake
1 EL Fenchelsamen
1 EL Nelkenpfeffer, zerdrückt
3 Lorbeerblätter
Olivenöl

1 Oliven abseihen und spülen. In grosses Gefäss legen und schichtenweise mit den Gewürzen bestreuen.
2 Lorbeerblätter hineinstecken, dann genug Olivenöl darübergiessen, um die Oliven völlig zu bedecken. An kühlem Ort vor dem Gebrauch 3–4 Wochen aufbewahren.

Grüne Oliven mit Koriander

ERGIBT ETWA 500 GRAMM

500 g Oliven in Salzlake
4 grosse Knoblauchzehen
1 EL Koriandersamen, zerdrückt
½ Zitrone, geschnitten
Olivenöl

1 Oliven abseihen und spülen. Mit Hammer oder Nudelholz zum Platzen bringen. Zusammen mit Knoblauch, Koriandersamen und Zitronenschnitten in ein grosses Glas legen.
2 Mit Olivenöl bedecken.

Knoblauch-Pickles

ERGIBT ETWA 1,2 LITER

Der Geschmack von Knoblauch wird mit der Zeit angenehm mild, und nach 3–4 Monaten können die Pickles zerdrückt zu Gemüse- und Fleischgerichten verwendet werden.

250 g Knoblauch
1 EL Salz
3 EL Fenchelsamen
1 EL schwarze Pfefferkörner oder Langer Pfeffer
1 EL Garam Masala
1 EL Schwarzkümmelsamen
1 TL Chilipulver
¼ TL gemahlene Asafötida
900 ml–1,2 l Sonnenblumenöl

1 Knoblauch schälen, schadhafte Stellen herausschneiden.
2 Die ganzen Knoblauchzehen mit Salz und Gewürzen in ein Konservenglas legen. Mit Öl bedecken und gut verschliessen.
3 Glas an einen warmen Ort stellen – zum Boiler oder an die Sonne, wenn es warm genug ist. In den ersten 5 Tagen täglich ein paarmal umrühren. Vor dem Gebrauch wenigstens eine Woche an warmem Ort stehen lassen.

Limonen-Pickles

ERGIBT ETWA 300 ML

6 Limonen
50 g Salz
1 EL Senfsamen
1 TL Griechisch-Heu-Samen
Samen aus 2 Sternanis
4 kleine grüne Chilischoten
125 g brauner Zucker
1 EL gemahlener Zucker
1 EL gemahlener Ingwer
3–4 EL Wasser

1 Limonen in Viertel schneiden. In eine weite Schüssel legen und das Salz darüberstreuen. Über Nacht ruhen lassen.
2 Senfsamen, Griechisch-Heu, Sternanis und Pfefferschoten in trockener Pfanne erhitzen. Deckel auflegen, weil die Gewürze hochspringen. Wenn sie sich beruhigt haben, vom Feuer nehmen und beiseitestellen.
3 Die Flüssigkeit von den Limonen in einen Topf abseihen. Zucker, Ingwer und Wasser dazugeben und sieden, bis der Zucker aufgelöst ist. Abkühlen lassen.
4 Limonen und geröstete Gewürze in ein Konservenglas legen, gut vermischen. Die abgekühlte Zucker-Mischung über die Limonen giessen. Zudecken und vor Gebrauch 4 Wochen stehenlassen.

Tomaten-Chutney

ERGIBT ETWA 1,25 KG

1,5 kg reife Tomaten, geschält und gehackt
2 grosse Zwiebeln, gehackt
4 Knoblauchzehen, in Scheiben
175 ml weisser Essig
1 TL Salz
¼ TL Paprika
¼ TL gemahlene Gewürznelken
¼ TL gemahlene Muskatblüte
¼ TL gemahlener Kardamom
250 g Zucker

1 Tomaten und Knoblauch in schwerer Pfanne kochen, bis ein dicker Brei entstanden ist.
2 Die Hälfte des Essigs, Salz und Gewürze hineinrühren. Aufkochen und während 15 Minuten zu marmeladenähnlicher Konsistenz kochen.
3 Den Zucker im restlichen Essig auflösen und beigeben. Unter häufigem Umrühren etwa 15 Min. köcheln lassen. Der Chutney sollte sehr dick sein. Heiss in Konservengläser füllen.

Aprikosen- und Apfelchutney

ERGIBT ETWA 1,5 KG

500 g getrocknete Aprikosen, gehackt
2 grüne Äpfel, geschält und gehackt
3 grosse Zwiebeln in Scheiben
125 g Rosinen
450 ml weisser Essig
250 g brauner Zucker
½ TL Senfkörner
½ TL Nelkenpfeffer gemahlen
¼ TL gemahlener Ingwer
1½ TL Salz

1 Wenn die Aprikosen sehr trocken sind, zuerst ein paar Stunden in Wasser einlegen.
2 Alle Zutaten in einen Topf geben und langsam zu einem dicken Brei kochen. Häufig umrühren, damit nichts festsitzt. Heiss in Konservengläser geben.

Gewürztes Brombeergelee

ERGIBT ETWA 1,25 KG

1½ kg Brombeeren
300 ml Wasser
¼ TL geschabte Muskatnuss
¼ TL gemahlener Zimt
1 Prise gemahlene Gewürznelken
Zucker
Saft von 2 Zitronen

1 Brombeeren mit Wasser und Gewürzen in einen Topf geben. Aufkochen und 30 Minuten stetig kochen, bis aller Saft entwichen ist. Von Zeit zu Zeit umrühren und die Früchte auspressen.
2 Durch ein Seihtuch sieben. Saftmenge messen und pro 500 ml je 500 g Zucker hineingeben.
3 Brombeersaft, Zucker und Zitronensaft langsam kochen, bis die Masse zu gelieren beginnt. Heiss in Konservengläser einfüllen.

Eingemachte grüne Walnüsse

Diese ungewöhliche Einmachspeise stammt aus Griechenland. Die Zubereitung ist zeitraubend, aber es lohnt sich, sich einen Vorrat von grünen Walnüssen anzulegen.

1 kg grüne Walnüsse
1 kg Zucker
1 l Wasser
Saft von 3 Zitronen
12 Gewürznelken

1 Tragen Sie Gummihandschuhe zum Vorbereiten der Walnüsse. – Die Aussenhaut mit einem Kartoffelschäler abziehen und die Nüsse in einer grossen Schüssel kaltem Wasser 6–7 Tage wässern.
2 In einem Chromstahl- oder Emailtopf Zucker, Wasser und Zitronensaft zu einem dicken Sirup kochen.
3 Nüsse abseihen und mit den Gewürznelken in den Sirup geben. 40 Minuten köcheln lassen, dann den Topf vom Feuer nehmen und abkühlen lassen.
4 Darauf achten, dass alle Nüsse vom Sirup bedeckt sind. Wenn nötig einen Teller drauflegen. 48 Stunden stehenlassen.
5 Nüsse herausnehmen, den Sirup nochmals aufkochen und weitere 40 Minuten köcheln lassen.
6 Walnüsse und Sirup in vorgewärmte Konservengläser giessen, kühl werden lassen und verschliessen.

Eingemachte Pflaumen

ERGIBT ETWA 1 KG

1 kg kleine, feste Pflaumen
175 g Zucker
300 ml Weinessig
2 Stücke Kassienrinde
½ TL Gewürznelken
3–4 Blätter Muskatblüte

1 Früchte 10 Minuten lang in kaltes Wasser einlegen. Abseihen, jede Pflaume mehrmals mit einer Nadel einstechen. In Konservengläser einlegen.
2 Zucker, Essig und Gewürze in einem Topf zum Sieden bringen. Wenn der Zucker aufgelöst ist, weitere 4–5 Min. köcheln, dann erkalten lassen.
3 Die Würzmischung über die Pflaumen giessen, dabei die Gewürze gleichmässig verteilen. Sicherstellen, dass alle Pflaumen von der Flüssigkeit bedeckt sind.
4 Zudecken, vor dem Gebrauch 10 Tage stehenlassen.

VARIANTE

♦ Man kann Aprikosen auf gleiche Weise einmachen. Auch Pfirsiche und Birnen eignen sich, aber man muss sie in Viertel schneiden, und die Birnen sollten geschält werden.

Getränke

Gewürzter Tee

FÜR 4–6 PERSONEN

1 l Wasser
1 Zimtstange
3 Gewürznelken
3 Nelkenpfeffer-Beeren
3 Kardamomen, zerdrückt
1 EL Schwarztee

1 Wasser und Gewürze 5 Minuten köcheln lassen.
2 Zum Sieden bringen und in einer gewärmten Teekanne auf den Schwarztee giessen. 5 Minuten ziehen lassen.

Mexikanischer Kaffee

FÜR 4–6 PERSONEN

In Mexiko macht man den Kaffee in den Steingut-Bechern, in denen er serviert wird. Aber er lässt sich auch in einem Kochtopf oder einer Kaffeekanne zubereiten.

½ Zimtstange
4 TL dunkelbrauner Zucker
900 ml Wasser
4 EL grob gemahlener, dunkelgerösteter Kaffee

1 Zimt, Zucker und Wasser in einen Topf geben und langsam erhitzen, bis sich der Zucker aufgelöst hat.
2 Kaffee hineinrühren, aufkochen, vom Feuer nehmen. Nochmals aufkochen, vom Feuer nehmen und 1–2 Minuten ziehen lassen. Abseihen und servieren.

Gewürzter Ayran

Ein erfrischendes Getränk aus der Türkei.

450 ml Yoghurt nature
450 ml kaltes Wasser
Samen von 8 Kardamomschoten
Eiswürfel (nach Belieben)

1 Yoghurt cremig schlagen, dann nach und nach Wasser hineinschlagen.
2 Wenn das Getränk gut vermischt ist, Kardamomsamen hineingeben. Lauwarm oder mit Eiswürfeln servieren.

Chili-Wodka

2 rote Chilis in einer Flasche Wodka 24 Stunden ziehen lassen. Abseihen und den Wodka im Kühlschrank aufbwahren. Er ist sehr gut gegen Schnupfen.

Karibisches Ingwerbier

ERGIBT ETWA 4,8 LITER

250 g frische Ingwerwurzel, geschält
2 Limonen, in dünne Scheiben geschnitten
15 g Weinsäure
1 kg Zucker
4,8 l Wasser
15 ml Trockenhefe

1 Ingwerwurzel in eine grosse Schüssel oder Krug schaben, dann Limonenscheiben, Weinsäure und Zucker hineingeben.
2 Eine Tasse Wasser erwärmen und über die Hefe giessen.
3 Den Rest des Wassers sieden und über die Ingwer- und Zuckermischung giessen. Wenn diese Flüssigkeit lauwarm geworden ist, Hefe zu einer Paste schlagen und hinienrühren.
4 Zudecken und 2 Tage stehen lassen. Abseihen und in Flaschen füllen. Das Ingwerbier hält sich im Kühlschrank bis zu einer Woche, sonst 2–3 Tage.

Glühwein

ERGIBT ETWA 750 ML

150 ml Wasser
1 kleines Stück Zimtstange
1 kleines Stück getrocknete Ingwerwurzel, gequetscht
8 Gewürznelken
1 paar Stücke Orangeat (nach Belieben)
75 g Zucker
1 Flasche Rotwein

1 Wasser in einem Topf mit den Gewürzen, dem Orangeat und dem Zucker zu einem dicken Sirup sieden.
2 Wein hineingiessen und beinahe auf den Siedepunkt erhitzen, dann servieren.

Gewürznelkenlikör

«Man nehme zerquetschte Gewürznelken und Kassienknospen, von jedem eine Unze (25 g), und ein Dutzend Nelkenpfefferkörner. Man lasse die Gewürze in heissem Wasser ziehen und stelle die gut verschlossene Flasche eine Nacht oder zwei ans Feuer. Dann siebe man diese in 3 Schoppen (1,8 l) Trinkbranntwein ab und giesse nach Geschmack Sirup dazu. Hierauf filtriert man den Likör und färbt ihn mit gebranntem Zucker oder ein wenig Koschenille (roter Farbstoff der Schildlaus). Man kann Muskatblüte oder zerstossene Muskatnuss hinzufügen. Es ist angenehm und kräftigend.»

Aus «The Cook and Housewife's Manual» von Mistress Margaret Dods, Ausgabe 1833.

ANMERKUNG: Der Branntwein kann klares Eau-de-Vie oder (was zu einem schottischen Rezept besser passt) Whisky sein. Meiner Ansicht nach braucht man das Getränk nicht zu färben.

5

Gewürze im Heim

Früher spielten Gewürze im Haushalt eine weit grössere Rolle als heute, wo wir sie fast nur in der Küche verwenden. Sie würzten und konservierten nicht nur die Nahrung, sondern erfrischten die Luft, wehrten Insekten ab und halfen bei der Verhütung und Heilung sehr vieler Krankheiten. Auf den folgenden Seiten zeigen wir, wie früher Gewürze als Luft-Erfrischer eingesetzt wurden, welche Heilkräfte sie haben und wie man sie am besten haltbar macht.

Gewürzfreuden

*«Ich wähle mir eine kleine Orange, rund wie der Mond;
ihre Wange reifte im sonnigsten Obstgarten,
und wenn sie so trocken ist wie eine sommerliche Heuwiese,
bestecke ich sie rundherum mit Gewürznelken-Köpfchen.»*

Eleanor Farjeon, *The Clove Orange*

Heutzutage verbinden wir Gewürze hauptsächlich mit dem Kochen, aber früher half ihr Duft auch, die Luft zu erfrischen, und man glaubte sogar, sie wehrten die Pest und andere Krankheiten ab, weil sie antiseptisch wirken. Süssduftende Kräuter wurden auf den Boden gestreut, Gewürzkugeln wurden in der Hand getragen oder an den Gürtel gehängt; Lavendelbeutelchen und Kräuterbüschel steckte man in Schränke und Schubladen, und Schalen mit Potpourri erfrischten und parfümierten die Luft.

In elisabethanischen Zeiten wurden Seifen und Desinfektionsmittel, Lotionen und Salben, Tinkturen und Liköre, Gurgelwasser und Heilmittel zuhause hergestellt, aus Blüten und Kräutern des Gartens und aus Drogen und Gewürzen vom Drogisten oder Apotheker. Jedes Kochbuch enthielt gewöhnlich ebensoviele Rezepte für diese Destillations-Erzeugnisse wie fürs Kochen. Das untenstehende Rezept für *Aqua composita* ist ein typisches Beispiel.

Aqua composita

«Man nehme eine Gallone Wein aus der Gascogne, Ingwer, Galangawurzel, Zimt, Muskatnüsse, Paradieskörner, Anissamen, Fenchelsamen, Kümmelsamen – von jedem eine Drachme; Salbei, Minze, rote Rosen, Thymian, Mutterkraut, Rosmarin, wilden Thymian, Kamille, Lavendel – von jedem eine Handvoll. Man zerdrücke die Gewürze fein und zerquetsche die Kräuter und lasse sie 12 Stunden unter gelegentlichem Umrühren ziehen. Dann destilliere man sie in einem zinnernen Destillationsapparat und behalte das erste Wasser, das erscheint, getrennt auf, und auch das zweite. Jede Gallone Wein ergibt so etwa einen Schoppen guten Wassers.»

Aus *Delights for Ladies* von Sir Hugh Plat, 1602

Aqua composita und ähnliche Wasser, wie etwa *aqua mirabilis,* Zimtwasser, Aniswasser wurden gegen alle möglichen Beschwerden genommen – Sodbrennen, Melancholie, Gedächtnisschwund, Verdauungsbeschwerden – und als «Herzenstrost». Wenigstens wirkten sie kräftigend auf die Patienten.

Gewürzwasser zu destillieren, Seifen und Gurgelwasser herzustellen, ist heute wohl in den wenigsten modernen Haushalten mehr möglich. Potpourris, Gewürznelken-Orangen und andere Gewürze- und Kräuterbeutel lassen sich jedoch problemlos selbst verfertigen, um Zimmern und Schränken Duft zu verleihen und Motten und andere Insekten fernzuhalten.

Pflanzliche Essenzen ergeben eine gute Parfümierung, aber da sie flüchtig sind und ihren Duft rasch verlieren, muss ein Fixativ das Öl absorbieren und festhalten. Früher waren tierische Fixative, wie zum Beispiel Moschus, gebräuchlich, aber heute sind pflanzliche Fixative, zum Beispiel Veilchenwurzel oder Benzoeharz, üblicher. Auch Vanilleschoten, Zimtstangen und Gewürznelken sind wirksame Fixative.

Süsse Rosensachets

«Schneiden Sie von duftenden Rosenblättern das Weisse weg. Lassen Sie sie gut trocknen und vermischen Sie sie mit ein paar Tropfen Rosenöl und Gewürznelkenpulver. Füllen Sie damit kleine Sachets, um sie in Ihre Schubladen zu legen.»

Aus *The Compleat Confectioner* von Hannah Glasse, 1760

Rosmarin- und Zitronenkrautsachets

Eine Handvoll getrockneter Rosmarinblüten
eine Handvoll getrockneter Zitronenkrautblüten
25 g gemahlene Veilchenwurzel
abgeschabte Schale von 1 Orange, getrocknet
½ geschabte Muskatnuss

Alle Zutaten vermischen und damit kleine Beutel aus Baumwolle oder Mousseline füllen.

Süsser Duftbeutel für Wäsche

«½ Tasse getrocknete Rosenknospen
⅓ Tasse gemahlene Veilchenwurzel
1 Tasse Koriandersamen, im Mörser zerdrückt
1 TL Zimtpulver
10 leicht angequetschte ganze Gewürznelken
½ Tasse getrocknete Orangenblüten
½ TL Salz

Gut mischen und in kleine Baumwollbeutel füllen.»

Aus *Potpourris and other Fragrant Delights* von Jacqueline Hériteau, 1975.

Mottenbeutel

Motten waren früher oft eine Plage, und man versuchte mit verschiedenen duftenden Mischungen, den Insekten das Eierlegen in Stoffe und Kleider zu verwehren. Hier ein Rezept, das auf einem Ratschlag in *The Practical Housewife*, 1860, beruht:

1 Vermengen Sie zu gleichen Teilen gemahlenen Kümmel, Gewürznelken, Muskatnuss, Muskatblüte, Zimt und Tonkabohnen.
2 Fügen Sie die gleiche Menge Veilchenwurzelpulver bei, wie die gesamten Gewürze ausmachen. Mischen Sie gut und füllen Sie damit kleine Beutelchen.

Eine Gewürznelkenorange

Nehmen Sie eine dickschalige Orange, bezeichnen Sie mit Kerben die Viertel und binden Sie ein Band um die Frucht, mit genügend langen Enden zum späteren Aufhängen. Bevor Sie sie mit Gewürznelken bestecken, stechen Sie mit einer Stopfnadel oder einer Ahle Löcher, sonst zerbrechen die Gewürznelken. Plazieren Sie die Gewürznelken so, dass ihre Köpfe einander berühren. Vermengen Sie gleichviel Veilchenwurzelpulver und gemahlenen Nelkenpfeffer oder Zimt, und rollen Sie die Orange darin herum, bis sie überall mit der Mischung bedeckt ist. Der Duft hält sich ein bis zwei Jahre.

Herkömmliches Potpourri

1 l getrocknete, duftende Blätter und Blüten
200 g grobes Salz
50 g gemahlene Gewürznelken
50 g gemahlener Nelkenpfeffer
75 g gemahlenes Benzoeharz
75 g gemahlene Veilchenwurzel
50 g brauner Zucker
ein paar kleine Stücke Zimt
3 EL Weinbrand

1 Wählen Sie eine Mischung aus *Rosenblättern (Blütenblätter), Lavendel, Rosengeranien, Rosmarin, Zitronenmelisse, Majoran, Lorbeerblättern;* sie müssen vollkommen trocken sein. Legen Sie sie in eine Schüssel und mischen Sie 150 g Salz darunter. Lassen Sie das Ganze 3 bis 4 Tage stehen.
2 Mischen Sie das verbliebene Salz mit den trokkenen, gemahlenen Zutaten und dem Zucker, und geben Sie diese Mischung mit den Zimtstücken zum Potpourri. Füllen Sie das Ganze in ein Gefäss mit Deckel um und träufeln Sie den Weinbrand darüber. Vermischen Sie alles gründlich und halten Sie das Gefäss, wenn es nicht in Gebrauch ist, fest geschlossen. Rühren Sie das Potpourri hin und wieder um. Wenn es austrocknet, kann man es mit etwas Brandy wiederbeleben.

Eleanour Sinclair Rohdes Potpourri

1 l Rosenblütenblätter
175 g grobes Salz
3 EL Nelkenpfeffer, zerqngen, zerquetscht
1½ EL Gewürznelken, zerquetscht
3 Muskatnüsse, grob zerquetscht
1 EL Anis
50 g Lavendelblüten
25 g gemahlene Veilchenwurzel
1 TL Jasminöl
Je 3 Tropfen Rosengeranien-, Lavendel- und Zitronenöl
2 Tropfen Neroli
1 Tropfen Patschuli
1 Tropfen Rosmarinöl

Rosenblütenblätter bei trockenem Wetter ernten und im Schatten auf Papier trocknen lassen. Am besten sind Damaszenerrosen. Wenn sie ganz trocken sind, legen Sie sie in einen Krug mit Deckel und fügen Sie auf drei Handvoll Rosenblütenblätter je eine Handvoll Salz hinzu. Lassen Sie alles fünf Tage stehen, wenden Sie es täglich zweimal um. Dann geben Sie Nelkenpfeffer und Zimt hinein und lassen Sie es wieder eine Woche stehen; wiederum das Ganze wenden. Hierauf fügen Sie alles übrige hinzu, mitsamt den Ölen. Sie können, wenn Sie wollen, frisch getrocknete Blätter von Majoran, Melisse, Tuberose, Zitronenkraut, Orangenblüten, Gardenien, Nelken, Veilchen etc. dazugeben. Rühren Sie von Zeit zu Zeit mit einem hölzernen Löffel um.»

Aus *Gardens of Delight* von Eleanour Sinclair Rohde, 1934

Blüten-Potpourri

«Blätter» kann hier auch Blütenblätter meinen. Statt Lorbeersalz verwenden Sie Meersalz.

«Nehmen Sie eine grosse Menge *Rosenblätter* und trocknen Sie sie im Haus, nicht im Freien, weil die Luft ihnen den Duft raubt. Fügen Sie süssduftende *Geranien, Zitronenkraut, Geissblatt und Lavendel* hinzu. Bestreuen Sie die Blätter mit Gewürznelkenpulver, einem grossen Esslöffel voll *Lorbeersalz, Moschus, Lavendelöl, Zimtöl, Gewürznelkenöl,* und vermischen Sie diese Zutaten gründlich.»

Aus *A Book of Scents and Dishes* von Dorothy Allhusen, 1926.

Pomander und Potpourris

Die meisten Potpourris enthalten mehrere Aromastoffe. Gewürze wie Gewürznelken und Vanille verströmen ihren eigenen, süssen, warmen Duft und helfen gleichzeitig, denjenigen der Essenzen zu bewahren. Steckt man sie in ein Stoffsäcklein, so parfümieren Gewürze die Kleider und schützen sie vor Insekten. Ein altbekannter Lufterfrischer ist die mit Gewürznelken besteckte Orange.

DUFTKISSEN

Rosmarin und Zitronenkraut (Rezept S. 148)

Mottenabwehrende Gewürzmischung (Rezept S. 149)

Duftsachet für Wäsche (Rezept S. 148)

GEWÜRZNELKEN-ORANGE

Eine mit Gewürznelken besteckte Orange behält ihren Duft ein bis zwei Jahre lang (S. 149)

POTPOURRI-MISCHUNGEN

Eleanour Sinclair Rohdes Potpourri (Rezept S. 149)

Herkömmliches Potpourri (Rezept S. 149)

Blüten-Potpourri (Rezept S. 149)

POTPOURRI-SCHACHTEL

Eine sehr hübsche Art, ein Potpourri zu präsentieren

Gewürze als Heilmittel

In der westlichen Welt werden heutzutage Gewürze nur selten als Heilmittel verwendet; in China aber und in der ayurwedischen Medizin Indiens sind sie seit Jahrtausenden verbreitet. Kassie, Ingwer, Kardamom, Pfeffer, Sesam und Mohn gehören wohl zu den ältesten Heilmitteln des Ostens; in den alten Zivilisationen Mesopotamiens hingegen waren die Samengewürze – Dill, Anis, Kümmel, Fenchel – gebräuchlicher. Die Ägypter, Griechen und Römer verwendeten eine grosse Anzahl pflanzlicher Heilmittel aus dem Osten wie auch von eigenem Boden. Sieben der 37 Bände der *Naturgeschichte* des Plinius, aus dem ersten Jahrhundert v. Chr., befassen sich mit Heilpflanzen. Die Araber, die ja jahrhundertelang im Zentrum des Gewürzhandels standen, machten sich die griechische Überlieferung zunutze, ebenso wie die Fülle medizinischen Wissens, die aus dem Osten kam und die durch die Schriften Avicennas, eines führenden arabischen Arztes im 11. Jahrhundert, nach Westen gebracht wurde.

Die Europäer waren damals ebensosehr aus medizinischen wie aus kulinarischen Gründen auf Gewürze begierig. Die Verkäufer von Pfeffer und Gewürzen wurden später zu Apothekern. Während Jahrunderten litt die Bevölkerung Europas unter Pest und Epidemien. Viele glaubten, diese entstünden wegen schlechter Luft, und Gewürze wurden als Luftreiniger beliebt. Die Menschen gewöhnten sich an, Ballen aromatischer Gewürzmischungen oder Pomander, Duftkugeln, mit sich zu tragen als Schutz gegen die Pest und schlechte Gerüche.

Die Beschwerden, gegen welche Gewürze eingesetzt wurden, waren vielfältig; sie umfassten Schlangenbiss, Bettnässen, Menstruationsstörungen, Sehschwäche, Hämorrhoiden, Gelbsucht, Verstopfung, Zuckerkrankheit, Migräne, Schlaflosigkeit und Impotenz. Wärmende Gewürze wie Senf und Cayenne verwendete man gegen Erkältungen, Kreislaufbeschwerden und Muskelschmerzen. Im alten Griechenland wurde Senf als Pflaster gegen Lungenentzündung gebraucht; Senfpflaster, glaubte man, wärme die Haut und öffne die Lungen, so dass das Atmen leichter falle; liess man es allerdings zu lange darauf, so zog die Haut Blasen. Senfpulver gab man ins Bad bei müden, schmerzenden Füssen und bei Erkältungen zur Erhöhung der Körpertemperatur.

Chilis enthalten Kapsaizin, das die Blutzirkulation beschleunigt. Der Blutstrom mildert den Schmerz überanstrengter Muskeln, und so findet man Chilis häufig in Muskelsalben. Geschlossene Frostbeulen, Neuralgien und Hexenschuss werden oft mit Salben behandelt, die Cayenne enthalten.

Ein weiteres wärmendes Gewürz, Ingwer, wurde von den Chinesen als so wohltätig empfunden, dass er sogar in Töpfe gepflanzt und auf lange Seereisen mitgenommen wurde; die Mannschaft ass davon, um Skorbut vorzubeugen. Im heutigen China ist Ingwer ein herkömmliches Heilmittel gegen Erkältungen und Husten, bei Nierenbeschwerden und sogar bei Katzenjammer. Als Ingwer Europa erreichte, verwendete man ihn freigebig gegen alle möglichen Krankheiten. Die neuere Forschung hat ergeben, dass er die Blutzirkulation anregt, bei der Verdauung fetter Speisen hilft und Seekrankheit verhindert.

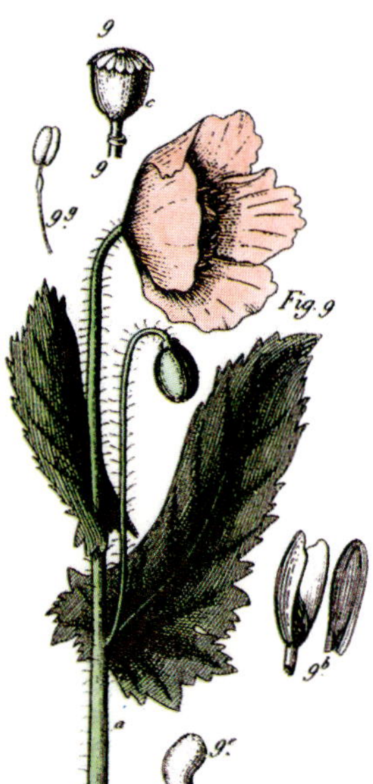

Opium-Mohn *Die Pflanze liefert Samen zum Würzen und einen klebrigen Saft, aus dem die Schmerzmittel Opium, Morphium und Kodein gewonnen werden.*

Gewürznelken *Sie sind antiseptisch und schmerzbetäubend; deshalb werden sie seit jeher gegen Zahnschmerzen und Brechreiz angewendet.*

Chilis *liefern Kapsaizin, das den Kreislauf anregt und gegen Bakterien wirksam ist.*

Wie sehr Gewürze die Verdauung fördern, wusste man schon in der Antike. Die Römer reichten am Ende ihrer Bankette Gewürzkuchen, damit die Gäste fette Speisen leichter verdauten, und noch heute wird am Ende einer indischen Mahlzeit häufig ein Gericht gereicht, das Anis, Fenchelsamen, Kümmel und Dill enthält. Weitere verdauungsfördernde Gewürze sind Ajowan, Kassie, Selleriesamen, Chilis, Kreuzkümmel, Griechisch Heu, Ingwer, Senf und Pfeffer. Dillwasser ist ein altes Heilmittel gegen Aufstossen und Kolik bei Keinkindern.
Die moderne Forschung hat gezeigt, dass Zimt, den die alten Ägypter zum Einbalsamieren benutzten, Infektionen durch Bakterien und Pilze entgegenwirkt. Auch Anis hat antibakterielle Eigenschaften, obschon es heute nur noch in Hustenmedizin und als Mittel gegen Blähungen verwendet wird. Gewürznelken, als Zahnwehmittel bekannt, sind antiseptisch und wirken mild schmerzlindernd, wenn man sie ganz zerkaut oder ins Zahnfleisch reibt. Gewürznelkentee ist ein altes Heilmittel gegen Brechreiz und Verdauungsstörungen.

Gewürze in Form ätherischer Öle

Die alten Kulturen schätzten aromatische Pflanzen nicht nur ihrer Heilwirkungen wegen, sondern auch als Parfüms, Salböle und Konservierungsmittel. Zur Zeit des moslemischen Reichs (7. bis 11. Jahrhundert) vervollkommneten arabische Wissenschaftler die Kunst der Destillation, indem sie Techniken entwickelten, mit denen sie aus aromatischen Pflanzen die ätherischen Öle zogen. Die ersten so verarbeiteten Pflanzen waren Zimt und Gewürznelken; am berühmtesten wurde das kostspielige Rosenöl. Die Kreuzritter und ihr Gefolge brachten die Technik der Destillation nach Europa, und im 14. Jahrhundert gab es schon die Zunft der Apotheker, die Öle, Salben und Aufgüsse verkauften.

Auch heute werden viele Gewürzöle hergestellt, sowohl in den Ursprungsländern als auch in den sie importierenden Ländern. Es ist ein zeitraubendes, teures Verfahren, bei dem grosse Mengen besten Rohmaterials benötigt werden, um eine winzige Menge Öl zu erhalten. Reine Essenzen sind deshalb kostspielig. Gewisse Öle werden synthetisch hergestellt, doch wird dabei nur das Aroma, nicht die heilenden Eigenschaften nachgeahmt. Synthetische Essenzen kann man für Schönheitsmittel und in der Lebensmitzen, aber nicht als Heilmittel.

Eine wichtige Verwendung von Essenzen stellt heute die Aromatherapie dar, eine moderne, ganzheitliche Version der alten Heilkunst, die den Abwehrmechanismus des Körpers stärken soll. Die Öle werden durch Massage, in Bädern und mit Inhalationen appliziert; manche wirken beruhigend, andere regen die Körperfunktionen an. Von den Gewürzölen sind Zimt, Wacholder und Gewürznelken in der Aromatherapie am wichtigsten.

In einer alten Apotheke *Gewürze und Kräuter wurden zu Pulver gemahlen und auf verschiedene Arten gemischt; man gab sie gegen vielerlei Beschwerden ab.*

Zubereitung und Aufbewahrung

Wahl der Gewürze

Gewürze sind in vielen Formen erhältlich; es gibt Samen und Pulver, frische Wurzeln und aromatische Blätter. Wenn Sie getrocknete Beeren, Früchte und Samen kaufen, wählen Sie stets ganze Gewürze, denn sie behalten Geschmack und Geruch länger als gemahlene und können ohne Schwierigkeiten jederzeit nach Bedarf gemahlen werden. Fertig gemahlene Gewürze können verfälscht sein; wenn Sie sie selbst mahlen, wissen Sie, was darin ist. Beim Einkauf getrockneter Gewürze achten Sie auf gute, nicht verblasste Farbe und auf vollen, nicht muffigen Duft. Nehmen Sie keine Früchte und Schoten, die rissig, geschrumpft oder hohl aussehen, und keine Säcke mit Samen, die eine Menge Pulver und Staub enthalten. Frischer Galanga, Ingwer und Lemongras haben einen reineren Geschmack als getrocknete Gewürze und schmecken in manchen Gerichten besser.

Wie man Gewürze aufbewahrt

Frische Gewürze Lemongras, Schraubenbaum, Curryblätter und Kaffernlimonettenblätter halten sich etwa eine Woche lang im Gemüsefach des Kühlschranks. Ingwer und Galanga halten sich besser, wenn man sie in Küchenpapier einwickelt, welches fäulniserregende Feuchtigkeit aufsaugt. Lemongras, Chilis und Blätter können auch bis zu sechs Monate tiefgefroren werden. Um Ingwer frisch zu halten, kann man ihn schälen, in Scheiben schneiden und in Sherry einmachen.

Getrocknete Gewürze legen Sie in luftdichte Dosen in einem kühlen, trockenen Schrank, denn direktes Licht, Hitze und Feuchtigkeit schaden ihnen. Ganze Gewürze halten sich so mehrere Monate, ja bis zu einem Jahr. Die meisten gemahlenen Gewürze hingegen verlieren in wenigen Monaten Farbe und Geschmack. Wenn Sie nicht mehr sicher sind, wie alt ihre Gewürze sind, prüfen Sie, ob sie muffig oder fade riechen; wenn ja, ersetzen Sie sie.

Andere Gewürze Senf lässt sich fertig zubereitet oder in Pulverform bis zu einem Jahr halten. Gewisse Gewürze wie Tamarinde und Vanilleschoten halten sich mehrere Jahre lang frisch.

Gewürze zubereiten

Ausführliche Angaben über die beste Art, jedes Gewürz zuzubereiten, finden Sie im Index der Gewürze (S. 18–67).

Mahlen Man zerstösst oder mahlt Gewürze, um ihren Geschmack und ihren Duft zu aktivieren. Mit wenigen Ausnahmen – darunter getrockneter Ingwer, Muskatblüte, Gelbwurz, Kassie und Zimt – ist es einfach, ganze Gewürze zu mahlen. Mahlen Sie nur jeweils die benötigte Menge, damit ihr Geschmack erhalten bleibt. Die herkömmliche indische Art ist es, sie mit einem grossen Stössel auf einem eingebuchteten Stein zu zerstossen. Japanische Mörser haben gerippte Wände und eignen sich gut dazu, Chilis und Knoblauch zu Paste zu zerreiben. Manche Gewürze, zum Beispiel Nelkenpfeffer, Koriander und Griechisch Heu, lassen sich leicht in einer Pfeffermühle mahlen. Schneller geht es mit einer handgetriebenen oder elektrischen Kaffeemühle; ich habe eigens eine für Gewürze reserviert. Ein Mixer ist ideal, um Pasten und Pürees herzustellen, aber man braucht eine verhältnismässig grosse Menge von Gewürzen, damit seine Messer greifen.

Ausquetschen Gewürze wie getrockneter Ingwer, Wacholderbeeren und Kardamomschoten mahlt man nicht, sondern zerquetscht sie nur leicht im Mörser mit einem Stössel, oder man gibt die benötigte Menge in ein Säckchen oder einen Umschlag und schlägt mit dem Nudelholz darauf.

Trockenrösten Diese Methode erhöht Geschmack und Aroma von Gewürzen wie Koriander, Kreuzkümmel, Fagara, Griechisch Heu, Senfsamen, Schwarzkümmel, Mohnsamen und Sesamsamen; in der indischen Küche ist sie unentbehrlich. Erwärmen Sie eine schwere Bratpfanne und geben Sie nach zwei bis drei Minuten die ganzen Gewürze hinein. Rösten Sie sie bei mittlerer Hitze während einiger Minuten, rühren Sie dabei häufig um oder schütteln Sie die Pfanne, damit das Gewürz nicht anbrennt. Rösten Sie weiter, bis die Gewürze dunkelbraun sind und einen betäubenden Duft abgeben – das sollte etwa fünf Minuten dauern. Nehmen Sie die Gewürze vom Feuer und lassen Sie sie in einer trokkenen Schale erkalten, um sie dann zu Pulver zu mahlen.

Ein paar besondere Hinweise und Zutaten

Einige Gewürze brauchen eine besondere Behandlung; sie ist jeweils im Index der Gewürze (S. 18–67) beschrieben. Hier ein paar weitere Ratschläge für die Zubereitung gewisser Gewürze und über ungewöhnliche Zutaten, die in asiatischen Gewürzrezepten erscheinen.

Chilis Am besten tragen Sie Haushalthandschuhe aus Gummi, besonders, wenn die Zubereitung kompliziert ist. Wenn Sie Chilis entkernen müssen, tun Sie das, ehe Sie sie hacken. Eine frische Chili schneiden Sie entzwei und kratzen die Samen mit der Spitze eines Messers heraus. Von einer getrockneten Chili schneiden Sie mit Messer oder Schere das Stielende ab und schütteln die Samen heraus.

Ingwer Frischen Ingwer schält man zuerst mit einem scharfen Messer, dann schneidet man ihn entweder in Scheiben oder hackt ihn oder schabt ihn mit einer feinen Raffel. Ingwer lässt sich leichter hacken, wenn man ihn zuerst mit einem flachgelegten Messer zerdrückt, um die Fasern auseinanderzupressen.

Knoblauch Zerdrückter Knoblauch kommt in vielen Gewürzmischungen vor. Schnell und gut geht es, wenn man eine ungeschälte Knoblauchzehe auf eine Arbeitsfläche legt und mit dem Handballen oder einem grossen, flachgelegten Messer daraufdrückt. Die Haut löst sich dann. Hierauf legt man die Knoblauchzehe mit ein paar Salzkörnern in einen Mörser und zerstösst sie.

Kokosnussmilch sie ist eine wichtige Zutat in der indonesischen Küche. Man kann sie aus frischem, getrocknetem oder geschlagenem Kokosnussfleisch herstellen. Am leichtesten geht es mit geschlagener Kokosnuss, die in festen weissen Blöcken verkauft wird. Um 175 ml dicke Kokosnussmilch zu erhalten, löst man 75 g gehackte geschlagene Kokosnuss in 175 ml heissem Wasser auf. Will man dünne Milch, nimmt man nur 25 g Kokosnuss. Die Milch lässt sich 24 Stunden im Kühlschrank halten. Eventuell vor dem Gebrauch nochmals gut aufrühren.

Schwarzes Salz eine aromatische, schwach salzige Würze, die in indischen Lebensmittelläden verkauft wird. In Gewürzmischungen kann man sie durch eine kleinere Menge gewöhnlichen Salzes ersetzen.

Trassi eine feste Paste aus Garnelen, deren Gebrauch in der südostasiatischen Küche weit verbreitet ist. Sie riecht äusserst scharf, etwa wie Fleischextrakt, und ist in orientalischen Läden, manchmal unter dem malaiischen Namen *blachan*, in kleinen Päckchen erhältlich. Trassi wärmt man, indem man es in Folie wickelt und röstet, bis es dunkel wird, oder indem man es ein paar Minuten lang in einen auf 180° vorgewärmten Ofen legt.

Einheimische Gewürznamen

Einige der weniger gebräuchlichen Gewürze findet man nur in indischen, chinesischen oder südostasiatischen Läden. Daher hier die Namen, unter welchen sie figurieren können. Die südostasiatischen Namen sind mit (I) Indonesien, (M) Malaysia, und (T) Thailand näher bezeichnet.

GEWÜRZ	Indisch	Chinesisch	Südostasiatisch
Ajowan	*ajwain; carom; lovage*		
Anis	*saunf*	*yan kok*	*jintan manis (M)*
Asafötida	*hing*		
Cayenne/Chilli	*lal mirch*		*pisi hui (T)*
Curryblätter	*kari patta*		*daun kari (I); daun kai pla (M); bai karee (T)*
Dill	*sowa*		*adas cina (I)*
Fenchel	*saunf*	*wooi heung*	*adas (I, M)*
Galanga, grosser			*laos (I); lengkuas (M); khaa (T)*
Galanga, kleiner		*sa leung geung*	*kencur (I)*
Gelbwurz (Turmeric)	*haldi*	*wong geung*	*kunjit (I, M); kamin (T)*
Granatapfel	*anardana*		
Griechisch Heu	*methi*		
Kaffernlimonettenblätter			*daun jeruk purut (I); bai makrut (T)*
Kardamom	*elaichi*	*wok lok wuat*	*kapulaga (I); buah pelaga (M); (luk) kravan (T)*
Kassienknospen	*nagkesar*		
Koriander	*dhania*		*ketumbar (I, M); pak chi met (T)*
Kreuzkümmel	*jeera*		*jinten (I); jinten putih (M); yee raa (T)*
Kubebenpfeffer			*tjabé djawa (I)*
Kümmel	*kala jeera; shia jeera*		
Lemongras			*sereh (I, M); ta krai (T)*
Mangopulver	*amchoor*		
Mohnsamen	*khas khas*		*kas kas (M)*
Muskatblüte			*bunga pala (M); dawk chand (T)*
Safran	*kesar*		*kunyit kering (M)*
Schraubenbaum	*rampe*		*daun pandan (I); bai toey hom (T)*
Schwarzer Kreuzkümmel	*kala jeera*		
Schwarzkümmel	*kala jeera; kalonji*		
Senfsamen	*rai*		*biji sawi (M)*
Sesam	*til*	*chee ma*	*bijan (M); dee la (T)*
Sternanis		*pak kok*	*bunga lawang (I, M); poy kak bua (T)*
Tamarinde	*imli*		*asam (I); asam java (M); mak kam (T)*
Zitwerwurzel	*amb halad; gandhmul; kacur*		*kentjur (I)*

Index

Fett gedruckte Zahlen verweisen auf den Index der Gewürze.

T

U

V

W

X

Z

Bibliographie

Die Literaturliste wurde durch die wichtigsten deutschsprachigen Publikationen ergänzt, umfasst aber auch zahlreiche englischsprachige Titel, da es sich zum Teil um grundlegende Werke handelt und die Autorin darauf Bezug nimmt.

Alhusen, D.: A Book of Scents and Dishes, London, 1926
Apicius: De Re Coquinaria, engl. übers. von Flower und Rosenbaum: The Roman Cookery Book, London, 1958
Artcander, S.: Perfume and Flavouring Materials of Natural Origin, New Jersey, 1960
Beckmann, J.: A History of Inventions, Discoveries and Origins, London, 1846
Black, P.: Düfte im Haus, Aarau, 1990
Boxer, C. R.: The Dutch Seaborne Empire, London, 1965
Braudel, F.: The Mediterranean and the Mediterranean World in the Age of Philip II, London, 1972
Braudel, F.: The Wheels of Commerce, London, 1983
Brennan, J.: Thai Cooking, London, 1981
Brissenden, R.: South East Asian Food, London, 1969
Brosse, J. et al.: La route des épices, Paris, 1987
Browne, P.: The Civil and Natural History of Jamaica, London, 1755
Burkill, I. H.: Dictionary of the Economic Products of the Malay Peninsula, Kuala Lumpur, 1966
Clair, C.: Of Herbs and Spices, London, 1961
Cobbett, A.: The English Housekeeper, London, o.J.
Cost, B.: Asian Ingredients, London, 1990
David, E.: A Book of Mediterranean Food, London, 1950
David, E.: Spices, Salt and Aromatics in the English Kitchen, London, 1970
Delaveau, P.: Les Epices, Paris, 1987
Diaz, B.: The Conquest of New Spain, London, 1963
Gerard, J.: The Herball, London, 1633
Glasse, H.: The Art of Cookery Made Plain and Easy, London, 1747
Glasse, H.: The Compleat Confectioner, London, 1760
Goldstein, D.: A Taste of Russia, London, 1985
Göök, R.: Das Buch der Gewürze, Das umfassende Standardwerk der Gewürze, Kräuter und Würzmittel, München, 1977
Görz, H.: Grosses Kräuter- und Gewürzbuch, Niederhausen/Taunus, 1974
Greenberg, S. and Ortiz, E. L.: The Spice of Life, London, 1983
Grieve, M.: A Modern Herbal, London, 1931
Grigson, J.: Jane Grigson's Fruit Book, London, 1982
Guinaudeau, Z.: Fez Vu Par Sa Cuisine, Rabat, 1966
Gwosdz, G. G.: Currys – und was dazugehört, München, 1987
Halici, N.: Nevin Halici's Turkish Cookbook, London, 1989
Harrison, Masefield, Wallis: The Oxford Book of Food Plants, Oxford, 1969
Hemphill, R.: The Penguin Book of Herbs and Spices, London, 1968
Hériteau, J.: Potpourris and Other Fragrant Delights, London, 1975
Hlava, B.; Lasnka, D.: Lexikon der Küchen- und Gewürzkräuter, Herrsching, 1977
Jaffrey, M.: An Invitation to Indian Cooking, London, 1976
Jump, M.: Cooking with Chillies, London, 1989
Kennedy, D.: The Art of Mexican Cooking, New York, 1989
Khawam, R.: La Cuisine Arabe, Paris, 1970
Kitchiner, W.: The Cook's Oracle, London, 1817
Küster, H.: Wo der Pfeffer wächst, Lexikon zur Kulturgeschichte der Gewürze, München, 1987
Landry, R.: Les Soleils de la Cuisine, Paris, 1967
La Varenne: Le Cuisinier François, Paris, 1651
Law's Grocer's Manual, London, 1950
Leipoldt, C. L.: Leipoldt's Cape Cookery, Cape Town, 1975
Linde, E. und G.: Kleine Gewürzfibel, Bindlach, 1982
Lowenfeld, C. and Back, P.: The Complete Book of Herbs and Spices, Newton Abbot, 1974
Luke, H.: The Tenth Muse, London, 1962
Masselman, G.: The Cradle of Colonialism, London, 1963
McCormick: Spices of the World Cookbook, New York, 1964
Meilink-Roelofsz, M.A.P.: Asian Trade and European Influence, The Hague, 1962
Le Ménagier de Paris, 1393, engl. übers. von Power: The Goodman of Paris, London, 1928
Monardes, N.: Joyfull News out of the New-found Worlde, engl. übers. von Frampton, London, 1596
Morrison, S. E.: Journals and Other Documents on the Life and Voyages of Christopher Columbus, New York, 1963
Nola, R. de: El Libro de Guisados, Manjares y Potajes, Logroño, 1529
Norman, J.: Gewürze. Wurzeln und Früchte, München, 1990
Nott: J.: The Cook's and Confectioner's Dictionary, London, 1726
Odarty, B.: A Safari of African Cooking, Detroit, 1976
Origo, I.: The Merchant of Prato, London, 1963
Orta, G. da: Colloquies on the Simples and Drugs of India, engl. übers. von Markham, London, 1913
Ortiz, E. L.: The Best of Caribbean Cooking, London, 1975
Owen, S.: Indonesian Food and Cooking, London, 1986
Pahlow, M. und U.: Richtig würzen – Gesünder leben, Eine Anleitung für den rechten Umgang mit Gewürzen, Bern, 1976
Parkinson, J.: Theatrum Botanicum, London, 1640
Parkinson, J.: Paradisi in Sole, London, 1656
Parry, J. H.: The Spanish Seaborne Empire, London, 1974
Parry, J. W.: The Spice Handbook, New York, 1945
Pigafeta, A.: Magellan's Voyage around the World, engl. übers. von Robertson, Ohio, 1906
Pires, T.: Suma Oriental, 2 Bde, engl. übers. von Cortesão, London, 1944
Plat, H.: Delights for Ladies, London, 1602
Polo, M.: The Travels, engl. übers. von Latham, London, 1958
Probst, G.: Alles über Gewürze, Von Anis bis Zitrone, Stuttgart, 1989
Pruthi, J. S.: Spices and Condiments, New Delhi, 1976
Purseglove, J. W. et al.: Spices, 2 Bde, London, 1981
Redgrove, H. S.: Spices and Condiments, London, 1933
Roden, C.: A New Book of Middle Eastern Food, London, 1985
Rohde, E. S.: Gardens of Delight, London, 1934
Rosengarten, F.: The Book of Spices, Pennsylvania, 1969
Sahni, J.: Classic Indian Cooking, London, 1986
Sangerberg, E.: Alle unsere Gewürze, Von Anis bis Zimt, Wien, 1976
Sahni, J.: Classic Indian Vegetarian Cooking, London, 1987
Scappi, B.: Opera dell'Arte del Cucinare, Venedig, 1570
Schafer, E. H.: The Golden Peaches of Samarkand, Berkeley, 1963
Schunk, R.: Alles über Gewürze, Hamburg, 1980
Seidenmann, J.; Siebert, G.: Würzmittel, Leipzig, 1987
Sigismund, R.: Die Aromata in ihrer Bedeutung für Religion, Sitten, Gebräuche, Handel und Geographie des Altertums (Neudruck der Ausgabe, Leipzig, 1884)
Smires, L. B.: La Cuisine Marocaine, Paris, 1971
Stobart, T.: Herbs, Spices and Flavourings, London, 1970
Stobart, T.: Lexikon der Gewürze, Kräuter und Würzmittel, dt. übers., Bonn, 1972
Tannahill, R.: Food in History, London, 1973
Taw Kritikara, M. L.; Pimsai Amranand, M. R.: Modern Thai Cooking, Bangkok, 1977
Tropp, B.: The Modern Art of Chinese Cooking, New York, 1982
Tsuji, S.: Japanese Cooking, Tokyo, 1980
Universidad Melendez y Pelayo: Conferencias Culinarias, Barcelona, 1981
Weber, R.: Pflanzengewürze und Gewürzpflanzen aus aller Welt, Wittenberg, 1967
Wilson, C. A.: Food and Drink in Britain, London, 1973
Winter, J. M. van: Van Soeter Cokene, Bussum, 1976

Dorling Kindersley
möchte Jill Somerscales, Barbara Croxford, Laura Harper und Heather Dewhurst für ihre redaktionelle Arbeit danken; Tracey Ward für die gestalterische Hilfe; Hilary Bird für das Register, Ruth Carim für Korrekturenlesen; Lyn Rutherford für die Zubereitung von Gerichten zum Fotografieren; Kew Library; dem National Spice Bureau; dem Indian Spice Information Bureau.

Folgende Leute halfen uns, Gewürze und Dekorationsgegenstände für die Fotografen zu finden: Kirit Patak von Patak (Spices) Ltd, Wigan, Lancs; Judith und Robert Dahan; L. B. Scrutton; Erol Acarturk.

ILLUSTRATOREN
Julia Cobbold: S. 12ol, 13r, 16ul, 20, 21, 32, 33, 36, 37, 38, 42, 43, 46, 48, 49, 50, 57, 60, 61, 62, 70, 72, 74, 76, 80, 84, 90, 96, 98, 100, 102, 104
Antonia Enthoven: S. 22, 23, 30, 31, 40, 41, 44, 45, 52, 54, 55, 58, 59

FOTOS
Alle Fotos von Martin Norris ausser:
Anthony Blake: S. 17o, 18u
The British Library: S. 140
Peter Chadwick: S. 18–19, 84–85
E. T. Archive: S. 11o, 13o, 153
Hulton Picture Library: S. 12, 15u
Mansell Collection: S. 10
National Spice Bureau: S. 14r, 15r, 17u

o = oben, u = unten, l = links, r = rechts